KB160884

# 조선통신사 기록물의 'UNESCO 세계기록 문화유산' 등재

# 조선통신사 기록물의
# 'UNESCO 세계기록 문화유산' 등재

한일문화교류기금 편

景仁文化社

| 발간사 |

2017년 10월 31일, 〈조선통신사에 관한 기록〉 정확히 말하면 〈17세기~19세기 한일간 평화구축과 문화교류의 역사〉가 'UNESCO 세계기록유산'에 등재되었다.

조선통신사는 16세기 말 일본의 도요토미 히데요시가 조선에 침략을 행한 이후 단절된 국교를 회복하고, 양국의 평화적인 관계구축 및 유지에 크게 공헌했다. 조선통신사의 왕래로 두 나라의 국민은 증오와 오해를 풀고 상호이해를 넓혀, 외교뿐만이 아니라 학술, 예술, 산업, 문화 등의 다양한 분야에 있어서 활발한 교류의 성과를 낼 수 있었다.

따라서 양국의 역사적 경험으로 증명된 평화적·지적 유산으로 항구적인 평화공존관계와 이문화 존중을 지향해야 할 인류공통의 과제를 해결하는데 있어서 위대한 가치를 가진다.

이 기록은 외교, 여정, 문화교류의 기록 3가지로 분류가 되는데, 이번에 등재된 기록은 333점에 달하며, 그 중 외교기록은 5건 51점, 여정기록은 65건 136점, 문화교류기록은 41건 147점이다. 이것을 나라별로 정리하면 한국소장기록은 외교기록 2건 32점, 여정기록 38건 67점, 문화교류기록 23건 25점으로 총 63건 124점이다. 한편 일본소장기록은 외교기록 3건 19점, 여정기록 27건 69점, 문화교류기록 18건 121점으로 총 48건 209점이다.

매년 한차례씩 한일국제 학술회의를 개최하고 있는 한일문화교류기금에서는 동북아역사재단과 공동으로 올해의 주제로 이번에 'UNESCO 세계기록유산'에 등재된 조선통신사 기록물을 주제로 삼았다. 한일관계가 여전히 갈등을 계속하고 있는 현시점에서 매우 시의 적절한 주제였다.

학술회의의 진행방식은 2012년부터 이 사업을 기획하고 추진해 온 강남주 한국측 학술위원장의 기조강연을 통해 그간의 추진현황을 경청했다. 그리고 본론에 들어가 전체 기록물을 대상으로 3분야로 나누어 주제발표를 했다. 외교기록은 광주여대의 정성일교수, 여정기록은 일본측 학술위원장 나카오히로시(仲尾宏)교수, 문화교류는 회화교류 전반에 관해 이화여대의 홍선표교수, 특히 오사카박물관에 소장된 신기수컬렉션에 대해서는 오자와 겐이치(大澤研一)실장, 詩·書 등의 필담창화에 대해서는 부산대의 한태문 교수의 발표를 들었다. 마지막 주제로 이번에 등재된 기록물의 보존과 활용의 문제는 UNESCO 세계기록유산 아태지역 본부장 김귀배박사가 발표를 해주었다. 그리고 발표에 이어 내가 좌장이 되어 종합토론을 개최했는데, 각기 윤유숙박사(동북아역사재단), 이훈박사(한림대), 이정은박사(범어사 학예실장), 권혜은학예사(국립중앙박물관), 구지현교수(선문대), 김홍술학예사(오죽헌박물관), 최용수PD(부산KBS)의 약정토론이 있었다.

발표와 종합토론을 통하여 이번에 등재된 통신사기록물의 구체적인 내용은 물론, 추진과정, 선정과정 등 여러 가지 지식과 정보를 접할 수 있었다. 특히 작금의 한일관계를 염두에 둘 때, 이번 사업이 순수한 민간단체가 주도한 문화사업으로서의 가치가 충분하며, 한일간의 갈등을 해소하고 상호이해를 하며 미래를 창조하는 씨앗이 될 수 있음을 확인했다. 그러나 아직은 국민적 합의를 도출하는 작업이 부족했고, 또한 보완해가야 할 점도 많음을 확인했다.

그러기 위해서는 양국 학계(대표성을 갖고 있는 역사·문학 관련 학회)의 공인과 언론에서의 적극적인 홍보, 그리고 양국의 외교와 문화담당 부서에서 공동으로 추진하여 국가적인 사업으로 선언하고, 적극적인 지원 프로그램을 만들어야 할 것이다.

나아가 조선통신사 기록물의 유네스코 세계기록유산 등재를 동아시아 및 세계인이 공감할 수 있는 국제적인 규모의 사업으로 확대하여 이웃한 나라들 간에 진정한 의미의 우호교린을 상징화해 나가야 할 것도 확인하였다.

이 단행본에 실는 글들이 한일 양국의 상호이해와 교류증진을 위한 밑거름이 되기를 기원한다.

끝으로 이번 학술회의를 위해 수고해주신 한일문화교류기금의 김수웅국장님, 문진옥님, 동북아역사재단 장세윤연구위원, 논문번역과 녹취에 수고해준 정지연, 황은영, 김영미박사께 감사를 드린다.

2018년 3월

한일문화교류기금 이사 손승철

| 개회사 |

# 通信使로 다져온 韓日간의 友誼

저희 韓日文化交流基金은 지난 30년 동안 매년 韓國과 日本간의 文化交流를 주제로하는 韓國과 日本학자들간의 학술회의를 열어왔습니다. 先史시대부터 최근세까지 정치, 경제, 군사, 예술, 문화의 모든 영역에 걸쳐 두 나라 국민들이 어떻게 관계를 맺고 서로 영향을 주면서 살아왔는지를 밝혀 두 국민간의 특수 관계를 보여줌으로써 양국 국민들이 서로를 바로 이해하는데 도움을 주고 싶어서였습니다. 그 동안의 회의를 통하여 두 나라 국민들간의 관계는 세계 어느 국민들간의 관계보다도 가깝고 깊다는 것을 밝혀냈습니다.

오늘은 두 나라 관계를 돈독히 하려던 양국정부의 국가적 차원의 노력을 보여주는 通信使를 주제로 학술회의를 엽니다. 東北亞歷史財團과 공동으로 "朝鮮通信使 기록물의 UNESCO 세계기록 문화유산 등재" 라는 제목으로 韓日 양국의 석학들을 모시고 발표를 듣고 토론할 계획입니다.

通信使는 朝鮮朝 세종때인 1428년부터 純祖때인 1811년까지 열아홉 번에 걸쳐 朝鮮國 정부가 日本國 정부인 幕府의 將軍에게 파견한 공식 사절을 말합니다. 상대방 정부에 대한 믿음(信)을 전하는(通) 국왕의 사절(使)이 통신사입니다. 日本은 이에 대한 답방으로 日本國王使를 朝鮮에 파견하였습니다.

通信使의 訪日團은 보통 4백 명의 인원으로 구성되었고 9달의 여정에서 많은 고을의 사람들과 접촉하면서 문물을 교환하고 서로가 서로를 이해하는 행사를 벌였습니다. 이러한 제도적 문화교류는 韓國과 日本사이에서만 있었던 특이한 제도화된 국제관계였습니다. 通信使는 朝鮮國 정부가 창안한 '文化交流를 통한 포괄적 友誼다지기' 장치였습니다. 그래서 UNESCO가 나서서 세계문화유산으로 지정하였습니다.

오늘 회의의 중요성을 이해하시고 축사를 해주시기로 하신 長嶺安政 일본대사님, 柳興洙 前 駐日大使님께 감사드립니다. 그리고 기조연설을 해주실 姜南周 前 釜慶大 總長님과 주제발표와 토론을 해주실 鄭成一, 윤유숙, 中尾宏, 李 薰, 洪善杓, 이정은, 大澤研一, 권혜은, 韓泰文, 구지현, 김귀배, 김홍술, 최용수 교수님들께 감사드립니다.

이번 회의는 저희 기금 理事로 기획과 섭외 등 모든 어려운 일을 도맡아 해주신 孫承喆 교수의 헌신적인 노력이 없었으면 이루어낼 수 없었을 것입니다. 회의 주최자로서 심심한 감사를 드립니다. 오늘 회의가 韓日양국민간의 상호이해를 더 한층 깊게 하는데 도움이 되기를 바랍니다. 감사합니다.

2017년 11월 3일

韓日文化交流基金 理事長 李 相 禹

| 축사 |

# 朝鮮通信使記録物のユネスコ世界記録文化遺産の登載

在大韓民國日本國大使館
特命全權大使 長嶺安政

皆様, おはようございます。

日韓兩國の民間団体の皆様の共同作業により, この度, 朝鮮通信使の關連資料がユネスコ「世界の記憶」に登録されたことを心よりお慶び申し上げます。また, 本日のシンポジウム開催にご盡力下さいました韓日文化交流基金や東北アジア歴史財団の關係者の皆様に深い敬意を表します。

日韓友好の象徴である朝鮮通信使が, 日韓兩國の共通の遺産として「世界の記憶」となり, 有意義な形で後世に伝わることになったことを, 日韓交流の促進に携わる者として大変嬉しく思います。

朝鮮通信使の「通信」とは, 「信(よしみ)を通(かわ)す」という意味であり, 「通信」という言葉が, 当時は, 現代における單なる情報の伝達という意味合いではなく, 互いに信頼, 眞心をもって交わるものと解釋されていたと承知しております。

当時, 荒波を越えて日本に渡り, 日本に様々なことをお伝え下さった方々, また, 日本で彼らを受入れ, 誠心誠意もてなしながら, 日韓兩國の友好·親善に盡くされてきた先人達の偉業に思いを馳せる時, 改めて私自身も自らの使命に身が引き締まる思いがします。

ぜひ, 今回のユネスコ「世界の記憶」の登錄を新たな出發点として, この共通の財產を今後どのように活用し, 共有し, また發展させていくかを, 日韓双方で協力しながら, 共に考えていきたいと思います。その意味において, 本日のシンポジウムを出發点とした活動に大いに期待しています。

日韓兩國が, 約 600年前から受け継いできた「誠信交隣」と「平和共存」という交流の歴史を, 世界に向けて, より廣く伝えていく機會を共に作っていくことができると強く信じております。

最後に, ご來場の皆様のご健勝とご多幸を祈念し, 私の御挨拶とさせていただきます。

(了)

| 축사번역문 |

# 조선통신사 기록물의 유네스코 세계기록문화유산의 등재

재대한민국일본국대사관 | 특명전권대사 나가미네 야스마사

여러분, 안녕하십니까.

일한 양국의 민간 단체의 여러분의 공동 작업으로, 이번에 조선 통신사 관련 자료가 유네스코 "세계의 기억"에 등록된 것을 진심으로 경하 드립니다. 또, 오늘 심포지엄 개최에 진력하신 한일문화교류기금이나 동북아역사재단 관계자 여러분께 깊은 경의를 표합니다.

일한 우호의 상징인 조선통신사가, 일한 양국의 공통유산으로 "세계의 기억"이 되고, 의미 있는 형태로 후세에 전해지게 된 것을, 일한 교류의 촉진에 종사하는 사람으로서 매우 기쁘게 생각합니다.

조선통신사의 "통신"이란 "믿음을 통"한다는 의미로, "통신"이라는 말이, 당시는 현대의 단순한 정보 전달이라는 의미가 아니라 서로 신뢰하고 진정으로 사귄다는 의미로 해석되고 있었다는 것을 잘 알고 있습니다.

당시, 격랑을 넘어 일본으로 건너가, 일본에 여러 가지를 전하신 분들, 또, 일본에서 그들을 맞이하여 정성껏 대접하면서 한일 양국의 우호 친선에 힘써 온 선열들의 위업을 생각할 때, 나 자신도 스스로의 사명에 몸이 저려오는듯한 생각이 듭니다.

이번에 유네스코 "세계의 기억" 등록을 새로운 출발점으로서 해서, 이 공통의 재산을 앞으로 어떻게 활용하고 공유하며 발전시켜 나갈 지를, 일한 양측에서 협력하면서 함께 추진해야겠다고 생각합니다. 그런 의미에 있어서, 오늘의 심포지엄을 출발점으로 하는 활동에 잔뜩 기대를 걸고 있습니다.

일한 양국이 약 600년 전부터 이어 온 "성신 교린"과 "평화 공존"의 교류의 역사를, 세계를 향해서, 보다 널리 전파하고 나가는 기회로 함께 만들어 갈 수 있다고 굳게 믿고 있습니다.

마지막으로, 내빈 여러분의 건승과 다복을 기원하며, 나의 인사말씀을 끝내겠습니다.

| 차 례 |



## 기조강연

### 朝鮮通信使 UNESCO 世界記錄遺産 登載의 意義 _ 姜南周



## 주제발표

### 外交記錄에 대하여 _ 鄭成一

## 朝鮮通信使·旅程の記錄 _ 仲尾 宏



## '유네스코 세계기록문화유산' 등재, 통신사 기록물의 조선화 _ 홍선표



## 大阪歷史博物館所藏の通信使資料: 辛基秀コレクション _ 大澤研一

# 기조강연

# 朝鮮通信使 UNESCO 世界記錄遺産 登載의 意義

姜南周 | 한일공동 등재 한국측 학술위원장

## 1. 하나의 전제

먼저 朝鮮通信使 기록유산을 유네스코 세계기록유산으로 등재하려고 한 이유가 무엇인가, 그리고 등재신청 대상물의 생산시기 설정의 근거를 어디에 두고 있는가를 살펴봐야 할 것 같습니다. 그것은 등재신청한 대상물의 생산된 시대적 특성을 이해해야 그 대상물의 바른 평가가 가능하며 등재의 필요성에 대한 이해도 가능할 것으로 생각되기 때문입니다.

이와 함께 이 기회에 조선통신사라는 용어의 사용에 대해서도 분명히 해 두어야 할 필요성을 느낍니다. 이는 항간에 이 용어 사용에 대한 이론도 없지 않기 때문입니다. 용어 사용의 적정성은 개념이해에 대한 합리성과 명료성을 확보할 수 있기 때문이기도 합니다.

한국과 일본은 조선통신사에 대한 같은 내용을 공동으로 등재신청하면서 한국측은 '기록유산'으로, 일본측은 '기억유산'으로 신청 대상물을 각각 달리 불렀습니다. 이렇게 서로 상이한 명칭을 사용한 이유가 무엇이며 이를 서로 용인한 이유가 무엇인가도 함께 살펴보기로 하겠습니다.

이와 같은 기본적인 차이점의 이해를 바탕으로 한국과 일본이 공동등재를 신청한 이유와, 등재신청 절차, 과정, 그리고 등재의 의의 등을 살펴본 뒤 등재 이후의 등재물 보존과 관리, 활용의 문제를 함께 살펴보도록 하겠습니다. 신청한 대상물의 분류와 주제별 특징에 대해서는 곧이어 진행될 주제별 발표에서 분야별 전문가들이 설명할 것이기 때문에 이 자리에서는 살펴보지 않기로 하겠습니다.

### 시기 설정의 문제

일반적으로 조선 국왕이 일본 막부장군에게 사절을 보내기 시작한 것은 1392년으로 보고 있습니다. 임진왜란 직전인 1590년까지 19회에 걸쳐 파견을 결정했으나 해난사고 또는 일본국내의 사정 등으로 네 차례나 출발이 중지된 일도 있었습니다.

조선에서 임진왜란 전에 일본에 사절을 보낸 목적은 왜구의 금압 요청, 일본 국왕사의 피로인 쇄환에 대한 회례, 대장경 하사, 보빙, 왜정 탐색, 성신교린 등이었습니다. 이때의 사절에 대해서 통신사, 회례사, 보빙사, 적탐사와 같은 명칭을 사용하기도 했습니다. 통신사라는 용어는 1428년부터 사용했습니다. 이때부터 임진왜란이 발발하기 전인 1590년까지 일본에 파견된 사절을 일반적으로 전기 조선통신사라고 부르고 있습니다.[1)]

후기 조선통신사는 임진왜란 이후인 1607년부터 1811년까지 12회에 걸쳐 일본을 왕래한 통신사로 보고 있습니다. 이 기간의 사절에 대해서도 1607년부터 1624년까지는 보빙사, 회례사, 쇄환사와 같은 명칭을 사용했습니다. 그리고 그 뒤 1636년부터는 통신사라는 용어를 사용했다는 것이 학계의 일반적인 통설입니다.[2)]

임진왜란은 조선통신사를 전기와 후기로 구분하는 하나의 큰 획을 그었습니다. 그것은 일본으로 사신을 보내는 목적이 그 이전과 이후가 근본적으로 달랐기 때문입니다.

아시는 바와 같이 임진왜란은 도요토미 히데요시의 조선에 대한 침략전

---

1) 손승철, 조선통신사 일본과 통하다, 동아시아, 2006, p.64.
2) 仲尾 宏, 朝鮮通信使, 岩波書店, 2007. 등 參考. 손승철, 앞의 책 참고.

쟁이자 동아시아 평화까지 송두리째 흔들어 놓은 전대미문의 전쟁이었습니다. 이 전쟁으로 조선은 정치적 불안정은 물론 산업의 황폐화 역시 극도에 달해 나라가 대단히 어려운 지경에 이르렀습니다. 일본 역시 이 전쟁으로 헤아릴 수 없는 피해를 입었습니다. 결국 조선과 일본은 국력은 약화되고 서로가 불구대천의 적대관계만 깊어질 대로 깊어졌습니다.

그러나 이와 같은 긴장과 적대관계의 지속은 두 나라 다 나라의 안정을 위해서는 결코 도움이 되지 않았습니다. 그렇기 때문에 이 문제는 시급하게 해결하지 않으면 안 될 당면한 두 나라의 시대적 과제가 되었던 것입니다.

이와 같은 과제의 해결을 위해 성립된 것이 후기의 조선통신사였습니다. 뒤에서 다시 언급하겠지만, 후기 조선통신사는 조선과 일본의 전후처리의 한 방법으로 우선 통교의 길을 열었습니다. 그리고 대등한 관계에서 선린우호 증진을 통한 평화를 구축함으로써 불신과 반목의 두 나라가 전쟁 없는 시대를 열 수 있는 계기를 마련했던 것입니다. 두 나라 정상의 외교문서 교환, 사행원과 일본주민들 간의 문화교류, 그 과정에서 생산된 문화유산은 높은 문화적 가치가 있었고 상호이해의 바탕을 마련하게 되었다는 점에 주목하지 않을 수 없게 됩니다.

후기 조선통신사가 적탐, 또는 왜구의 금압요청이나 보빙의 뜻으로 사신을 보냈던 전기 조선통신사와 근본적인 차이가 있다면 바로 이 점이었습니다. 후기 조선통신사의 성립과 왕래를 통해서 두 나라가 정치적 안정을 얻고 문화교류의 힘이 동아시아의 평화적 질서를 확립하는데 크게 기여했다는 점은 세계적으로도 유례를 찾기 힘든 평화시대의 구축과 모범적인 문화교류의 사례가 되었다고 봐야 할 것입니다.

### 명칭의 문제

조선통신사 사신들의 왕래과정에서 일본인들과 더불어 만들어진 중요한 문화적 유산을 우리는 유네스코 세계문화유산에 대한 분류에 따라 '조선통신사의 기록유산'이라고 부릅니다. 이 유산의 거의 전부가 무형문화재나 유적, 또는 자연경관과는 다른 기록물이어서 이를 유네스코 세계기록유산으로 등재해서 인류의 귀중한 자산으로 보존하고 보호하고자 했던 것입니다.[3)]

이유는 이 유산이 조선의 것, 또는 일본의 것만으로서 가치가 있는 것이 아니라 세계인의 문화유산으로서 보존되고 평화와 문화의 자산으로서도 활용할 수 있는 훌륭한 가치가 있다고 판단했기 때문입니다. 그래서 한국과 일본은 그런 유산의 가치를 찾아내 두 나라가 공동으로 유네스코 세계 기록유산으로 등재하기로 했던 것입니다.

이 유산에 대해서 한국에서는 앞에서 말한 것처럼 '세계기록유산'으로 분류해서 명명했습니다. 그러나 일본은 이를 '세계 기억유산'으로 분류해서 명명했습니다. 같은 유산에 대해서 두 나라가 서로 다른 명칭을 사용하는 것에 이견이 있을 수 있습니다. 그러나 한국과 일본은 이 용어를 자국 내에서 사용하는 것에 대해서는 상호 이해하고 용인하기로 했습니다.

이는 어차피 세계적으로 통용되고 있는 원명이 Memory of The World이며 이의 번역에서 생긴 차이여서 본질을 훼손하지 않을 뿐 아니라 개별국가가 자국 내에서 사용하는 언어의 차이에 불과할 뿐이라고 판단했기 때문입니다. 거기에다 이미 한국은 한국 나름으로 '기록유산'이란 한국어 용어로 훈민정음, 조선왕조실록, 동의보감, 난중일기 등 열세 건을 등재한 선례가 있으며, 일본 역시 일본 나름으로 '기억유산'이란 일본어 용어로 미도스지 관백일기, 케이쵸 구라파 사절 파견기록 등 여러 건을 등재한 전례가 있기 때문이기도 했습니다.

다음으로 지적하고 싶은 것은 '조선통신사'라는 용어의 확정에 대해서

---

3) UNESCO는 1972년 세계문화유산 보존을 위해 가맹국과 협약, 인류 전체에 가치 있는 문화재, 유적을 보존하기로 했다. 1997년부터는 가치 있는 문화적 기록을 '세계기록 유산'으로 등재해서 보호하는 것을 천가했다.

입니다. 이는 국내의 일부 학자가 조선통신사는 일본으로 파견한 사신들이기 때문에 '조선통신사'가 아니라 '일본통신사'라는 용어를 사용해야 옳다는 의견을 제시하기도 했고 '통신사'나 '조선시대 통신사'라고 해야 한다는 의견을 제시하기도 했기 때문입니다. 이는 물론 학계에 문제점으로 정식 제기됐거나 공식적으로 논의되었던 것은 아닙니다. 그러나 이와 같은 논의가 있었다는 사실은 명칭에 대한 혼선을 낳을 우려가 있다고 봐야 할 것입니다. 그렇기 때문에 이 기회에 통일된 용어를 사용했으면 하고 의견을 제시하고자 하는 것입니다.

논자로서는 현재 일본은 물론 한국 안에서도 가장 폭 넓게 사용하고 있는 명칭이 '조선통신사'이기 때문에 이 용어로 통일해서 사용할 것을 제의합니다. 그 근거는 현실적이며, 사행원 자신들이 사용한 용어 가운데서도 그 근거가 발견되고 있기 때문입니다.

그 첫 번째 이유는 이미 2016년 3월에 유네스코 본부에 신청한 「조선통신사 유네스코 세계기록 유산」등재 신청서에서 이 용어를 공식적으로 사용했기 때문입니다. 또 이 용어로 등재가 결정될 경우 朝鮮通信使는 세계적인 공통용어로 인정을 받게 될 것입니다. 물론 국가별 언어의 발음특성을 고려해서 조선통신사를 한국은 로마자로 Josoen Tongsinsa라고 기록하고 일본에서는 Chousen Tsushinshi로 기록하는 것은 상호 허용하기로 했습니다.[4)]

다음으로는 조선통신사의 사신들이 스스로 자신의 신분을 밝히는 자리에서도 조선통신사로 불러도 좋을 여러 가지 근거를 문자로 남겼기 때문입니다.

예를 들어 1711년 사행 때 정사 조태억은 교토의 쇼코쿠지 지쇼인에 머물면서 남긴 시에서 우리는 이와 같은 꼬투리를 발견하게 됩니다. 그는 이 절의 별종대사에게 시를 쓴 뒤 자신의 호와 함께 낙관에 '조선사시(朝鮮使時)'라는 내용을 남깁니다.[5)] 조선 사신의 사행 때임을 밝힌 것입니다. 조선

4) 2017년 3월 31일 한국과 일본이 공동으로 유네스코 본부에 제출한 「조선통신사 세계기록유산 등재」신청서 참고.

의 사신, 즉 사신은 통신사를 가리키고 있기 때문에 이는 '일본사신'이 아니라 조선의 사신, 즉 '일본통신사'가 아니라 '조선통신사'임을 정사가 스스로 내비친 예라고 할 수 있습니다. 일본에 온 사신이기 때문에 '일본 사신'이라고는 쓰지 않았다는 점에 주목할 필요가 있다고 생각합니다.

다음은 그보다 뒤인 1748년의 예에서도 명확히 드러납니다. 당시 정사였던 홍계희가 호타이지(寶泰寺)에 들렀다가 주지로부터 시 한 수를 지어 받습니다. 이에 대한 답례로서 주지의 시에 운을 달아 '호타이지를 지나며'라는 답시를 지어줍니다. 그 시의 말미에 '조선통신정사 담와(朝鮮通信正使澹窩)'라고 스스로의 신분을 밝힙니다[6]. 조선통신정사, 조선통신부사, 조선통신종사관, 조선통신제술관, 조선통신서기 등 모두 이렇게 복잡하게 직명까지 나열해서 부르는 명칭보다는 이들을 요약해서 '조선통신사'로 부르는 것이 훨씬 합리적이라는 데에는 이론이 없지 않겠나 하는 생각을 하게 됩니다.

이 밖에도 사행원 스스로가 자신을 조선국 신사(1711년 서기 남성중), 조선 정사(1655년 조형)[7]로 기록에 남긴 것으로 봐서도 이를 가장 합리적으로 요약해 부를 수 있는 사절단의 명칭은 '조선통신사'가 아닌가 합니다.

한 때 '조선시대 통신사' 또는 그냥 '통신사'라는 용어를 사용하던 국내 학자들도 최근에는 거의 대부분 그의 저서나 논문에서 조선통신사라는 용어를 그대로 사용하고 있는 경향을 보이고 있습니다. 이것이 흐름이기 때문에, 진실에서 어긋나지 않는다면 시대의 흐름에 따라 '조선통신사'라는 명칭으로 통일하는 것이 바람직하지 않는가 합니다. 이는 학설의 왜곡이나 학문적 신념과는 전혀 관계없는 일이기에 더욱 그렇습니다.

현실적으로도 봐도 가령 요즘 일본 주재 한국 대사를 정부에서 일본으로

---

5) 쇼코쿠지 지쇼인 소장 조선통신사 유물도록, 조선통신사 문화사업회, p.162.
6) 세이켄지 소장 조선통신사 유물도록, 조선통신사 문화사업회, 2006, p.167.
7) 위의 책 참조.

발령해서 일본에서 근무하게 했다고 해서 '일본대사'라고 부르지는 않습니다. 공식적인 명칭이 '주 일본 대한민국대사'입니다. 그렇기 때문에 조선통신사에 대한 명칭 역시 일본으로 보낸 통신사이기 때문에 '일본통신사'로 불러야 한다거나, 그냥 통신사로 부르기 보다는 역사적으로나 현실적으로 '조선통신사'라고 부르는 것이 합리적이지 않을까 합니다.

## 2. UNESCO 등재의 필요성

### 조선통신사에 대한 높아진 관심

조선통신사의 UNESCO 세계기록유산 등재에 대한 필요성은 앞에서도 간단히 언급한 바 있습니다. 이제 조선통신사가 남긴 기록유산은 한국이나 일본만의 문화적 유산이어서는 안 되고 세계의 유산이 되어야 한다는 것이 요지였습니다.

그러나 조선통신사에 대한 이해는 최근까지 일본에 비해서 한국이 비교적 낮았습니다. 임진왜란을 겪은 두 나라는 서로의 필요에 의해서 조선통신사를 초청했고 이를 받아들였습니다. 그럼에도 불구하고 일본 내에서는 조선통신사를 조공사절로 근거 없이 오해하는 사람들도 일부는 있었습니다.[8] 식민사관의 영향일 것으로 해석 되는 이와 같은 오해는 조선통신사에 대한 편견을 낳게 했고 그 결과 국내에서는 조선통신사에 대한 관심이 비교적 낮았던 것이 사실입니다. 그래서 조선통신사에 대한 연구자도 많지 않았던 것이 아닌가 합니다.

---

8) 이와 같은 사실의 진위를 확인하기 위해 필자는 2015년 일본에서 사용하는 고등학교 일본사 검인정 교과서 8권을 구입, 조선통신사 항목의 게재내용을 전부 검토한 바 있다. 그 결과 조공이라는 '암시'를 하고 있는 대목조차 발견할 수가 없었다. 뿐만 아니라 일본 내 조선통신사 연구의 권위자 나가오 히로시씨는 조선통신사는 상호 동등한 지위였음을 줄기차게 주장하고 있다.

그러나 1970년대 말에 와서 일본에서는 조선통신사에 대한 인식이 급변했습니다. 일본에서 살고 있던 교민 신기수(辛基秀)씨가 1979년 '에도시대의 조선통신사'라는 다큐멘터리 영화를 제작, 상영함으로써 일본 사람들이 조선통신사의 실상에 대하여 새롭고 바르게 눈을 뜨게 됐고 대중적인 관심을 불러일으키게 되었던 것입니다.

물론 그 이전에도 일본인 학자들 가운데 다나카 다케오, 미야케 히데토시와 같은 조선통신사 연구자는 있었습니다. 그러나 신기수씨의 이 영화가 공개되는 것을 계기로 일본인 가운데 조선통신사에 대한 새로운 인식을 바탕으로 해서 연구에 접하는 사람들이 많아졌습니다. 그 대표적인 인물이 나카오 히로시였고, 정통 조선통신사 사학자는 아니었지만 일본에서 거주하는 한국인 이진희, 강재언씨와 같은 연구자들이 조선통신사에 대한 상당한 연구업적을 잇달아 내놓았던 것입니다.

국내에서는 역시 1970년대 초 김의환씨가 조선통신사에 대한 연구를 수행한 바는 있었습니다. 그러나 괄목할 만한 성과를 냈다고 보기는 어려울 것 같습니다. 다만 조선통신사를 바르게 소개하려고 노력했다는 점에 대해서는 일정 부분 평가해야 하지 않을까 합니다. 그 뒤 1990년대에 들어서자 일부 언론사가 재일본 사학자 이진희씨, 서울대학 명예교수 이원순 씨 등의 안내와 지도를 받으며 조선통신사 옛길 탐사기사를 통한 장기간 연속 보도를 실시함으로써 국내에서도 조선통신사에 대한 일반의 관심을 제고시키는 계기가 되었다고 봐야 할 것이 아닌가 합니다.[9)]

이와 함께 당시로서는 비교적 소장파였던 손승철씨를 비롯, 한일관계사학을 전공하는 학자들이 조선통신사에 대한 관심과 함께 연구의 성과물을 본격적으로 내놓기 시작했습니다. 특히 2001년 조선통신사 행렬재현추진위원회가 부산에서 발족되면서 조선통신사에 대한 대중적 관심이 높아지기 시작했던 것이 아닌가 합니다. 2002년 월드 컵 축구대회가 한일공동주최로

---

9) 신성순·이근성, 조선통신사, 중앙일보사, 1994.

두 나라에서 개최되던 해에 부산에서 본격적으로 조선통신사 행렬이 재현되기 시작하면서 조선통신사에 대한 인식은 국내에서도 급변했다고 볼 수 있을 것 같습니다.

조선통신사가 남긴 시문 창화에 대한 조규익, 허경진, 한태문과 같은 국문학자의 연구와 홍선표와 같은 학자의 사행화가들의 회화류에 대한 연구, 심지어는 조선통신사의 음식과 복식에 관한 연구 등에 이르기까지 연구범위가 넓어지면서 한국 내에서의 조선통신사 연구는 의연 활기를 띠게 되었던 것입니다. 거기에다 2005년 조선통신사 학회가 발족됨으로써 조선통신사의 가치평가에 대한 본격적인 연구는 그 심도를 더하게 되었던 것입니다.

### UNESCO 기억유산 등재 추진

2006년 10월이었습니다. 조선통신사 국제학술대회가 부산에서 열렸습니다. 이 자리에서 당시 학회장이었던 필자가 앞으로 조선통신사를 위해서 해야 할 일이 있다면 조선통신사 교류문화의 발자취를 세계의 문화로 격상시켜야 한다는 의견을 제시했던 일이 있습니다. 그러나 당시는 별 반응이 없었습니다.

다음 해인 2007년, 임진왜란 이후 조선통신사가 일본을 향해 떠났던 것을 기념하는 400주년 행사가 국내외 여러 곳에서 열렸습니다. 필자는 시모노세키에서 개최되었던 조선통신사 행렬재현 행사가 끝난 뒤 400주년 기념행사를 겸한 이 행사의 축하 만찬장에서 한국측 대표의 인사말을 통해 조선통신사의 세계문화유산 등재 필요성에 대한 의견을 다시 피력한 일이 있었습니다. 그때 일본의 중의원이었던 카와무라 다케오, 시모노세키 시장이었던 에지마 키오시, 전일본 조선통신사 연고지협회 회장 마츠바라 가즈유키씨 등이 필자의 제의에 크게 동감이라면서 공동으로 등재활동을 전개하자는 의견을 표했습니다.

2007년에는 당시 정해문 부산시 국제 자문대사가 부산일보 지면을 통해서 조선통신사의 유네스코 문화유산 등재의 타당성을 강조했고 국제신문도 같은 내용의 보도를 한 바 있습니다. 이어서 이듬해는 동아일보에서도 같은 주장을 펴는 등 언론계에서 조선통신사 세계문화유산 등재에 대한 필요성을 적극적으로 폈습니다.

2012년에는 당시 부산문화재단 남송우 대표이사가 중심이 되어 외국에서 두 나라 이상이 공동으로 문화유산이나 기록유산을 등재한 사례를 중심으로 부산에서 조선통신사의 한일공동등재에 대한 방법을 모색하는 국제 심포지엄을 열기도 했습니다.

이와 같은 적극적인 움직임에 힘입어 2014년 6월 18일 조선통신사 유네스코 세계기록유산 등재 추진위원회가 드디어 부산에서 결성됐습니다. 공동추진위원장은 남송우 당시 부산문화재단 대표이사, 장제국 동서대하교 총장이 맡았습니다. 이 자리에서 필자가 학술위원장으로 선출되면서 등재를 위한 본격적인 준비가 진행되었습니다.

이어 국내에 산재해 있는 조선통신사의 각종 기록유산에 대한 등재의 적정성 여부를 학문적으로 판단하기 위한 학술위원회도 즉시 구성되었습니다. 학술위원은 강대민, 허경진, 이훈, 김동철, 박화진, 한태문, 정성일, 함정식, 구지현, 정훈식 씨 등이 맡기로 했습니다. 일부 개인사정으로 이 일에 가담하는 것을 고사하는 학자가 있었음도 밝혀둡니다.

이들 학술위원들은 거의 같은 무렵에 발족을 본 일본의 학술위원회 위원들과 공동으로 자국내 등재 대상품에 대한 조사에 착수했습니다. 그 결과를 중심으로 나가오 히로시 일본측 학술위원장을 비롯한 일본측 학술위원회 위원과 한국측 학술위원들은 서로 활발한 정보를 교환하면서 조사와 연구를 심화시켜 나갔습니다.

조사 대상은 1) 외교기록 2)여정의 기록 3)문화교류의 기록으로 크게 나누기로 합의를 한 뒤 그 대상의 분류와 가치평가 작업을 공동으로 펴나가기로 했습니다. 그리고 진행 방향, 진행 정도, 적정성 여부에 대한 논의는 한국과 일본으로 장소를 바꿔 가면서 등재 대상물에 대한 검토를 진행시켜 나가기로 했습니다.

그 결과 한국측은 외교기록 2건 32점, 여정의 기록 38건 67점, 문화교류의 기록 23건 25점 등 모두 63건 124점을 등록 신청대상으로 정했습니다. 일본측에서는 외교기록 3건 19점 여정의 기록 27건 69점, 문화교류의 기록 18건 121점 등 모두 48건 209점을 신청하기로 정해 이를 등록신청하기로 했습니다. 이로써 한일공동으로 조선통신사 유네스코 세계기록유산으로 등재신청한 것은 모두 111건에 333점에 이르렀습니다.

이 기록물은 한국과 일본의 학술위원들의 검정과 논의를 거쳐 한국과 일본의 공동추진위원회 이름으로 2016년 3월 30일 유네스코 본부에 조선통신사 유네스코 세계기록유산으로 등재를 신청하게 되었던 것입니다.

## 3. 등재의 의의와 앞으로의 과제

### 등재의 의의

도요토미 히데요시는 다 아시는 바와 같이 명나라 침공을 구실로 1592년에 조선 침략을 감행했습니다. 이른바 임진왜란입니다. 침공에서 승리를 거두지도 못하고 강화도 뜻대로 이루어지지 않자 1597년 2차 공격을 감행했습니다. 두 나라는 수많은 희생자를 냈고 도요토미 히데요시는 전쟁에서 승리를 거두지 못한 채 자신도 1598년에 사망합니다. 이 두 번 째 전쟁이 정유재란입니다.

계속된 이 두 전쟁을 통하여 원군으로 전쟁에 가담했던 명나라는 국세가 기울기 시작했습니다. 전쟁 당사국인 조선과 일본도 전례 없는 피해로 허덕이지 않을 수 없게 되었습니다. 전쟁으로 적대국이 된 조선과 일본은 국교가 단절되었으며 동아시아 전체의 평화질서도 크게 흔들리게 됩니다. 이 틈을 타서 누루하치가 여진족을 통합하여 1616년에는 후금국을 세운 뒤 강력한 청나라로 변신하기 위해 세력을 확장시켜 나가기 시작했습니다. 조선과 일본은 새로운 북방의 움직임에 불안을 느끼게 됩니다.

이런 변화의 조짐이 꿈틀거리자 1605년 조선의 사명대사가 단기필마로 일본으로 건너가 교토에서 당시 천하를 통일한 도쿠가와 이에야스와 담판을 합니다. 내용은 전쟁재발의 의사를 타진하는 것이었습니다. 침략의 의사가 없음을 상호 확인한 뒤 사명대사는 귀국길에 도쿠가와 이에야스의 협력으로 1,390명의 포로를 데리고 옵니다[10]. 선린우호의 길이 트이고 일본왕래의 계기가 마련됩니다. 비로소 조선과 일본 두 나라는 적대관계를 청산하게 되고 단절되었던 국교도 회복됩니다.

이렇게 성립된 조선통신사는 1607년부터 두 나라를 왕래하기 시작해 1811년까지 오가며 상호이해의 길을 열고 전쟁방지와 평화구축은 물론 문화교류의 기틀을 다져가게 됩니다. 이를 좀 더 구체적으로 살펴보면 다음과 같습니다.

1) 조선통신사 왕래를 통해서 국경을 사이에 둔 조선과 일본이 200년 이상을 전쟁 없는 평화의 시대를 열게 됩니다. 이는 세계사적으로도 드문 일이었습니다. 국경을 사이에 둔 두 나라가 거의 매년이다 시피 전쟁을 치렀던 서구 여러 나라를 보면 동아시아에서 오래 지속되었던 평화는 세계사적 관점에서도 평가하지 않을 수 없게 됩니다.
2) 힘의 교체기를 맞은 명나라와 청나라는 조선에서 서로 세력확보를 도모하려고 했습니다. 그러나 조선과 일본은 국교수복, 문화교류를 통해 한반도 진출과 장악을 노리는 새로 등장한 세력에 대응함으로써 한반도를 둘러싼 동아시아 세력균형 유지와 안정에도 기여하게 됩니다.
3) 조선과 일본은 동등하고 평화적인 교류를 지속하면서 조선은 일본에

10) 仲尾宏, 앞의 책, p.24.

대륙의 문화를 전수하는 한편 일본으로부터는 농업기술을 받아들이게 됩니다. 또한 일본이 네덜란드를 통해서 수입하기 시작한 서구의 새로운 과학문명(蘭學)에 대해서도 비로소 눈을 뜨는 기회를 갖게 됩니다.

4) 이상과 같은 과정 속에서 생산된 조선과 일본의 문화적 유산은 두 나라 뿐 아니라 세계적인 문화적 유산으로서도 높은 가치가 있어 유네스코 세계기록유산으로서 보존할 필요성이 있음에 대하여 한국과 일본은 의견을 같이하게 됩니다.
5) 이는 조선통신사의 왕래가 멎은 19세기 이후 여러 차례의 갈등과 분쟁을 겪어온 한국과 일본이 21세기를 향한 평화로운 미래를 위해서도 바람직한 길잡이가 되어줄 것으로 기대되고 있습니다.
6) 국가 간의 손익계산이 앞설 수 있는 정부 기관이 아니라 오로지 학술적으로만 접근한 순수한 민간 학술단체가 조선통신사의 기록유산에 대한 학술적 가치를 규명해서 유네스코 세계기록유산으로 등재신청한 점도 평가받을 만하다고 봅니다. 상호협력에 의한 국가간 학제적 성공사례가 될 수 있기 때문입니다.

이번 조선통신사 유네스코 세계기록유산 공동등재신청은 교과서 문제, 영토문제, 위안부 문제, 야스쿠니신사 문제 등 최근 접종하는 한일간의 의견 대립 속에서도 동일한 목표를 향하여 두 나라 민간단체가 서로 협력해서 성공적으로 이루어낸 성과였다는 점에서도 크게 평가할 일이 아닌가 합니다. 앞으로도 서로 협력하면서 난제를 해결할 수 있는 선례가 될 수 있다는 점에서 그렇습니다.

### 앞으로의 과제

지난 4백 년 전부터 2백 년 전 사이 우리들의 선조는 불구대천의 원수관계였던 두 나라가 서로 화해하고, 가해자의 나라였던 일본과 피해자의 나라였던 조선이 문화를 교류함으로써 평화를 이루어내고 분쟁을 해결했습니다. 거기에다 선린우호 관계를 구축함으로써 전쟁을 성공적으로 예방했습니다. 다시 강조하거니와 이는 한일 두 나라의 후속세대가 본받아야 할 지난 역사 속의 모범적 사례가 아닌가 합니다.

이와 같은 모범적 사례를 배우고 본받게 하기 위해서는 조선통신사에 대한 기록유산을 높은 교육적 자료로서 활용할 수 있게 해야 할 것입니다. 뿐만 아니라 동아시아의 안정에도 기여한 역사적 사실은 세계적 분쟁과 일촉즉발의 전쟁위험이 도사리고 있는 이 시점에서도 세계인의 평화의식을 고취시키기 위한 역사적 자료로 활용할 가치가 매우 높다고 해야 할 것입니다.

이를 위해서 등재과정에 대한 백서와 등재 기록물을 한국과 일본은 물론 세계인에게 쉽게 전파될 수 있도록 발간하는 한편, 세계사의 교재로 활용할 수 있도록 길을 트는 것도 앞으로 우리가 해결해야 할 중요한 과제가 아닌가 합니다.

또한 다음 세대를 위한 국내의 조선통신사 역사교육 강화와 함께 유네스코 등재 내용을 교육자료로 활용하는 방안도 함께 강구되어야 할 것입니다. 그렇게 하기 위해는 '조선통신사 역사관' 또는 '조선통신사 박물관'과 같은 시설을 갖추어 필요한 자료의 보관과 전시, 아카이브의 구축, 하드웨어와 소프트웨어의 균형 있는 자료를 비치해서 전문인력이 연구와 교육에 힘쓸 수 있도록 해야 할 것입니다.

이와 같이 가치 있는 자료는 세계인에게도 제공될 필요가 있다고 생각합니다. 평화를 위한 우리나라의 과거의 노력을 알리고, 그런 나라를 연구하고 이해하며, 관광할 수 있는 자료를 제공할 수 있기 때문입니다.

역사는 단순한 과거의 사실에 대한 기록이 아닙니다. 과거의 사실에 대한 현재적 해석에 대한 기록도 되어야 합니다. 그리고 미래를 밝혀주는 길잡이가 될 때 우리가 역사를 이해하려는 참다운 의미가 있는 것이 아닌가 합니다.

조선통신사 기록물의 UNESCO 세계기록 유산 등재의 참다운 가치발굴과 활용은 지금부터라야 할 것입니다.

감사합니다.

# 주제발표

# 外交記錄에 대하여

鄭成一 | 光州女子大學校 敎授

## Ⅰ. 머리말

2012년 5월 5일「재단법인 부산문화재단」이 일본의「NPO법인 朝鮮通信使緣地連絡協議會」(약칭 緣地連, 엔치렌) 쪽에 통신사 기록물의 유네스코 등재 추진을 제안한 바 있다. 이것이 계기가 되어 지난 3-4년 동안 노력을 기울인 끝에 한일 두 나라가 공동으로 통신사(일본은 朝鮮通信使라 부름) 기록물을 유네스코「世界記錄遺産」(International Memory of the World Register ; 일본은 世界記憶遺産)으로 등재 신청을 하게 되었다. 2016년 3월 30일 부산우체국에서 양측 사무국 관계자가 우편으로 신청 서류를 발송함으로써 유네스코 등재 신청 절차가 마무리되었다. 2017년 10월 24일부터 나흘 동안 열리는 제13차 세계기록유산 국제자문위원회(IAC) 회의에서 등재가 최종 결정되었다.

〈표 1〉 通信使 記錄物 유네스코「世界記錄遺産」등재 신청 개요

| 國家 | 外交 | | 旅程 | | 文化交流 | | 計 | |
|---|---|---|---|---|---|---|---|---|
| 韓國 | 2건 | 32점 | 38건 | 67점 | 23건 | 25점 | 63건 | 124점 |
| 日本 | 3건 | 19점 | 27건 | 69점 | 18건 | 121점 | 48건 | 209점 |
| 計 | 5건 | 51점 | 65건 | 136점 | 41건 | 146점 | 111건 | 333점 |

〈표 1〉에서 보는 것처럼 양국이 이번에 등재 신청을 마친 자료는 모두 111건 333점에 이른다. 이것은 크게 세 유형으로 나뉘는데, 「외교(外交) 기록」「여정(旅程) 기록」「문화교류(文化交流) 기록」이 그것이다. 이 글에서는 이 가운데 「외교 기록」에 대하여 살펴보고자 한다.

# Ⅱ. 「外交記錄」의 내용

## 1. 「外交記錄」의 정의와 범주

유네스코 「세계기록유산」으로 등재 신청이 이루어진 「외교 기록」이란 "조선과 일본의 국가 기관이 작성한 공식 기록(公式記錄)과 외교 문서(外交文書)"를 말한다. 예를 들면 "조선통신사 파견과 관련된 전반적인 내용을 포함하는 「통신사등록(通信使謄錄)」 등 조선 왕조가 편찬한 기록"이 여기에 해당한다. 뿐만 아니라 "조선 국왕이 일본의 도쿠가와 장군에게 보낸 「조선국서(朝鮮國書)」 등 외교 문서"가 이 범주에 들어간다.

그렇다면 한국과 일본의 두 민간단체가 유독 이 기록물을 유네스코 「세계기록유산」으로 등재를 신청한 취지는 무엇일까. 내부 자료에 따르면, "이들 기록과 문서에 양국 정치 권력자가 선린 우호(善隣友好)를 구축하고 그것이 지속되기를 바라는 의사(意思)가 반영되어 있으며, 더불어 통신(通信)의 원칙과 방법이 빠짐없이 기재되어 있는 점"이 고려된 것으로 보인다.

「외교 기록」의 범주를 「통신사등록」과 「조선국서」의 두 건으로만 한정할 수 있는 것은 물론 아니다. 위에 소개한 기록과 문서 외에도 「외교 기록」의 범위에 넣을 수 있는 기록물은 더 있다. 예를 들면 문서의 작성자(作成者)와 발신자(發信者)가 막부 장군(幕府將軍)이며 그 수신자(受信者)가 조선 국왕인 「일본국서(日本國書)」 역시도 「외교 기록」에 포함됨은 물론이다. 다만 「일본국서」를 필사한 것은 여러 기록에 남아 있지만, 그것의 원본(原本)은 현재 단 한 건도 발견되지 않고 있다. 그런데 이번 유네스코 등재 기록물의 선정은 원본을 원칙으로 삼았으며 시기도 제한하였다. 그 결과 한일 민간단체가 등재 신청한 「외교 기록」은 임진왜란 이후 이른바 조선후기(일본은 江戶時代) 한일관계사 관련 기록물 중에서 원본(原本)이자 유일본(唯一本)이면서도 사료 가치(史料價値)가 높은 것이 선정되었다고 말할 수 있다.

## 2. 한국 측 자료

한국과 일본이 공동으로 유네스코에 등재를 신청한 자료 111건 333점 가운데 「외교 기록」은 5건 51점이다. 이 가운데 한국 측 자료는 2건 32점인데, 각각에 대하여 정리하면 〈표 2〉와 같다.

〈표 2〉 韓國側 外交記錄의 槪要

| No | 資料名 | 分類番號 | 製作者 | 製作年度 | 數量 | 所藏處 | 備考 |
|---|---|---|---|---|---|---|---|
| 1 | 通信使謄錄 | K. Ⅰ-1 | 禮曹 | 1641-1811 | 14 | 서울대학교 규장각한국학연구원 | 貴重文書 |
| 2 | 邊例集要 | K. Ⅰ-2 | 禮曹 典客司 | 1841년 이후 | 18 | | |
| 計 | | | | | 32 | | |

### (1) 「通信使謄錄」(K. Ⅰ-1) 14점

현재 서울대학교 규장각한국학연구원에는 임진·정유 왜란 이후 재개된 사행(使行) 중에서 1641년 계미사행(癸未使行)부터 1811년 신미사행(辛未使行)까지 통신사행을 기록한 「통신사등록(通信使謄錄)」(奎 12870의 1, 2, 3) 14책이 소장되어 있다. 이와 별도로 「통신사초등록(通信使草謄錄)」(奎 15067)[1]과 「통신사왕환시광주부판교참거행등록(通信使往還時廣州府板橋

站擧行謄錄)」(奎 15068)[2]이 있다. 그런데 이번 유네스코 등재 신청 대상에는 「통신사등록」 14책만 포함되었다.

K. Ⅰ-1 「通信使謄錄」(1641-1811년)

책자(14책), 종이에 墨書(묵서), 세로 41.8cm 가로 26.6cm, 서울대학교규장각 소장

통신사행 관련 공문서를 예조에서 등사(謄寫)하여 유형별로 분류

「통신사등록(通信使謄錄)」은 예조(禮曹)에서 펴낸 것이므로 예조 등록이라고 할 수 있다. 이때 등록(謄錄)이란 등사(謄寫)하여 수록(收錄)한 책자를 가리킨다. 다시 말해서 일본 관계 업무를 주관하고 있던 예조가 통신사와 관련하여 다른 관아(官衙)와 서로 주고받은 공문서를 옮겨 적어 놓은 책이 바로 「통신사등록」이다. 조선시대의 등록 작업은 일반적으로 국가의 중요 문서 중에서 영구 보존할 가치가 있는 문서로 한정하여 이루어졌다. 또 등록에는 문서가 연월일 순서로 나열되어 있으며, 그 사이 사이에 설명 등이

1) 「通信使草謄錄」(1786-1808년)은 제목에서 보듯이 초서(草書)로 적혀 있다.이 책은 말하자면 「사행 퇴정(使行退定)」이라 하여 사행이 실행되지 못해 초기(草記) 형태로 남은 채 정서(精書)가 되지 않은 것을 수록한 것이다(김동철, 해제, 18-19쪽).

2) 「通信使往還時廣州府板橋站擧行謄錄」에는 "1811년 辛未通信 正使가 광주부 판교참을 往回할 때 필요한 준비와 접대 내용"이 기록되어 있다(하우봉, 해제, 11쪽 ; 김동철, 해제, 17쪽).

추가되어 있지 않기 때문에, 이것을 가장 1차적인 자료라고 평가할 수 있다(하우봉, 해제, 7쪽). 실제로 조선 정부가 통신사와 관련된 외교 정책을 결정할 때도 예조가 작성한 「통신사등록」을 열람하여 참고하였을 것으로 짐작된다.

〈표 3〉에서 알 수 있듯이 처음 네 차례 사행에 대해서는 기록이 산일(散逸)되어 「통신사등록」이 현존하지 않는다. 정묘호란(1627년)과 병자호란(1636년)으로 말미암아 기존의 자료가 모두 소실되었기 때문이다(鄭演植, 『通信使謄錄』 解題 ; 金東哲, 『국역 통신사등록(Ⅰ)』해제, 19쪽).

〈표 3〉 通信使謄錄의 槪要

| 次數 | 原本 | 使行名 | 年度 | 收錄期間 | 名稱 | 備考 |
|---|---|---|---|---|---|---|
| 1 | (散逸) | 丁未使行 | 1607(宣祖 40, 慶長 12) | (散逸) | 回答兼刷還使 | (散逸) |
| 2 | (散逸) | 丁巳使行 | 1617(光海 9, 元和 3) | (散逸) | | (散逸) |
| 3 | (散逸) | 甲子使行 | 1624(仁祖 2, 寬永 元) | (散逸) | | (散逸) |
| 4 | (散逸) | 丙子使行 | 1636(仁祖 14, 寬永 13) | (散逸) | 通信使 | (散逸) |
| 5 | 제 1책 | 癸未使行 | 1643(仁祖 21, 寬永 20) | 1641~1644 | | 國譯 Ⅰ |
| 6 | 제 2책 | 乙未使行 | 1655(孝宗 6, 明曆 元) | 1653~1656 | | 國譯 Ⅰ |
| 7 | 제 3책 | 壬戌使行 | 1682(肅宗 8, 天和 2) | 1681~1682 | | 國譯 Ⅱ |
| 8 | 제 4책 | | | 1681~1683 | | 國譯 Ⅱ |
| 9 | 제 5책 | 辛卯使行 | 1711(肅宗 37, 正德 元) | 1709~1711 | | 國譯 Ⅲ |
| 10 | 제 6책 | | | 1711~1712 | | 國譯 Ⅲ |
| 11 | 제 7책 | 己亥使行 | 1719(肅宗 45, 享保 4) | 1713~1718 | | 國譯 Ⅳ |
| | 제 8책 | | | 1718~1720 | | 國譯 Ⅳ |
| 12 | 제 9책 | 戊辰使行 | 1748(英祖 24, 寬延 元) | 1746~1747 | | 國譯 Ⅴ |
| | 제10책 | | | 1747~1747 | | 國譯 Ⅴ |
| | 제11책 | | | 1748~1748 | | 國譯 Ⅴ |
| | 제12책 | 甲申使行 | 1763(英祖 39, 寶曆 13) | 1760~1765 | | |
| | 제13책 | 使行退定[3] | 1788(正祖 12, 天明 8) | 1786~1787 | | |
| | 제14책 | 辛未使行 | 1811(純祖 11, 文化 8) | 1809~1811 | | |

자료 : 鄭演植, 「『通信使謄錄』 解題」『通信使謄錄(一)』, 서울대학교 규장각자료총서 금호시리즈 대외관계편, 1991; 金東哲, 「『국역 통신사등록』(Ⅰ) 해제」『釜山史料叢書 20 國譯 通信使謄錄』(Ⅰ), 釜山廣域市史編纂委員會, 2013, 18-19쪽.

서울대학교 규장각한국학연구원은 1991년에 박성용 금호그룹 회장의 출연금으로 모두 67권에 이르는 규장각 자료총서 금호시리즈를 간행하기 시작했다. 그 중 대외관계편(對外關係篇) 20권 안에 「통신사등록(通信使謄錄)」을 비롯하여 「왜인구청등록(倭人求請謄錄)」,「전객사등록(典客司謄錄)」「표인영래등록(漂人領來謄錄)」 등 일본 관련 등록류 일부가 포함되어 있었다(한영우, 1997). 이렇게 해서 『통신사등록』 영인본이 간행되었는데, 이때 「통신사등록」 14책과 「통신사초등록」 1책을 합하여 총 15책으로 편집되었다. 영인본 간행은 그 뒤 국역으로 이어졌다. 부산광역시사편찬위원회는 2013년부터 『국역 통신사등록(國譯 通信使謄錄)』을 간행해 오고 있는데, 2017년 말 현재 『국역 통신사등록(Ⅴ)』(부산사료총서 24)까지 출판되었다.

### (2) 「邊例集要」(K. Ⅰ-2) 18점

「변례집요(邊例集要)」란 이 책의 제목에서 짐작할 수 있듯이 변방의 사례를 요약한 것을 모은 책이다. 여기에서 말하는 변방이 일본을 가리키는 것임은 더 말할 나위가 없다. 「변례집요」는 조선시대 대일(對日) 관계의 규정을 모아 놓은 단순한 규정집이 아니라, 조·일 간 교린 관계(交隣關係)의 실제 상황과 사항을 연대순으로 요약 정리한 사례집의 성격이 강하다고 하는 점에서 일찍부터 사료 가치를 높이 인정받았다(하우봉, 해제, 3쪽).

3) 제13책은 標題가 「通信使草謄錄」(奎 12870의 3)이다. 이 책은 「通信使草謄錄」(奎 15067)과 마찬가지로 草書로 작성되어 있는데, 그 이유는 사행을 둘러싼 교섭만 이루어졌을 뿐 그것이 실행으로 옮겨지지 않았기 때문이다.

K. Ⅰ-2 「邊例集要」(1598-1841년)

책자(18책), 종이에 墨書(묵서), 세로 33.8cm 가로 24.6cm, 서울대학교규장각 소장

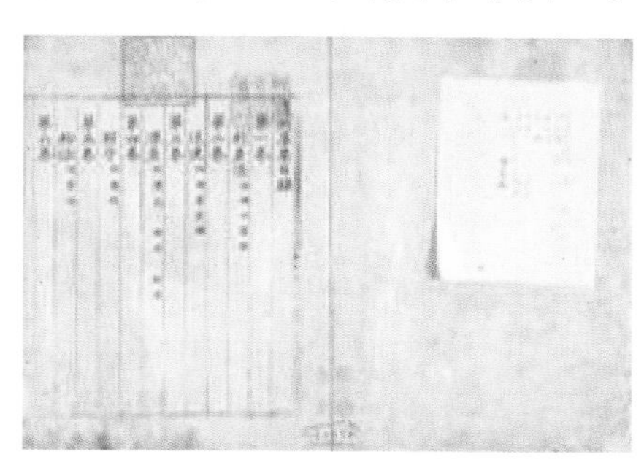

조선과 일본의 외교 관련 규정과 교섭 사례를 항목별로 기술

〈표 4〉 邊例集要의 概要

| 原本 | 項目 | | 收錄 期間 | | 國譯 | 備考 |
|---|---|---|---|---|---|---|
| 제 1권 | 別差倭 | 附 規外違格 | 별차왜 | 1598-1808 | ○ | |
| | | | 규외 | 1611-1808 | | |
| 제 2권 | 送使 | 附 圖書賞職 | 송사 | 1599-1753 | ○ | (缺本) |
| | | | 도서·상직 | 1608-1753 | | |
| 제 3권 | 漂差 | 附 漂民 順付 刷還 | 표차왜 | 1627-1813 | | |
| | | | 표민 | 1627-1823 | | |
| | | | 표민순부 | 1635-1822 | | |
| | | | 쇄환 | 1610-1643 | | |
| 제 4권 | 館守 | 附 裁判 | 관수 | 1639-1822 | | |
| | | | 재판 | 1634-1828 | | |
| 제 5권 | 約條 | 附 禁條 | 약조 | 1609-1815 | | |
| | | | 금조 | 1652-1823 | | |
| 제 6권 | 書契路引 | | 서계·노인 | 1612-1824 | | |
| 제 7권 | 宴禮進上 | | 연례·진상 | 1609-1821 | | |
| 제 8권 | 公貿易 | 附 下納諸節 | 공무역·구청 | 1608-1765 | | |
| | | | 하납제절 | 1683-1823 | | |
| 제 9권 | 開市 | 附 朝市 | 개시 | 1610-1786 | | |

| | | | 조시 | 1665-1731 | | |
|---|---|---|---|---|---|---|
| 제10권 | 支給 | 附 贈給 恤典 柴炭 禮物 私贈 限盡加料 | 지급 | 1610-1823 | | |
| | | | 증급 | 1610-1824 | | |
| | | | 휼전·물고 | 1610-1797 | | |
| | | | 시탄 | 1611-1754 | | |
| | | | 예물 | 1644-1736 | | |
| | | | 사증 | 1769 | | |
| | | | 한진가료 | 1612-1765 | | |
| 제11권 | 館宇 | | 관우 | 1752-1825 | | |
| 제12권 | 求貿 | | 구무 | 1609-1749 | | |
| 제13권 | 闌出 | | 난출 | 1626-1824 | | |
| 제14권 | 潛商路浮稅幷錄 | 附 雜犯 | 잠상·노부세 | 1611-1804 | | |
| | | | 잡범 | 1633-1805 | | |
| 제15권 | 水陸路去來 | 附 漂倭船 | 수륙로거래 | 1613-1800 | | |
| | | | 표왜선 | 1627-1824 | | |
| 제16권 | 本府賞加 | 附 拿罷 啓罷 譯官 | 본부상가 | 1636-1812 | | |
| | | | 나파·추고 | 1647-1812 | | |
| | | | 계파·청죄 | 1609-1824 | | |
| | | | 역관·수세관 | 1627-1824 | | |
| 제17권 | 雜條 | 附 鬱陵島 | 잡조 | 1610-1822 | | |
| | | | 울릉도 | 1614-1811 | | |
| 제18권 | 信使 | 附 渡海 | 신사 | 1613-1811 | | |
| | | | 도해 | 1631-1828 | | |
| 제19권 | 關防 | | 관방 | 1610-1841 | | |

자료 : 河宇鳳, 「해제」『新編 국역 예조 전객사 변례집요』(민족문화추진회 편, 한국학술정보, 2006), 12-28쪽.

〈표 4〉에서 보듯이 서울대학교 규장각한국학연구원에는 「변례집요」 18책이 현재 전해지고 있다(奎貴 2089). 규장각의 귀중본(貴重本)으로 지정되어 있는 「변례집요」 원본의 권수(卷數)는 본디 19권 19책이었다. 이와 별도로 「변례속집요(邊例續集要)」 7책이 더 있었다. 그런데 그 가운데 「변례집요」 제2권과[4] 「변례속집요」 제1책, 제3책, 제4책, 제5책, 제6책, 제7책 등 모두 7책이 현재 결본(缺本)으로 되어 있다. 즉 「변례집요」는 19권 19책 중

에서 제2권을 제외한 18책이, 「변례속집요」는 7책 중 제2책(36장)만 현존하고 있다. 이번 유네스코 등재 대상에는 「변례집요」 18책만 들어가고 「변례속집요」는 포함되지 않았다.

국사편찬위원회는 1969년에 열여섯 번째 한국사료총서(韓國史料叢書)로 『변례집요 상·하』 두 권을 편찬하였다. 이것은 규장각 소장 「변례집요」 18책(제2권 결본)과 「변례속집요」(제2권만 현존) 1책을 저본으로 한 것이다. 국사편찬위원회가 번각(飜刻)한 초판(初版)을 1971년에 그리고 1984년에는 재판(再版)을 탐구당이 출판하였다.

민족문화추진회에 의해서 2000년에 『국역 변례집요(邊例集要) 1』(예조 전객사 엮음, 홍성덕·하우봉 옮김)이 나왔다. 그 뒤 한국학술정보(주)가 이 책을 2006년에 『신편 국역 예조 전객사 변례집요』로 이름을 바꾸어 펴낸 바 있다. 그런데 이것은 총 19권의 사료(史料) 중에서 제1권과 제2권만 국역한 것이다. 나머지 부분에 대해서는 현재까지도 국역 작업이 이루어지지 않고 있는 것으로 보인다.

## 3. 일본 측 자료

한국과 일본이 공동으로 유네스코에 등재를 신청한 자료 111건 333점 가운데 「외교 기록」은 5건 51점이다. 이 가운데 일본 측 자료는 3건 19점인데, 〈표 5〉에 그 개요를 소개하였다.

4) 『邊例集要』는 현재 서울대학교규장각 한국학연구원(奎 2090)과 국립중앙도서관(貴-207)에 각각 소장되어 있다. 규장각본에는 제2권이 결본으로 되어 있는데, 국립중앙도서관본에는 수록되어 있다. 홍성덕과 하우봉이 옮긴 『국역 변례집요』에는 규장각본 『변례집요』와 『邊例續集要』(奎 2090 00)를 저본으로 하고, 규장각본에 빠져 있는 권2는 국립중앙도서관본을 저본으로 하여, 제1권(別差倭)과 제2권(送使, 圖書·賞職)까지만 번역이 되어 있다.

〈표 5〉 日本側 外交記錄의 槪要

| No | 資料名 | 分類番號 | 使行年度 | 製作者 | 製作年度 | 數量 | 所藏處 | 備考 |
|---|---|---|---|---|---|---|---|---|
| 1 | 朝鮮國書 | J. Ⅰ-1 | 1607<br>1617 | 對馬藩作成 | 1607<br>1617 | 3 | 京都大學總合博物館 | 重要文化財 |
| 2 | 朝鮮國書 | J. Ⅰ-2 | 1617-1811 | 對馬藩作成<br>朝鮮王朝 | 1617-1811 | 15 | 東京國立博物館 | 重要文化財 |
| 3 | 正德元年朝鮮通信使進物目錄<br>毛利吉元宛 | J. Ⅰ-3 | 1711 | 通信使 | 1711 | 1 | 山口縣立山口博物館 | 重要文化財 |
| 計 | | | | | | 19 | | |

### (1) 「朝鮮國書」(J. Ⅰ-1) 3점

먼저 교토대학 종합박물관(京都大學總合博物館)에 소장되어 있는 「조선국서(朝鮮國書)」는 1607년과 1617년 조선의 통신사가 일본으로 갈 때 휴대한 것이다. 그런데 이것은 모두 대마도에서 원본을 위조하여 작성한 것으로 이미 판명되었다. 이 기록물이 위조된 문서이기는 하지만 원본임에는 틀림없다. 즉 이 자료는 조선과 일본 사이에 단절되어 있던 국교의 회복을 서둘렀던 대마번(對馬藩)에 의해 개작(改作)된 것이기는 하지만, 실제 이 문서가 외교 문서로서 그 기능을 다하여, 두 나라의 국교가 세계에서 다른 예를 찾아보기 힘들 정도로 매우 독특한 형태로 재개되었던 당시 상황을 잘 보여주고 있다. 이러한 점이 고려되어 일본 측이 이 기록물을 등재 대상에 포함시킨 것으로 생각된다.

〈표 6〉 京都大学総合博物館 所藏 「朝鮮國書」(2건 3점)

| No | 年度 | 本書 | 別幅 | 區分 | 發信人 | 受信人 | 縱(cm) | 横(cm) |
|---|---|---|---|---|---|---|---|---|
| 1 | 1607 | 1 | 1 | 本書 | 朝鮮國王李昖(宣祖) | 日本國王殿下(德川秀忠) | 60.3 | 93.8 |
| | | | | 別幅 | 없음 | 없음 | 58.6 | 75.9 |
| 2 | 1617 | 1 | | 本書 | 朝鮮國王李琿(光海君) | 日本國王殿下(德川秀忠) | 59.4 | 131.5 |
| 계 | | 2 | 1 | | | | | |

자료 : 田代和生(2007), 5쪽, 8쪽.

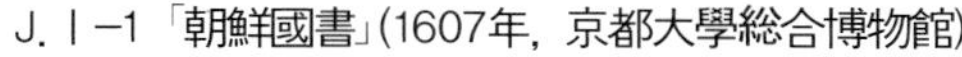
J. Ⅰ-1 「朝鮮國書」(1607年, 京都大學総合博物館)

통신사가 德川將軍에게 전달한 조선 국왕의 國書와 別幅

〈표 6〉의 「조선국서」는 도쿠가와(德川) 장군가(將軍家)의 모미지야마문고(紅葉山文庫)에 보존·전래되어 오던 것이다, 그것이 현재는 교토대학 종합박물관과 도쿄국립박물관 등에 분산 보존되어 있다. 즉 교토대학 종합박물관에는 1607년과 1617년 사행 때의 국서 2건 3점(별폭 1점 포함)이, 그리고 도쿄국립박물관에는 후술(後述)하듯이 1617~1811년 사행 때의 국서 9건 15점(별폭 9점 포함)이 각각 소장되어 있다. 원래는 국서(國書)가 본서(本書)[5] 1매와 별폭(別幅) 1매가 1세트였지만, 후대로 오면서 그것이 어느 한

5) 다시로 가즈이(田代和生)는 國書가 「本幅」과 「別幅」으로 구성되어 있다고 보고 있다. 그런데 「別幅」은 역사 자료에서도 자주 보여 익숙하지만, 「本幅」은 필자에게

쪽만 존재하거나 다른 곳에 분산 소장되어 있는 경우가 많다. 그래서 본서(本書)와 별폭(別幅)을 별개로 보고 각각 숫자를 헤아리는 것이 보통이다.

#### (2) 「朝鮮國書」(J. I -2) 15점

일본 측 「외교 기록」으로 유네스코에 등재 신청이 이루어진 도쿄국립박물관 소장 「조선국서」 15점은 국서의 본서(本書) 6통과 별폭(別幅) 9통으로 구성되어 있다. 다시로 가즈이(田代和生)에 따르면 2002년 4월부터 2005년 5월까지 한일 공동으로 추진된 한일역사공동연구위원회의 일본 측 공동연구 결과, 도쿄국립박물관 소장 「조선국서」 15점 가운데 14점이 진서(眞書)이며, 위서(僞書)는 오직 1점뿐임이 밝혀졌다고 한다. 도쿄국립박물관 소장 「조선국서」 중 유일하게 가짜로 지목되는 자료는 1617년 별폭(別幅)인데(〈표 7〉의 No.1), 이것은 교토대학 총합박물관 소장 1617년 국서(國書)와 짝을 이루는 것으로 볼 수 있다(〈표 6〉의 No.2 참조). 「조선국서」의 진위(眞僞) 여부에 대해서는 후술하고자 한다.

---

아직 생소하게 느껴진다. 이 글에서는 편의상 「本幅」 대신에 「本書」로 적었음을 미리 밝혀 둔다.

〈표 7〉 東京國立博物館 所藏 「朝鮮國書」(9건 15점)

| No | 年度 | 本書 | 別幅 | 區分 | 發信人 | 受信人 | 縱(cm) | 橫(cm) |
|---|---|---|---|---|---|---|---|---|
| 1 | 1617 | | 1 | 別幅 | 없음 | 없음 | 57.5 | 125.4 |
| 2 | 1643 | 1 | 1 | 本書 | 朝鮮國王李倧(仁祖) | 日本國大君殿下(德川家光) | 51.4 | 134.2 |
| | | | | 別幅 | | 없음 | 51.7 | 145.3 |
| 3 | 1655 | 1 | 1 | 本書 | 朝鮮國王李淏(孝宗) | 日本國大君殿下(德川家綱) | 52.6 | 109.3 |
| | | | | 別幅 | 朝鮮國王李淏(孝宗) | 없음 | 52.7 | 126.7 |
| 4 | 1682 | | 1 | 別幅 | 朝鮮國王李焞(肅宗) | 없음 | 53.5 | 120.3 |
| 5 | 1711 | 1 | | 本書 | 朝鮮國王李焞(肅宗) | 日本國國王殿下(德川家宣) | 50.9 | 106.4 |
| 6 | 1719 | 1 | 1 | 本書 | 朝鮮國王李焞(肅宗) | 日本國大君殿下(德川吉宗) | 52.6 | 97.8 |
| | | | | 別幅 | 朝鮮國王李焞(肅宗) | 日本國大君殿下(德川吉宗) | 52.5 | 106.5 |
| 7 | 1747-48 | 1 | 2 | 本書 | 朝鮮國王李昑(英祖) | 日本國大君殿下(德川家) | 51.0 | 114.8 |
| | | | | 別幅 | 朝鮮國王李昑(英祖) | 없음 | 50.0 | 116.2 |
| | | | | 別幅 | 없음 | 없음 (將軍世子?) | 50.1 | 114.9 |
| 8 | 1763-64 | 1 | 1 | 本書 | 朝鮮國王李昑(英祖) | 日本國大君殿下(德川家治) | 49.9 | 117.3 |
| | | | | 別幅 | 朝鮮國王李昑(英祖) | 없음 | 49.8 | 118.4 |
| 9 | 1811 | | 1 | 別幅 | 朝鮮國王(純祖) | 없음 (將軍世子?) | 49.3 | 112.6 |
| 계 | | 6 | 9 | | | | | |

자료 : 田代和生(2007), 5쪽, 8쪽.

도쿄국립박물관은 홈페이지를 통해서 위에 제시한 15점의 「조선국서」를 포함하여 소장 자료의 이미지(畫像)를 제공하고 있다. 도쿄국립박물관 소장 「조선국서」 15점(本書 6점, 別幅 9점)을 소개하면 아래와 같다. 일련번호는 〈표 7〉의 것과 동일하다.

| No1 | 1617년 | | 「朝鮮國書」 別幅 |
|---|---|---|---|

| No2 | 1643년 | 「朝鮮國書」 本書 | 「朝鮮國書」 別幅 |
|---|---|---|---|

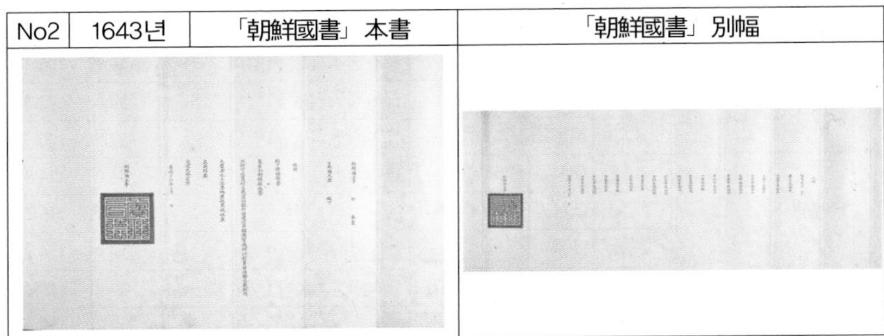

| No3 | 1655년 | 「朝鮮國書」 本書 | 「朝鮮國書」 別幅 |
|---|---|---|---|

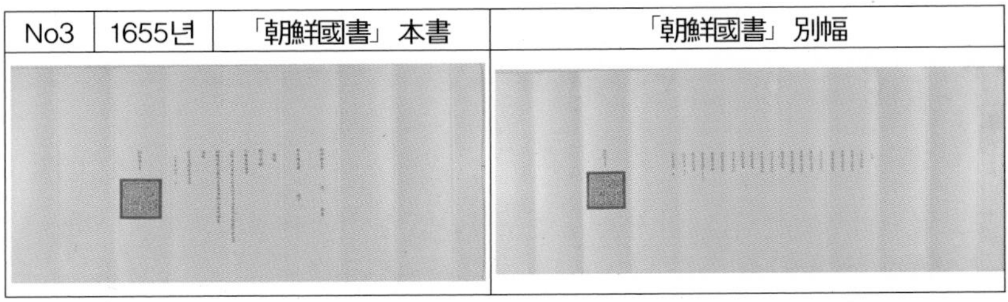

| No4 | 1682년 | | 「朝鮮國書」 別幅 |
|---|---|---|---|

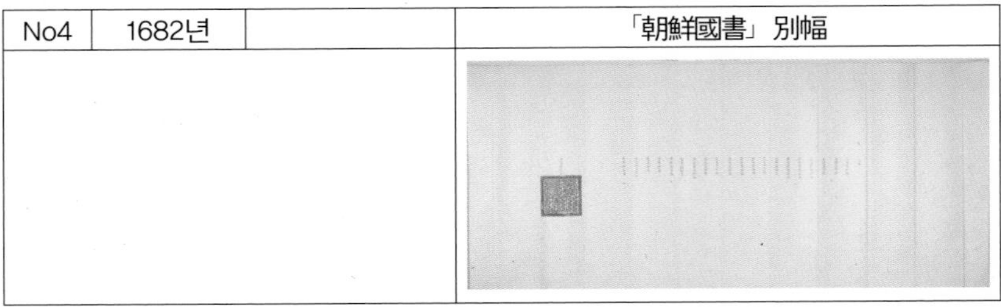

| No5 | 1711년 | 「朝鮮國書」 本書 | |
|---|---|---|---|

| No6 | 1719년 | 「朝鮮國書」 本書 | 「朝鮮國書」 別幅 |
|---|---|---|---|

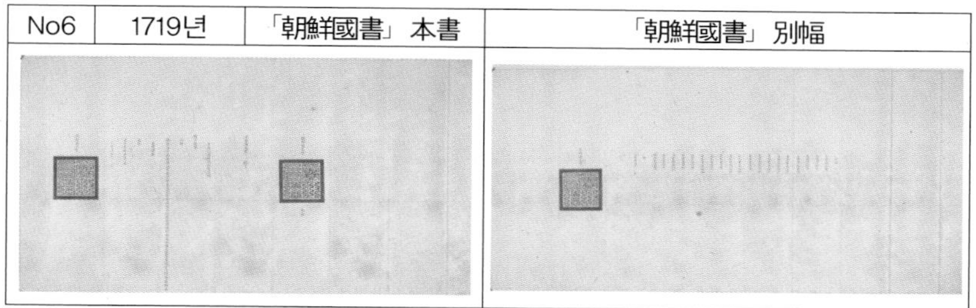

| No7 | 1747–48년 | 「朝鮮國書」 本書 | 「朝鮮國書」 別幅 |
|---|---|---|---|

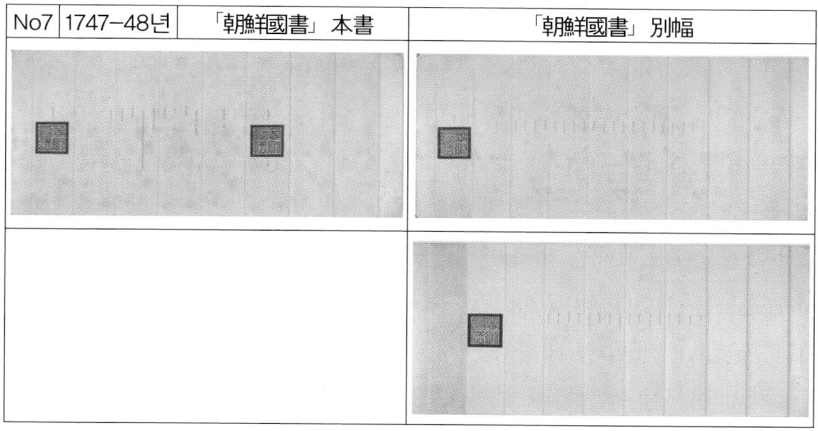

| No8 | 1763-64년 | 「朝鮮國書」 本書 | 「朝鮮國書」 別幅 |
|---|---|---|---|

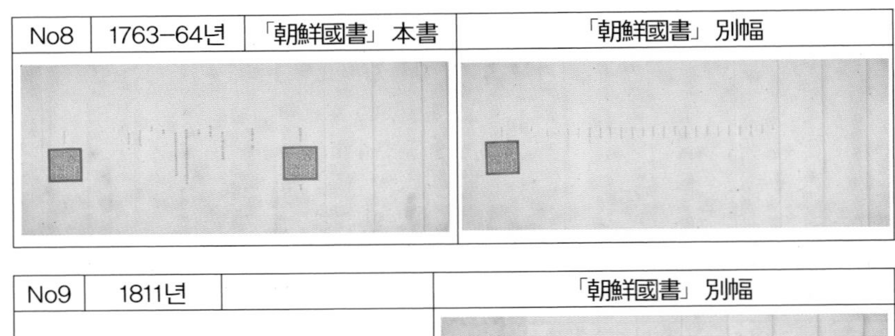

| No9 | 1811년 | | 「朝鮮國書」 別幅 |
|---|---|---|---|

그런데 도쿄국립박물관에서 위 15점의 자료에 부여한 명칭은 「朝鮮國書」가 아니다. 현재 이들 자료에 붙여진 명칭을 보면, 「德川幕府朝鮮國王往復書翰」「德川幕府朝鮮王往復書翰」「德川幕府朝鮮國王往復書契別幅」 등으로 되어 있다. 위 기관에서 이렇게 명명한 까닭은 아마도 문서 형식으로만 본다면 이들 문서가 「서(書)」로 표현되는 교린문서(交隣文書)라는 점 때문이었을 것으로 짐작된다. 조선에서도 임진왜란 전까지는 조선 국왕이 일본의 막부 장군에게 보내는 외교 문서라 하더라도 그것을 가리켜 「서계(書契)」「서계(書啓)」「서한(書翰)」「서(書)」 등으로 불렀다. 이것은 사대문서(事大文書)인 표(表)나 전(箋)과 대칭되는 개념이다. 따라서 도쿄국립박물관처럼 조선 국왕의 문서를 「國書」라 하지 않고 「書翰」이나 「書契」라 부른다 해서 크게 잘못은 아니라고 할 수도 있다.

그런데 17세기에 들어오게 되면 상황이 달라졌다. 무엇보다도 조선과 일본이 외교 문서를 주고받는 일이 많아졌다. 게다가 그것이 정례화 되면서부터는 최고 권력자[국왕]의 문서인 「국서(國書)」와 외교 실무자[예조나 동래부 등]의 문서인 「서계(書契)」를 엄격하게 구분하고 있었다. 『통문관지(通

文館志)』와 『증정교린지(增正交隣志)』에서 국서식(國書式)과 서계식(書契式)을 따로 구분하고 있는 것도 그런 맥락에서 이해할 수 있다(『通文館志』 권6 ; 『增正交隣志』권5). 더구나 이번 유네스코 등재 대상의 두 번째 영역인 「여정(旅程)의 기록」에 해당하는 통신사 행렬도(行列圖)에도 「國書」라는 두 글자가 선명하게 보이지 않는가. 이러한 사정을 감안하여 이번 등재 신청 서류에서도 도쿄국립박물관 측이 붙인 「德川幕府朝鮮國王復書翰」 등을 그대로 사용하지 않고, 그것을 모두 「朝鮮國書」로 통일시켜 표기하고 있음에 유의할 필요가 있다.

### (3) 「正德元年朝鮮通信使進物目錄 毛利吉元宛」(J. Ⅰ-3) 1점

J. Ⅰ-3 「正德元年朝鮮通信使進物目錄 毛利吉元宛」(1711年)

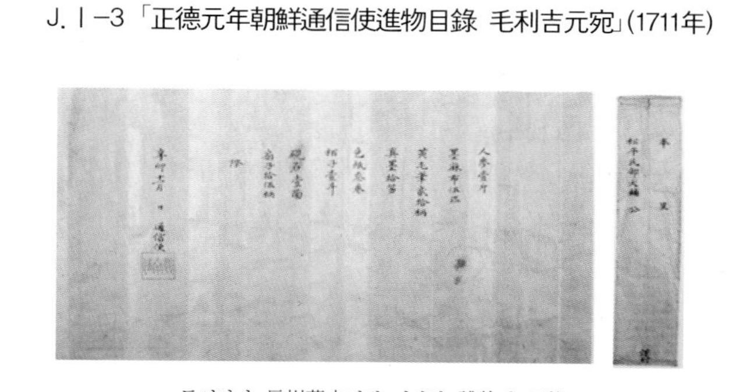

통신사가 長州藩主에게 전달한 禮物의 目錄

마지막으로 현재 야마구치현립 야마구치박물관(山口縣立山口博物館)에 소장되어 있는 자료의 규격은 세로 37.2cm 가로 59cm이다. 이것은 1711년 통신사행 때 통신사가 죠수번주(長州藩主) 모리 요시모토(毛利吉元)에게 선물한 예물의 종류와 수량을 적은 목록이다. 물론 이 예물은 통신사가 개인적으로 전달한 것이다. 그러므로 이 자료는 조선 국왕이 전달하는 국서에 딸린 「별폭(別幅)」은 아니다. 그렇기는 하지만 이것 역시 또 하나의 「별폭」임은 분명하다. 하여튼 조수번(長州藩)이 시모노세키(下關)에서 통신사 일행에게 후한 접대를 해 준 것에 대하여 통신사 측이 감사의 표시를 하였음을 이 자료 목록을 통해 알 수 있다. 여기에서 한 가지 흥미로운 것은 이 목록에 기재된 예물이 인삼을 제외하고는 나머지가 모두 현재까지도 보존되어 있다는 점이다. 목록과 거기에 적힌 예물이 실물로 함께 존재하는 사례는 야마구치박물관에 소장된 이 자료가 유일하다고 한다. 이 「별폭」이 현재 일본의 국가 중요문화재로 지정된 까닭도 바로 여기에 있다고 생각한다.

## Ⅲ. 「外交記錄」의 활용

### 1. 「通信使謄錄」·「邊例集要」와 관련하여

#### (1) 「通信使謄錄」

「통신사등록」은 이번 유네스코 등재 대상에 포함되지 않은 「통신사초등록」 등을 비롯하여, 조선시대 다른 등록류(謄錄類) 자료와 함께 분석되어야 함은 물론이다. 서울대 규장각한국학연구원에는 현재 약 30종의 등록류가 현존한다. 이에 대해서는 이미 잘 알려져 있으므로 여기에서는 설명을 생략하고자 한다(하우봉 1991 ; 한문종 1999).

그 밖에 조선이 주변국과 주고받았던 사대문서(事大文書)와 교린문서(交隣文書) 등 조선의 외교 문서(外交文書)를 모아놓은 『동문휘고(同文彙考)』(1636-1881년)도 검토 대상이 된다. 『동문휘고』의 왜정(倭情)과 통신(通信) 항목에 통신사와 관련된 문서가 일부 수록되어 있기 때문이다.

한국 측 「통신사등록」과 짝을 이루는 일본 측 기록을 든다면 가장 먼저 대마도가 작성한 「신사기록(信使記錄)」을 빼놓을 수 없다. 이 자료는 한국

과 일본의 여러 기관에 분산 소장되어 있어서 이용하기가 불편하다. 그 점을 고려하여 마이크로 필름화가 추진되었다. 1998년부터 다시로 가즈이(田代和生)가 감수하여 한국의 국사편찬위원회를 비롯, 일본의 게이오대학 도서관(慶應大學図書館), 도쿄대학 사료편찬소(東京大學史料編纂所) 소장 「신사기록(信使記錄)」 중에서 선별하여 모은 것을 일본 유마니 출판사(ゆまに書房)가 마이크로필름으로 만들었다. 그러므로 이 마이크로필름에 포함되지 않은 기록도 적지 않음에 유의할 필요가 있다.

왜관(倭館)에서 작성된 「관수매일기(館守每日記)」 등 일기류(日記類)도 참고가 된다. 일기류에서 발췌한 목록 가운데 『분류사고(分類事考) 4』를 보면 신사(信使)와 역관(譯官, 조선에서 말하는 問慰行) 등에 관한 「관수매일기」의 기사 목록을 확인할 수 있다.

### (2) 「邊例集要」

「변례집요」와 관계되는 기록물로는 조선의 「증정교린지(增正交隣志)」를 빼놓을 수 없다. 『국역 증정교린지』의 공동 역자 가운데 한 사람인 하우봉(河宇鳳)이 「증정교린지」의 내용과 사료적 가치에 대하여 소상하게 소개한 적이 있다. 이에 따르면 「증정교린지」 초간본에는 1443년(세종 25)부터 1796년(정조 20)까지 약 350년 동안의 약조와 외무 교섭 사례 등이 실려 있다. 중간본에는 여기에 덧붙여서 1802년(순조 2)부터 1864년(고종 원)까지의 사례가 증보되어 있다. 이처럼 「증정교린지」에는 약 420년 동안의 대일관계에 관한 내용이 잘 정리되어 있다(하우봉, 1998). 이 외에도 조선시대 일본과 관련된 해동제국기(海東諸國紀), 고사촬요(攷事撮要), 통문관지(通文館志), 춘관지(春官志), 교린지(交隣志), 동문휘고(同文彙考) 등 여러 자료집을 종합적으로 비교 분석하여 조선시대 한일관계사와 문화교류사 등의 연구에 이를 활용할 필요가 있다.

〈표 8〉「分類記事大綱」의 槪要(1634-1838년)

| No | 시기 | 수록 시기 | | 수량 (책) | 소장처 |
|---|---|---|---|---|---|
| | | 서기 | 일본 | | |
| 1 | 제1기 | 1634~1713 | 寛永 11~正德 3 | 39 | 일본 국립국회도서관 |
| 2 | 제2기 | 1714~1740 | 正德 4~元文 5 | 29 | 국사편찬위원회 |
| 3 | 제3기 | 1741~1765 | 寛保 元~明和 2 | 13 | 국사편찬위원회 |
| 4 | 제4기 | 1765~1794 | 明和 2~寛政 6 | 21 | 국사편찬위원회 |
| 5 | 제5기 | 1794~1812 | 寛政 6~文化 9 | 16 | 국사편찬위원회 |
| 6 | 제6기 | 1813~1823 | 文化 10~文政 6 | 18 | 국사편찬위원회 |
| 7 | 제7기 | 1824~1838 | 文政 7~天保 9 | 19 | 국사편찬위원회 |
| 계 | | | | 155 | |

자료 : 이훈, 「解題」『分類記事大綱』, 國史編纂委員會, 2005.
주 : 제2기 이후 자료 중 일부가 일본 쓰시마역사민속자료관(對馬歷史民俗資料館)에 분산 소장되어 있음.

한국 측 「변례집요」와 짝을 이루는 일본 측 기록물을 굳이 찾는다고 한다면, 대마도가 작성한 「분류기사대강(分類記事大綱)」이 아닐까 생각한다. 물론 이 두 자료 사이에 차이점이 없지는 않지만, 양국 간 외교 실태를 파악하고자 할 때는 이 자료가 유용하다. 〈표 8〉과 같이 장기간(1634~1838년)에 걸쳐 주요 사항을 뽑아서 엮어 놓았기 때문이다. 「분류기사대강」의 내용과 사료적 가치에 대해서는 이훈(李薰)과 다시로 가즈이(田代和生)의 해제가 참고가 된다(李薰, 「해제」『分類記事大綱 Ⅰ-對馬島宗家文書資料集 1-』, 국사편찬위원회, 2005 ; 田代和生, 『日朝交易と對馬藩』, 創文社, 2007).

『분류기사대강 Ⅳ』(2017년) 이후로는 국사편찬위원회의 탈초본(脫草本) 간행 사업이 현재 중단 상태에 있다. 다만 2014년부터 미노와 요시쓰구(箕輪吉次) 등이 원문을 번각(飜刻)하여 경희대학교 일본학연구회의 『일본학논집(日本學論集)』에 발표해 오고 있는 것은 그나마 다행이다. 앞으로 「분류기사대강」의 탈초본(번각본)에 이어 한국어 번역본까지 간행된다면 후속 연구를 촉진하는 계기가 될 것으로 본다.

아무튼 한국 측 「외교기록」으로 유네스코에 등재 신청이 이루어진 「통신사등록」과 「변례집요」는 조선의 예조가 남긴 등록류(謄錄類)의 하나임은 앞에서 서술한 바와 같다. 그렇다면 이러한 일본 관련 등록류가 어떤 경위로 현재 서울대학교 규장각한국학연구원에 소장되어 있을까. 이에 대해서는 확실한 기록을 찾기가 어렵지만, 한영우(1997)의 「규장각자료의 정리와 활용」이 약간의 실마리를 제공한다고 생각된다. 주지하는 것처럼 규장각(奎章閣)은 1776년 정조(正祖)의 즉위와 함께 창설되어 그 뒤 역사 전개에 따라 변천을 거듭하여 오늘에 이르고 있다. 일제(日帝)의 식민 통치 자료를 수집할 목적으로 곳곳에 흩어져 있던 도서(圖書)를 한 곳에서 관리할 필요를 느낀 통감부(統監府)가 규장각 중심으로 도서를 관리하기 시작했다. 1907년 11월 규장각의 기능을 확대한 관제(官制) 개정 이후 규장각의 기록과(記錄課)에서는 정부의 일반 공문서류까지 편찬하여 이를 보관하게 되었다. 1910년 8월 일제가 한국을 강점한 뒤로는 규장각이 폐지되고 총독부(總督府)의 취조국(取調局)이 그 기능을 대신하도록 강제하였다. 기존의 통감부 기록류와 함께 정부 각 기관이 보관해 오던 정부 기록류(공문서)가 취조국 관리 아래 놓이게 된 것도 이 무렵이었다. 아마도 「통신사등록」과 「변례집요」를 포함한 예조의 여러 등록류도 그 대상에 포함되었던 것이 아닌가 짐작된다. 1946년 10월 서울대학교가 개교하면서 서울대학교 부속도서관으로 예조의 등록류 등이 이관되었다. 1950년 6·25 발발 이후 참화를 겪는 가운데서도 대일(對日) 관계 등록류 30여 종은 소실되지 않고 현재까지 규장각에 보관되어 오고 있다(한영우 1997).

## 2. 「朝鮮國書」와 관련하여

조선후기 한일관계사 연구에서 국서(國書)와 관련한 문제의식은 일찍부터 제기되어 왔다. 그 중에서도 단연 관심이 집중된 것은 국서 개작(改作) 또는 개찬(改竄)에 관한 것이었다. 시기적으로 보면 임란 후 첫 번째 통신사의 방일(訪日) 전에 있었던 이른바 「1606년 도쿠가와 이에야스(德川家

康)의 국서」가 진짜인가 가짜인가 하는 문제가 그 시작이었다. 1935년 경성 공립 여자고등보통학교 교사를 지낸 바 있는 이누카이조(犬飼俊三)에서 2015년의 민덕기(閔德基)에 이르기까지 지난 80년 동안 여러 편의 논문이 발표되었다(犬飼俊三 1935 ; 米谷均 1995 ; 仲尾宏 2005 ; 山口華代 2014 ; 민덕기 2015). 손승철(孫承喆)도 위의 1606년 이에야스 국서의 진위 문제를 비롯하여, 1607년과 1609년, 1617년, 1624년의 국서 문제를 분석한 바 있다(孫承喆 著, 鈴木信昭 監譯, 山里澄江 梅村雅英 譯, 1998).

국서와 관련하여 최근 새롭게 문제가 제기된 것은 원본(原本) 형태로 전해오고 있는 국서에 대한 과학적 분석이다. 현존하는 국서 원본을 소재로 하여 국서의 무게와 크기, 국서를 만든 종이의 재질, 국서에 찍힌 인장의 성분 등을 다각적으로 분석하여 진짜와 가짜의 특징을 비교하는 새로운 접근 방법이 그것이다(田代和生 2007, 和田浩 2006). 이러한 기존의 연구 결과를 바탕으로 하여 유네스코 세계기록문화유산으로 등재 신청이 이루어진 「조선국서」에 대하여 아래에서 간단히 언급하고자 한다.

결론부터 말한다면 등재 신청한 「조선국서」 18점(교토대학 총합박물관본 3점, 도쿄국립박물관본 15점)이 모두 원본이며, 이것은 임란 이후 총 12차례에 걸친 통신사행 때 일본 막부에 전달된 것 중 일부라고 말할 수 있다(현존하는 「조선국서」 원본은 25점, 이에 대해서는 후술). 이 점과 관련해서는 두 가지로 나누어 접근해 볼 필요가 있다. 첫째는 위의 18점이 모두 원본이라고 하더라도, 그것이 진짜[眞書]인지 가짜[僞書]인지를 따져볼 필요가 있다는 점이다. 둘째는 12차례 통신사행 때 과연 총 몇 점이나 되는 국서가 일본 측에 전달되었으며, 그것이 어떤 경위로 현존하고 있는가 하는 점이다.

첫째, 위의 「조선국서」 18점의 진위(眞僞) 여부에 관한 것이다. 이와 관련해서는 다시로 가즈이(田代和生) 등의 연구에 의해서, "1607년과 1617년의 교토대학 총합박물관본 3점은 모두 가짜인 위서(僞書)로, 그리고

1617-1811년의 도쿄국립박물관본 15점 중 1점(1617년 별폭)은 가짜[僞書]로 나머지 14점은 진짜[眞書]로 판명되었다"고 한다.

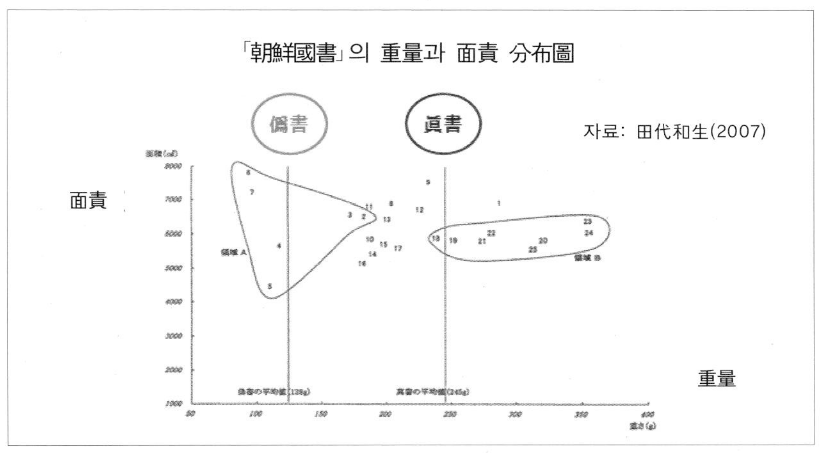


위의 주장을 뒷받침하는 증거의 하나가 일본에 현존하는 25점의 「조선국서」를 대상으로 과학적 분석을 시도한 결과를 보여주는 분포도(分布圖)이다. 이 그래프는 가로축에 「조선국서」의 무게를 표시하고, 세로축에는 「조선국서」의 면적(가로와 세로 길이를 곱한 값)을 나타낸 것이다. 이 분포도에서 1부터 25까지 숫자는 연대순으로 나열한 「조선국서」 원본 25점의 일련번호이다. 그러므로 숫자가 작은 것일수록 초기의 것이며, 숫자가 클수록 후기의 것에 해당한다. 그래프에는 두 개의 타원형이 그려져 있는데, 왼쪽의 영역 A는 위서(僞書)를, 오른쪽에 보이는 영역 B는 진서(眞書)를 보여준다. 영역 A(위서)에 들어 있는 4, 5, 6번 국서의 본서와 별폭은 1607년과 1617년의 교토대학 총합박물관본 3점의 특성을, 그리고 역시 영역 A에 포함된 7번은 도쿄국립박물관본 1617년 국서의 별폭 1점의 특징을 나타낸다.

진짜[진서]와 가짜[위서]의 차이는 무엇인가. 위의 분포도에서 쉽게 알 수 있듯이 가장 먼저 눈에 띄는 차이점은 「조선국서」의 무게이다. 그래프의 가로축이 국서의 중량을 표시한 것이므로 원점에서 멀어질수록 무게가 많이 나가는 것이며, 원점에 가까운 것일수록 무게가 적게 나가는 것이다. 위의 분포도를 놓고 볼 때, 진짜 국서는 무게가 무겁고 가짜 국서는 무게가 가볍다고 말할 수 있다. 그렇다면 가짜 국서의 무게가 가벼운 것은 무엇을 말해 주는 것일까.

그 비밀은 바로 종이의 재질에 숨어 있었다. 앞에서 소개한 과학 분석에 따르면 진짜 국서는 닥나무를 두드려서 만든 종이[楮打紙]로 제작되었다고 한다. 이와 달리 가짜 국서는 안에는 삼지닥나무 종이[雁皮紙]가 들어 있고 겉에는 대나무 종이[竹紙]가 여러 겹 씌워 있었던 것으로 드러났다. 진짜 국서가 조선 종이[韓紙]를 상징하는 닥나무 종이로 만들어졌으며, 가짜 국서에는 고대부터 일본 종이[和紙]를 대표하는 삼지닥나무 종이[간피시] 성분이 많이 들어 있다는 측정 결과는 의미하는 바가 크다. 비록 1630년대 이전의 일이기는 하지만, 막부에 전달하는 「조선국서」가 진짜로 보이도록 그 안에는 삼지닥나무 종이를 넣고 겉에는 대나무 종이를 여러 겹 붙여서 종이의 두께와 무게를 늘리려고 애를 썼을 대마도 사람들의 애처로운 모습을 쉽게 떠올릴 수 있다. 이와 달리 진서로 판명된 1643년 이후 국서(별폭 포함)가 모두 조선 종이(닥나무 종이)로 만들어졌음이 과학 분석을 통해서도 밝혀졌다.

실제로 「조선국서」 25점 중 가장 무거운 것이 351그램(1811년 國書의 本書, 外務省外交史料館 所藏)이었으며, 가장 가벼운 것은 23그램(1617년 國書의 本書, 京都大學總合博物館 所藏)이었다. 가장 가벼운 〈표 6〉의 No.2에 해당하는 「조선국서」가 과학적 분석을 통해서도 가짜[위서]임이 증명된 셈이다.

진짜와 가짜의 또 다른 차이점은 국서가 작성된 종이 크기에서도 드러났다. 위 분포포의 세로축을 보면 위서(僞書)의 스펙트럼이 넓게 펼쳐져 있다.

위서의 경우 가로와 세로 길이를 곱한 면적이 진서의 그것보다 더 넓은 것이 있는가 하면 진서보다 더 좁은 것도 있다. 이에 비해서 진서의 면적은 대체로 일정하게 분포되어 있다. 그렇다면 진서보다도 가로 세로 길이가 더 긴 위서는 무엇을 말하는 것일까. 당시 국서를 위조하려 했던 대마도 사람들 입장에서 본다면, 위에서 본 것처럼 진짜 국서가 무겁다는 사실쯤은 미리 알고 있었을 터이므로, 더더욱 가짜 국서의 가벼움을 상쇄시키기 위해서 일부러 국서를 진짜보다 더 크게 만들 필요가 있었을 것으로 미루어 짐작해 볼 수 있다.

이외에도 진짜 국서와 가짜 국서의 차이는 종이의 밀도(密度), 인장(印章)의 형태와 주인(朱印)의 성분 등과 관련된 여러 분석 결과를 통해서도 입증되었다고 한다. 이에 대해서는 다시로 가즈이의 논문(2007)과 와다 히로시(和田浩)의 논문(2006)에 자세하게 소개되어 있다.

둘째, 12차례 통신사행 때 일본 측에 전달된 국서가 총 몇 점이나 되었는지, 그것이 어떤 경위로 현재 여러 기관에 분산 보존되고 있는 것인지도 중요한 문제의 하나이다. 먼저 단순 계산한다면 12차례에 걸쳐 국서의 본서(本書)와 별폭(別幅)이 한 세트가 되어 2매씩 작성되었다면 모두 24점이 될 터이다. 그런데 제3회인 1624년과 제4회인 1636년의 국서가 현재까지 원본이 확인되지 않고 있다. 그리고 1747년과 1811년의 경우처럼 별폭이 1매가 아니라 2매가 현존하는 사례도 있다. 〈표 6〉과 〈표 7〉에서 보는 것처럼 별폭에는 발신자나 수신자가 적혀 있지 않은 것이 많아서 별폭의 수취인을 쉽게 판정하기가 어렵다. 다만 예물의 종류와 수량의 차이를 가지고 수신인을 막부 장군의 세자가 아닐까 추정하고 있는 정도이다. 따라서 국서에 딸린 별폭의 경우 그 수취인이 정확하게 누구였는지는 다른 자료와 함께 면밀히 추적해 볼 필요가 있지 않을까 생각한다.

다음으로 일본에 현존하는 원본 「조선국서」의 이전 경로에 관한 것이다. 이와 관련하여 일본 외무성 외교사료관 소장 자료를 조사한 이원식(李元

植)은 에도성(江戶城) 안의 모미지야마문고(紅葉山文庫)에 소장되어 있던 「조선국서」를 외부로 유출시킨 인물로 고스기 스기무라(小杉榲邨, 1835-1910)를 지목한 바 있다(이원식 1992). 도쿠시마번(德島藩) 출신의 국학자(國學者)인 고스기 스기무라는 폐번(廢藩) 후인 1874년(明治 7) 교부성(教部省)에 출사(出仕)하였으며, 1877년에는 그가 문부성(文部省)에서 수사관장기(修史館掌記)로서 『고사류원(古事類苑)』의 편집에 참여한 적도 있었다. 다시로 가즈이(田代和生)에 따르면 고스기 스기무라는 도쿄국립박물관의 전신인 도쿄제국박물관(東京帝國博物館)의 평의원을 지내기도 했는데, "(그의 아들인) 고스기 미지로(小杉美二郞)가 「조선국서」 3점(〈표 6〉의 No.1, 2)을 포함하여 총 8점을 1921년 6월 4일 교토대학(京都大學)에 팔았다"는 기록이 교토대학 측의 구입 장부에 남아 있다고 한다.

〈표 9〉 유네스코 등재 대상에 포함되지 않은 「朝鮮國書」(5건 7점)

| No | 年度 | 國書 | 別幅 | 區分 | 發信人 | 受信人 | 縱(cm) | 橫(cm) | 所藏 |
|---|---|---|---|---|---|---|---|---|---|
| 1 | 1500 | 1 | | 本書 | 朝鮮國王李융(心+隆)(燕山君) | 琉球國王殿下(尙眞王) | 58.2 | 118.4 | ① |
| 2 | 1590 | 1 | 1 | 本書 | 朝鮮國王李昖(宣祖) | 日本國王殿下(豐臣秀吉) | 58.1 | 114.9 | ② |
| | | | | 別幅 | 없음 | 없음 | 58.2 | 113.5 | ② |
| 3 | 1682 | 1 | | 本書 | 朝鮮國王李焞(肅宗) | 日本國大君殿下(德川綱吉) | 53.6 | 124.9 | ③ |
| 4 | 1711 | | 1 | 別幅 | 朝鮮國王李焞(肅宗) | 없음 | 50.6 | 112.4 | ③ |
| 5 | 1811 | 1 | 1 | 本書 | 朝鮮國王李공(王+公)(純祖) | 日本國大君殿下(德川家齊) | 49.6 | 128.2 | ④ |
| | | | | 別幅 | 朝鮮國王李공(王+公)(純祖) | 없음 | 49.3 | 122.8 | ④ |
| 계 | | 4 | 3 | | | | | | |

자료 : 田代和生(2007), 5쪽, 8쪽.
주 : 소장처 ①은 都城市立圖書館, ②은 宮內廳書陵部, ③은 藤井齊成會有鄰館, ④은 外務省外交史料館임.

〈표 9〉에서 보는 것처럼 일본에 현존하는 「조선국서」 25점 가운데 이번에 유네스코 등재 신청 목록(18점)에 들어가지 않은 7점이 더 있다. 都城市立圖書館, 宮內廳書陵部, 藤井齊成會有鄰館, 外務省外交史料館에 각각 분산 소장되어 있는 이들 원본 「조선국서」도 앞으로 연구 대상에 넣어야 함은 더 말할 나위가 없다.

그리고 국서와 함께 서계(書契)도 조선의 대일(對日) 외교 문서로서 중요한 기능과 역할을 담당하였기 때문에(李薰 1993·2011), 국서뿐만 아니라 서계에 대해서도 관심을 기울일 필요가 있다. 서계는 국서와 동일한 양식으로 작성된 외교 문서이며, 그 안에는 통신사와 관련된 내용도 포함되어 있었다. 현재 국사편찬위원회에는 「조선서계(朝鮮書契)」의 원본이 1만 점 가까이 소장되어 있다(『對馬島宗家關係文書 書契目錄集』 I~V, 국사편찬위원회, 1991~1994 ; 『對馬宗家文書 : 書契目錄集』 全5卷 1~4, 日本語版, 東京 : ビスタ ピ-エス, 2002, 2004). 국서와 서계 등 외교 문서를 종합적으로 연구하는 일도 향후 과제가 아닐 수 없다.

## Ⅳ. 맺음말

이번 통신사 기록물의 유네스코 등재 신청과 관련하여 핵심어를 추려낸다면 「공동」과 「종합」이 아닐까 생각한다. 통신사를 통해서 이루어진 양국 간 외교와 문화교류 그 자체가 갖는 속성에서 비롯된 것이기도 하겠지만, 통신사 기록물은 한국과 일본 중 어느 한 쪽만의 성과물이 아닌 「공동」 노력의 산물이라고 말할 수 있다. 이번 유네스코 등재 신청이 한일 「공동」으로 추진된 것도 이러한 점이 바탕에 깔려 있었다고 보아야 할 것이다. 그런데도 통신사 기록물이 여러 가지 이유와 사정으로 현재는 한국과 일본에 분산되어 보존되고 있으며, 일부는 양국을 벗어나서 구미(歐美) 지역까지 흩어져서 존재하고 있는 것이 현실이다. 따라서 이것을 모두 한 데 모아 「종합」 할 때 그 의미와 성격이 더욱 뚜렷해질 것임은 분명하다.

구체적인 방법의 하나로 통신사 기록물의 데이터 베이스(D/B)화가 가장 시급한 과제라고 생각한다. 앞에서 소개한 것처럼 이번에 등재 신청 대상에 포함되지 않은 기록물까지 망라함은 물론이고, 「외교(外交) 기록」「여정(旅程) 기록」「문화교류(文化交流) 기록」과 관련된 모든 정보를 「종합」하는 「장기 프로젝트」를 기획하여 추진하는 일은 한일 양국이 자랑하는 세계 최고 수준의 정보통신(IT) 기술을 활용한다면 머지않은 장래에 실현되리라 믿는다. 그리고 이러한 과제를 해결하는 과정에서 발생하는 문제도 앞으로 두 나라가 「공동」으로 대처해 나갈 수 있을 것이다. 다만 그 지향점이 한일 양국 간 학술 교류는 말할 것도 없고, 외교·경제·문화의 교류 확대를 통한 「공동」의 발전에 두어져야 함은 의심의 여지가 없다.

# 참고문헌


| No | 구분 | 저자 | 제목 | 게재지 | 출판사 | 발행연도 |
|---|---|---|---|---|---|---|
| 1 | 기록 | 부산광역시사 편찬위원회 | 國譯 通信使謄錄(Ⅰ』 | | 부산광역시사찬 위원회 | 2013 |
| 2 | 기록 | 부산광역시사 편찬위원회 | 國譯 通信使謄錄(Ⅱ』 | | 부산광역시사찬 위원회 | 2013 |
| 3 | 기록 | 부산광역시사 편찬위원회 | 『國譯 通信使謄錄(Ⅲ)』 | | 부산광역시사찬 위원회 | 2015 |
| 4 | 기록 | 부산광역시사 편찬위원회 | 『國譯 通信使謄錄(Ⅳ)』 | | 부산광역시사찬 위원회 | 2016 |
| 5 | 기록 | 서울대학교 규장각 한국학연구원 | 『通信使謄錄 Ⅰ~Ⅴ』 (영인본) | | 하우기획출판 | 1991 |
| 6 | 기록 | 예조 전객사 엮음, 홍성덕·하우봉 옮김 | 국역 변례집요 1 | | 民族文化 推進會 | 2000 |
| 7 | 기록 | 鄭成一 | 通信使記錄의 데이터베이스 구축 | 역사와 경계 55 | 부산경남 사학회 55 | 2005 |
| 8 | 기록 | 河宇鳳 | 새로 발견된 日本使行錄들; 《海行摠載》의 보충과 관련하여 | 歷史學報 112 | 역사학회 | 1986 |
| 9 | 기록 | 河宇鳳 | 『通信使謄錄』의 史料的 性格 | 한국문화 12 | 서울대 한국문화연구소 | 1991 |
| 10 | 기록 | 河宇鳳 | 『增正交隣志』의 史料的 性格 | 民族文化 21 | 民族文化推進會 | 1998 |
| 11 | 기록 | 河宇鳳 | 金健瑞의 『增正交隣志』와 일본과의 관계 | 實學思想硏究 33 | 毋岳實學會 | 2007 |
| 12 | 기록 | 韓文鍾 | 朝鮮後期 日本에 관한 著述의 조사 연구 -對日關係 謄錄類를 중심으로- | 國史館論叢 86 | 國史編纂 委員會 | 1999 |
| 13 | 기록 | 韓永愚 | 규장각자료의 정리와 활용 | 國史館論叢 73 | 국사편찬위원회 | 1997 |
| 14 | 기록 | 箕輪吉次 | 壬戌年(1682년) 信使記錄의 集書 | 韓日關係史 研究 50 | 한일관계사학회 | 2015 |
| 15 | 국서 | 김경태 | 임진왜란 후 강화교섭기 국서문제의 재검토 | 韓國史學報 36 | 고려사학회 | 2009 |
| 16 | 국서 | 柳在春 | 壬亂後 韓日國交 再開와 國書改作에 關한 硏究 | 강원사학 2 | 강원대학교사학회 | 1986 |
| 17 | 국서 | 柳在春 | 朝鮮後期 朝·日國書 硏究 | 한일관계사연구 1 | 한일관계사연구회 | 1993 |
| 18 | 국서 | 李元植 | 朝鮮國書を確認 | 外交史料館報 5 | 外務省外交 史料館 | 1992 |

| | | | | | | |
|---|---|---|---|---|---|---|
| 19 | 국서 | 閔德基 | 도쿠가와 이에야스의 1606년 조선에 보낸 '국서'에 대한 위조설 검토 - 요네타니說에 대한 비판을 중심으로 - | 한일관계사 연구 52 | 한일관계사학회 | 2015 |
| 20 | 국서 | 朴成鎭 | 甲午改革前後 國書의 樣式과 特徵 | 藏書閣 3 | | 2000 |
| 21 | 국서 | 박성진·이승일 | 조선총독부 공문서 - 일제시기 기록관리와 식민지배 | | 역사비평사 | 2007 |
| 22 | 국서 | 孫承喆·柳在春 역 | 近世韓日外交秘史; 國書改作과 韓日外交의 심층분석 | | 강원대학교 출판부 | 1988 |
| 23 | 국서 | 犬飼俊三 | 慶長十一年國書考 1 | 文教の朝鮮 117 | 朝鮮教育會 | 1935 |
| 24 | 국서 | 犬飼俊三 | 慶長十一年國書考 2 | 文教の朝鮮 118 | 朝鮮教育會 | 1935 |
| 25 | 국서 | 犬飼俊三 | 慶長十一年國書考 3 | 文教の朝鮮 119 | 朝鮮教育會 | 1935 |
| 26 | 국서 | 橋本雄 | 遣朝鮮國書」と幕府·五山 | 日本歷史 589 | 日本歷史學會 | 1997 |
| 27 | 국서 | 李元植 | 「朝鮮國書」發掘の思いで [含 李元植教授研究業績] | 文化研究 | 近畿大學大學院文芸學研究科國際文化專攻編 | 1999 |
| 28 | 국서 | 望田朋史 | 江戶幕府外交權と對馬藩：正德度「國書引替一件」をめぐって | 學習院史學 53 | | 2015 |
| 29 | 국서 | 米谷均 | 近世初期日朝關係における外交文書の僞造と改竄 | 早稻田大學大學院文學研究科紀要第四分册(通号41) | 早稻田大學大學院文學研究科 | 1995 |
| 30 | 국서 | 山口華代 | 對馬府中藩十万石格宗義成(そうよしなり)柳川一件：國書僞造の襲擊が走るなか幕府が下した意外な決定とは | 歷史讀本 59-1 (通号 895) | | 2014 |
| 31 | 국서 | 孫承喆 著, 鈴木信昭 監譯, 山里澄江 梅村雅英 譯 | 近世の朝鮮と日本: 交隣關係の虛と實 | | 明石書店 | 1998 |
| 32 | 국서 | 有山輝雄 | 外交文書僞造事件：日朝關係における電信問題(特集 日本史のなかの嘘) | 日本歷史 800 | 日本歷史學會 | 2015 |
| 33 | 국서 | 田代和生 | 書き替えられた國書－德川·朝鮮外交の舞台裏－ | | 中央公論社 | 1983 |
| 34 | 국서 | 田代和生 | 朝鮮國書原本の所在と科學分析 | 朝鮮學報 202 | 朝鮮學會 | 2007 |
| 35 | 국서 | 田中健夫 | 前近代の國際交流と外交文書 | | 吉川弘文館 | 1996 |

| 36 | 국서 | 田中健夫 | 東アジア通交圏と國際認識 | | 吉川弘文館 | 1997 |
|---|---|---|---|---|---|---|
| 37 | 국서 | 仲尾宏 | 朝鮮通信使と出會った日本人(第五回) 對馬の苦惱と策略一國書僞造事件 規伯玄方·柳川調興 | 韓半島：韓國の人と文化をひらく | | 2005 |
| 38 | 국서 | 地主智彥 | 口繪解說 朝鮮國書並別幅：對馬藩作成 | 古文書硏究 77 | 日本古文書學會 | 2014 |
| 39 | 국서 | 和田浩 | 朝鮮國王國書に捺された朱印の科學的分析 | MUSEUM 608 | 東京國立博物館 | 2006 |
| 40 | 서계 | 金德珍 | 「조선 역관의 '書契僞造' 사건과 1811년 通信使」 | 한국민족문화 60 | 부산대학교 한국민족문화 연구소 | 2016 |
| 41 | 서계 | 李薰 | 조선후기 對日外交文書의 사료적 특징-국사편찬위원회 소장 書契를 중심으로 | 한국사학논총 하 | 수촌박영석교수 화갑기념논총간행 위원회 | 1992 |
| 42 | 서계 | 李薰 | 朝鮮後期 對日外交文書; 통교재개이후 書契式의 정착을 중심으로 | 고문서연구 4 | 한국고문서학회 | 1993 |
| 43 | 서계 | 李薰 | 조선후기 違式書契를 통해서 본 朝·日交涉의 특질; 조선측 書契를 중심으로 | 한일관계사연구 1 | 한일관계사연구회 | 1993 |
| 44 | 서계 | 李薰 | 외교문서로 본 근세 한일간의 상호인식 -일본측 서계(書契)의 위식(違式) 사례를 중심으로 | 日本學 28 | 동국대학교 일본학연구소 | 2009 |
| 45 | 서계 | 李薰 | 외교문서로 본 조선과 일본의 의사소통 | | 경인문화사 | 2011 |
| 46 | 서계 | 張舜順 | 朝鮮後期 日本의 書契 違式實態와 朝鮮의 對應; 『邊例集要』를 중심으로 | 한일관계사연구 1 | 한일관계사연구회 | 1993 |
| 47 | 서계 | 鄭成一 | 朝·日間 公貿易 -書契別幅(1614-99)의 分析 | 史學硏究 第58.59合集號 | 한국사학회 | 1999 |
| 48 | 서계 | 橋本雄 | 書き換えらる前の外交文書一日本國執政宛朝鮮禮曹參判吳百齡書契の紹介 | 東風西聲:九州國立博物館紀要 1 | 九州國立博物館 | 2005 |
| 49 | 서계 | 米谷 均 | 文書樣式から見た16世紀の日朝往復書契 | 九州史學 132 (特集 前近代の日朝關係資料と地域交流) | 九州史學硏究會 | 2002 |
| 50 | 서계 | 伊藤幸司 | 現存資料からみた日朝外交文書·書契 | 九州史學 132 (特集 前近代の | 九州史學硏究會 | 2002 |

| | | | | 日朝關係資料と地域交流) | | |
|---|---|---|---|---|---|---|
| 51 | 서계 | 張舜順 | 朝鮮後期における日本の書契の違式實態と朝鮮の對応 -『邊例集要』を中心として- | 歷史 86 | 東北史學會 | 1996 |
| 52 | 서계 | 仲尾宏 | 朝鮮國禮曹參判書契の所在と傳世 -久世家舊藏新出史料を中心に- | 朝鮮學報 188 | 朝鮮學報 | 2003 |

자료 : 국사편찬위원회 홈페이지(한국사연구휘보)와 일본 國立國會図書館 홈페이지 등에서 검색.

〈토론문〉

# 조선통신사 기록물의 'unesco 세계기록 문화유산' 등재

尹裕淑 | 동북아역사재단

이 연구는 유네스코「世界記錄遺産」(International Memory of the World Register ; 일본은 世界記憶遺產)으로 등재 신청된 통신사 관련 기록물 중「외교 기록」의 실태에 관해 중점적으로 검토한 논고이다.

1. 한국과 일본이 공동으로 유네스코에 등재를 신청한 자료 111건 333점 가운데「외교 기록」은 5건 51점이다. 이 가운데 한국 측 자료는 2건 32점으로, 통신사등록과 변례집요가 이에 해당하며, 일본 측 자료는 3건 19점으로, 조선국서 18점과 正德元年朝鮮通信使進物目錄(毛利吉元宛) 1점이다. 이 논고는 이들 기록이 조선후기의 통교체제 속에서 지니는 성격, 작성된 취지와 배경, 원본 소장처, 영인본 상태의 내역 등을 상세하게 소개하고 있어서, 기록 자체가 지니는 사료적인 가치와 의의를 재확인하는 기회를 제공해준다.

2. 동시에 이들 기록 중에는 조선국서와 같이 유네스코 등재 신청 목록 18점에 들어가지 않은 조선국서 7점이 현존하고 있다는 사실이 지적되어 있어, 향후 현존하는 조선국서에 관한 종합적이고 심층적인 연구

의 필요성을 환기하고 있다. 그런 의미에서 발표자께서 소개한 조선국서 자료, 도쿄국립박물관이 홈페이지를 통해 제시한 소장자료 15점의 조선국서(별폭포함) 이미지는 전문 연구자들에게 매우 소중한 정보가 아닐까 생각된다.

3. 근본적이면서 소박한 의문점.

a. 일본에서 생산된 통신사 기록물이라고 하면 쓰시마번이 작성한 '信使記錄'(宗家記錄)이 대표적이자 핵심으로 여겨지는데 신청에 포함되지 않은 이유는 무엇인가. 혹시 「세계기록유산」으로 등재 신청이 이루어진 「외교기록」의 범주 "조선과 일본의 국가 기관이 작성한 공식 기록(公式記錄)과 외교 문서(外交文書)"라는 조건을 충족시키지 못해서인가.

b. 통신사 기록물이 유네스코 「세계기록유산」으로 등재됨으로써 미등재 시와 비교하여 현실적으로 지니는 의미는 무엇인가. 「세계기록유산」으로 등재됨으로써 그것이 학계에 미치는 영향, 즉 학문적으로 어떤 의미를 지니는가.

# 朝鮮通信使·旅程の記録

仲尾 宏 | 日本側 學術委員長

## 1. ユネスコ世界遺産登録申請とその条件

周知のように、ユネスコの世界遺産の登録については、嚴しい條件が付されている。

まず第一に、その該当物件が眞正であること、すなわち世界に現在存在しているものであって、唯一無二のものであること。したがって寫本や模本は排除される。そしてその伝來の由來ができるだけ正確であることとされる。したがってその物件が有名であるか、否かを問わず、また時代をこえて高い評価に該当することが求められる。

第二には、そのことと關連して「希少」であること。つまり世界史的にみて普遍的価値を有するだけでなく、他に代替するものが存在していないことである。そのことはユネスコの他の分野の登録物件についても該当する。たとえば文化遺産であれば、日本の場合、「古都京都の文化財」として一連の寺社群が登録を認められているが、それは建築年代にかかわらず、人類にとってかけがえのない普遍的価値を有するものとして認められたからである。

第三には、その對象とする物件の保存と保管の体制が万全であること、とされる。すなわち、天災を極力避けうる措置が講じられているか、盗難や逸失する危険性が極力抑えうる体制がとられているか、である。またそのことと關連して、該当する物件が必要に応じて一般の市民に公開され、その価値が市民にとって有益であることが確認されうるか、否かである。したがってその価値について異論がのちに生ずることがない物であることが要求される。また同一の物件についての申請は、一回限りで追加申請はできない。

韓國では、すでに「朝鮮王朝實錄」、「訓民正音例本」、「承政院日記」、「直指心体要節」、そして李舜臣の「亂中日記」などが登錄されている、と聞いている。日本ではこの記憶遺産登錄申請への關心や取り組みが遲れていた。近年になって、ようやく「山本作兵衛の一連の炭鉱記錄畵」がとりあげられ、ついで「御堂關白記」、「東寺百合文書」、「慶長遣歐使節關連資料」、そして「舞鶴への歸還關連資料(シベリア抑留資料)」が登錄されたにすぎない。

しかしこの「記錄遺産登錄」には、他の遺産登錄の分野にはない好條件がある。それは、申請の主体が國家である必要はないこと、もうひとつは、複數の國にまたがる遺產も申請の對象としてありうること、すなわち國境をこえて申請することが可能であることである。釜山文化財団はこのことに着目して、この申請を日韓共同の事業としておこなおうと提案された。その結果、日本側では朝鮮通信使緣地連絡協議會を、法人格をもったNPO団体として改組して關連自治体の協力を得やすい体制をとることとした。

こうして2012年末には、日本國內の推進体制づくりができあがった。そして日本國內では文科省、外務省などにこの件にかんする要望書を提出し、協力を要請した。そして關係地域の自治体との調整、緣地連內部での意志統一を固めて推進部會を設置した。

## 2. 日本側学術委員会の発足とその作業の展開

2014年6月、日本側學術委員會が發足した。委員の構成は、朝鮮通信使に關する專門知識を有する研究者3名と、それに準ずる學識を備えた各地の文化財行政の實務にかんする豊富な経驗をもつ專門家3名の合計6名で構成した。そして國內學術委員會をたびたび開催して申請作業の開始に備えた。また後述の國內の學術委員會には、毎回全員が參加することとした。ただし日韓の代表者會議の場合には委員長または副委員長の出席となる場合もあった。

日本學術委員會では最初に申請物件のリスト作成の條件として協議の結果、次のような條件を設定した。以下の原則はユネスコの基準にもとづいて設定したものである。

① 國、または都道府縣の指定文化財であることを優先する。その理由は、各自治体はその文化財の指定にあたっては、それぞれの分野の專門家の周到な調査とその結果の判斷にもとづいて該当物件を指定していることである。もし未指定物件の場合は、この申請時までに指定の作業を終了して各自治体において指定の決定が下されていることとした。また下記の條件を申請物件の條件とした。

② 該当とする物件は原本であるこことし、謄本や寫本はみとめない。

③ 歷史資料、または芸術作品として高い評価を受けていること。

④ 伝世、所藏の経緯、作者、作品の由緒などができるだけ明確なこと。

⑤ それぞれの物件について學術委員が未見ではないこと。

以上について國內學術委員會は検討作業を開始し、實地調査もおとなった。

日本側學術委員會でまず問題とされたのは「宗家文書」の取り扱いであった。さまざまな意見が出されたが、最終的には次のような見地から今回の申請對象とはしないことに決定した。その理由の第一はこの文書は「信使關係」だけではなく、對馬藩の藩政文書などがとても多いこと。その際にはその量が膨大でしかも對馬、東京の複數の機關、その他に分散しており、期限を切った本申請の場合には時間としても調査、分類、內容の確認などに要する時間がとても間に合わないこと。しかしこの「宗家文書」の文獻的価値は高く、ユネスコの世界記憶遺産登録に値するものであるから、他日、機會を得て申請の對象とすることを檢討すべきである、という結論を得た。

そして2016年2月までに日本の國內學術委員會は10回、日韓合同學術會議は12回の會合を重ねて、2016年3月の申請書提出の運びとなったのである。

また日本の學術委員會で問題としたのは、この申請のもつ意義について当初の段階で委員間の意志統一をはかったことである。それは申請の過程で委員間に見解の相違が生じた時、また物件選定の取捨選擇にあたる時、用語の使用などについてふりかえって見るべき基準として作成したものであるが、作業段階で韓國側との見解の相違の調整にあたっても、その基準とした。その文言はユネスコ当局に提出した「登錄申請書」の「概要」に掲載されている。

## 3. 申請物件の分類と特に「旅程」部分の內容について

この旅程部分の申請物件の選擇と調査を進めるにあたって、ひとつの懸案が出てきた。それは日本の文化財行政の指定を受けていない物件であっても、貴重な歷史的、芸術的価値を有していると判斷されているが、なお公的機關の所藏でないものや、寄託されていない物件を申請の範囲に含めるか、否かという問題であった。討論の結果、次のような結論に達した。それは火災やその他の天災、また盜難などの不慮の事故に對して、法的に對策を義務づけられている法人格をもつ機關に寄託されている物件、また近い將來にそのための寄託されうる條件をもつ物件に關しては、申請の範囲に含めうるものとした。その結果、いくつかの重要な物件が申請の對象として取り扱うことが可能となった。

次に生じた問題は、かなりの量に達する申請物件をどのように分類、整理するか、ということであった。これについては日韓合同の學術委員會で意見の一致をみた次の3分類とした。

第一の資料群は「外交の記錄」である。これは朝鮮通信使が朝鮮王朝と日本の徳川政府の間に交わされた外交儀礼あったこと、またその当事者はそれぞれの王權を代表していたこと、それは兩者が交わした國書の文言によって明確にされていること、などによって明らかであることにもとづく。しかしこの点の確認と合意に到達するには少々の時間を要した。結果としては、日本側から2件18通の「朝鮮國書」が、韓國側から2件32点(「通信使謄錄」および「邊例集要」)が申請されることになった。

第二の資料群は本シンポジウムで報告する「旅程の記錄」である。韓國側からは38件67点、日本側からは27件69点が提出された。韓國側から提出された資料の約半分、すなわち32点がいわゆる「使行錄」であることは当然のことであり、その寫本や謄本が日本各地の図書館などに散在するが、資料価値としては韓國の國立中央図書館所藏のものに遠く及びないということはいうまでもない。なお韓國側の「使行錄」はいわゆる「海行總載」として編纂されたものである。

当然のことながら、日本側の申請物件には通信使の叙述になる紀行文はない。韓國側の登錄申請資料の「使行錄」以外の物件は、3種の行列図と3種の繪畵である。行列図の1624年の「仁祖2年通信使行列図」と、1636年の「仁祖14年通信使入江戶城図」の2種は、いずれも日本側の行列図が發見されていない現狀からは貴重な資料といえよう。もうひとつの「肅宗37年通信使行列図」は日本の對馬藩の御用繪師である俵喜佐衛門の手になるもので、國史編纂委員會所藏のものである。その伝來の由來は詳らかではないが、日本側の申請資料には同人の手になる他の行列図が含まれている。時空を越えて、このたびその作品が同一の基準で評価されたことはまことに喜ばしい、といえる。

日本側の「旅程の記錄」はその形態と內容から3つの種類に分類した。

その第一は「供応の記錄」である。全部で6件37点をかぞえる。そのうち4件35点は文字による記錄である。德川時代の日本は中央政權である幕府が外交權を完全に掌握しているのであるが、實際の實務の執行についてはその指示によって各藩が執り行うことになっていた。朝鮮國以外の例では琉球國との關係は薩摩藩が執り行い、その使節団の江戶訪問については薩摩藩が實務を担当した。中國とオランダとの通商交易については、長崎に幕府直轄の奉行をおいて管理された。アイヌとの交易は松前藩が直接おこなうことを認められていた。朝鮮國とは言うまでもなく對馬藩であった。そして使節団の江戶往復の通行や迎接の任務は各地の藩に一任されるのが通常であった。そのため、そのような任務を命じられた藩ではこの一大行事を円滑に執行するだけでなく、次世代に對して「前代の實務経驗」を正確に伝えておく必要があった。そのため接待を担当した藩や沿道の各藩はその模樣を正確に、しかも細部にわたって記錄することを課せられた。それらは「藩政史料」

として現在も各地に保存され、歴史史料としてさまざまに活用されている。

またそれ以外にも、沿道各地の有力町人たちが備忘録として殘したものも「町方史料」「地方(じかた)文書」として各地に殘されている。その背景には徳川時代の中期、すなわち17世紀後半には日本の識字人口の大幅な增加があったことも否定できないであろう。

今回、とりあげることができた4件35点の資料は、長州藩(山口縣)の13点、福岡藩(福岡縣)の15点、尾張藩(愛知縣)1点、および小倉藩(福岡縣)の6点である。それらはいずれも各地の公營の図書館などの管理施設が所藏している文書か、あるいはそれらの施設に寄託されているものである。

以上は文書記錄であるが、それ以外に繪図による記錄を2点とりあげた。そのひとつは長崎縣の壹岐島に現存している「朝鮮通信使迎接所繪図」と近江八幡市(滋賀縣)図書館が管理している「江州蒲生郡八幡町惣繪図」である。いずれも当該市の指定文化財として登錄されているものである。同市の集落や民家には、今なお通信使の接待にかんするさまざまな資料が保存されている。その他の通信使が寄港した瀨戶内の港町ほかの宿泊地の町でも同樣の繪図や仕構図(見取図)が現存している。

その第二は「記錄畵」で、申請した資料は17件27点である。それはさらに次の5グループに分けられる。

## A. 行列絵巻

いずれも陸路を行進する通信使を描いたもので、極めて寫實的であり、最初の3点は對馬藩の江戶在住の御用繪師が同藩の命令で約40名の畵家を動員して完成されたもので、1711(正德元)年の行列図(大阪歷史博物館所藏)、それと同年の參着歸路行列図(高麗美術館所藏)、および宗對馬守·護行歸路行図(高麗美術館所藏)からなる。この時に制作された図はもとは14巻あったとされているが、その後分散し、現在の所藏は日本國內では以上のように分散している。1748年の｢延享五年朝鮮通信使登城行列図｣は当時、江戸に在住の｢郡司某｣という人物で自分が實際に見物した通信使の行列に、一行の行裝の感想などを余白部分に書き込んだものである。当時の民衆の意識を伝える点でも貴重な遺品といえる(下關博物館所藏)。つぎの2点はいずれも縣立の對馬歷史見俗資料館所藏のもので、制作年代は江戸時代の中期とみられる。極めて詳細な図柄で、もとは1巻仕立てであったとみられる。

次の繪図は畵中に從事官の姿がみえないことから、從事官を派遣しなかった1811年(文化8)年の図柄とみる。すなわち對馬での國書交換の聘礼時を描いた貴重な記録である。

この項の最後の繪図は｢天和度(1682年)朝鮮通信使登城行列図屛風｣(大阪歷史博物館所藏)で、旅をした距離と行程、および通信使一行の人物の職名、職掌ごとの人數も書き添えた詳細な記錄性に富んだ行列図である。

### B. 海路船団図

通信使が對馬から下關を経て瀨戸內海を大坂まで、そして淀川をさかのぼって京都南郊の淀の河港までに達する海路の旅の繪図群である。最初のものは瀨戸內海東部の備前の國(岡山縣)の牛窓港を出て日比の村の沖合を通過する通信使の船団の図で、繪畵としては稚拙ながら、丹念な描寫や見物の感想なども書き込まれていて興味深い。この船団を實際に見聞きした民衆の手によって描かれたものである点でも貴重な遺品である。

もうひとつの瀬戸内の繪図は、山口縣の上關町の「朝鮮通信使上關來航図」である。この図の特徴は船団だけでなく、上關港に特設された客館(御茶屋)や船番所などが描かれていることである。さして廣くない港一杯に船団がしばしの休息をとっていることがよくわかる。

次の3点は、いずれも大阪歴史博物館の所藏で辛基秀コレクションからの寄贈をうけたものである。その第一は「正徳度朝鮮通信使國書先導船」と題された長さ5メートル、縦は75メートルという大作で、3隻の豪華な船と豪華な「川御座船」でいずれも大坂から淀までの淀川をさかのぼる船行に提供されたもので、平常は西國大名たちが江戸への參勤交代のために利用していたものである。その第二は、1711年の通信使節団の船団で付屬船を含めて5艘の船が描かれている。この招聘の時、幕府の大坂城代を務めていた土岐氏という大名家に伝世していたものと伝えられている。第三は「朝鮮通信使御樓船図屛風」で制作年代は不明ながら、船には樂人も見られ、ひとときの平穩な船旅をたのしんでいる一行の姿が見る者にもゆったりとした氣持ちにさせる。尾張(愛知縣)の徳川家に伝わっていたものとされている。

## C. 旅の姿

通信使の衣裝や持ち物を描いた解説の記録である。「朝鮮人物旗杖轎輿之図」は對馬藩が1811(文化八)年に記録したもので、詳細な解説がついている。

D．供応料理

一行への食事の提供は儀礼の一種でもあり、相手の身分に応じての準備をしなければならなかった。日本各地にはその献立、式膳とよぶ儀礼を伴う料理に關する記錄が今も多數各地に殘っている。その中からユネスコへの申請には對馬藩の「七五三盛付繰出順之繪図」は、通信使一行が江戸城で國書の奉呈儀式が終わったあとに開かれる饗宴の場での料理の繰り出しの順と料理の材料を詳細に記錄したものである。食材のほか、食器、飾りつけ等も詳細に描かれている。實際に食される料理はこのような式膳と別に豪華な献立が用意される。「朝鮮人御饗応七五三膳部図」は1811(文化八)年の對馬易地聘礼のときに提供されているものを、藩が家臣に描き寫させた図である。色彩がとくに鮮明に殘っている。

E．馬上才図

三代將軍家光が特に所望して實現し、江戸での聘礼の期間中續けられた馬上才の妙技は、將軍や大名たちだけでなく、江戸市中の市民の目にも触れる機會があり、その情景を描いた図のうち、2件を申請している。そのうち一つは、廣渡雪之進の描いた「馬上才図巻」で18世紀半ばとされる作品である。もうひとつの作品は二代目鳥居淸信の「馬上才図」で高麗美術館の所藏である。透かし繪や遠近法をとりいれた技法が用いられており、臨場感のあふれる繪畫作品であり、人々の鑑賞を意識して描かれたとものいえる。

第三は「鑑賞的繪畫」の分野である。この分野については第二の分野との明確な仕分けは嚴密なものではないが、作者が明確でその制作意図がうかがわれるものとしておきたい。まずは、円山応震の「琵琶湖図」である。通信使一行が目にすることを樂しみにしていた近江の國の琵琶湖の情景を俯瞰図として描き、その一部に通信使一行の旅姿を取り入れている秀作である。しかし作者の円山応震は通信使が最後に琵琶湖を旅した1768年(宝暦十四)年にはまだこの世に生をうけていなかった。この繪の制作年は1824年なのである。ではこの繪の通信使の姿はどうして描くことができたのか。答えは次のとおりである。彼の祖父の円山応擧は生前に、琵琶湖近くの円満院へ京都から通い、そこの襖繪を描いていた。だから琵琶湖の情景も知っていたし、1748年、あるいは1768年の朝鮮使節の京都や琵琶湖を行く姿をスケッチしてその書房に殘していたことは十分考えられる。

次の「朝鮮通信使小童図」は江戸中期の著名な畫家である英一蝶の作品で、日本の民衆と通信使の隨員である小童との心あたたまる交流を描いたもので、このような事實が實際にあったか否かは別としても、兩者の心情を見事に活寫したものだといえる。

最後の「朝鮮通信使歡待図屛風」は京都の泉涌寺所藏のもので、寺伝では二代將軍秀忠の娘が後水尾院(天皇)との婚儀の際の持參土產品という。それはともかくこの二隻の大屛風は左隻に江戸城內での通信三使による國書奉呈の儀式を描き、右隻には江戸市內の通信使一行の行列風景や沿道の民衆の歡迎ぶりを、あますところなく描いた作品である。作者は江戸の狩野家一門の狩野益信である。記錄畵的要素を殘しつつ、人々の鑑賞に耐えることのできるもので、この寺ではこの作品をこの寺に連なる他の寺院に貸し出して、信徒の觀覽に提供していたという記錄もある。

以上の「外交の記錄」、「旅程の記錄」と並んで、「文化交流の記錄」という資料群がある。これについては本報告では割愛する。

このたび日本側からユネスコの世界記録遺産の登録物件として申請した「旅程の記録」についての物件について、その作品の特徴、制作の意図と背景、成立の事情ほかなどについて解説した。このほかにも朝鮮通信使にかかわる有力な資料は日本國內に現存しているが、ユネスコの申請基準に適合でなかったり、所有者、管理者の許諾を得ることができなかった物件もある。あくまで最初にのべた諸條件の範囲の作品であることを付記しておく。

〈번역문〉

# 朝鮮通信使·旅程의 記録

나카오 히로시(仲尾 宏) | 일본측 학술위원장

## 1. 유네스코 世界記錄遺産 登錄申請과 그 조건

주지하는 바와 같이 유네스코 世界記錄遺産의 등록에는 엄격한 조건이 전제된다.

우선 첫째로 그 해당물의 眞正性, 즉 세계에 현재 存在하고 있는 것으로서 唯一無二한 것이어야 한다. 따라서 사본이나 모사본은 배제된다. 그리고 그 전래의 유래가 가능한 한 정확해야 한다. 따라서 그 物件이 有名한가 아닌가는 묻지 않고, 또 時代를 초월하여 높이 평가되어야 한다.

두 번째는 그것과 관련하여 希少한 것이어야 한다. 즉 世界史的으로 보아 普遍的価値를 가져야함은 물론이고, 다른 것으로 代替할 수 없는 것이어야 한다. 그것은 유네스코의 다른 분야의 登錄物件에 대하여도 마찬가지다. 예를 들면 文化遺産이라면 일본의 경우, 「古都 京都의 文化財」로서 일련의 寺社群이 등록을 인정받고 있지만, 그것은 건축연도에 관계없이 인류에게 둘도 없는 보편적 가치를 갖는 것으로서 인정받았기 때문이다.

셋째로는 대상으로 하는 물건의 보존과 보관 체제가 완벽한 것이어야 한다. 즉 천재지변을 극력 피할 수 있는 조치가 강구되고 있는지, 도난이나 잃어버릴 위험성을 억제할 수 있는 체제를 갖추고 있는지 이다. 또 그것과 관련하여 해당하는 물건이 필요에 따라서 일반 시민에게 공개되어 그 가치가 시민에게 유익한 것으로 확인될 수 있을지 여부이다. 그래서 그 가치에 대해서는 후에 다른 異見이 생길 수 없는 것이라야 한다. 또 동일한 물건에 대한 신청은 한번에 한정하고 추가로 신청할 수 없다.

한국에서는 이미 『朝鮮王朝實錄』, 『訓民正音例本』, 『承政院日記』, 『直指心体要節』, 그리고 이순신의 『亂中日記』 등이 등록되어 있다고 듣고 있다. 일본에서는 이 기록 유산 등재 신청에 대한 관심과 대처가 늦었다. 그래서 최근에야 『山本作兵衛の一連の炭鉱記録畵』가 채택되고, 이어서 『御堂關白記』, 『東寺百合文書』, 『慶長遣歐使節關連資料』, 그리고 『舞鶴への歸還關連資料』(시베리아抑留資料)가 등록된 정도이다.

그러나 이 기록 유산 등록에는 다른 유산 등록 분야에는 없는 좋은 조건이 있다. 그것은 신청의 주체가 국가일 필요는 없다는 것과 또 하나는 여러 나라에 걸친 유산도 신청 대상이 될 수 있다는 것, 즉 국경을 넘어 신청할 수 있다는 것이다. 부산문화재단은 이 점에 착안하여 이 신청을 한일 공동 사업으로 진행한다고 제안했다. 그 결과 일본 측에서는 조선통신사연지협의회를 법인자격을 가진 NPO단체로 개편하고 관련 자치 단체의 협력을 얻기 쉬운 체제를 취하기로 했다.

이렇게 하여 2012년 말에는 일본 내 추진 체제 구축이 완성되었다. 그리고 일본 국내에서는 문부과학성, 외무성 등에 이 건에 관한 요청서를 제출하며 협조를 요청했다. 그리고 관계 지역 자치 단체와의 조정, 緣地연합회 내부에서 의사를 통일한 이후에 推進部會를 설치했다.

## 2. 일본 측 학술 위원회의 출범과 그 작업의 전개

2014년 6월, 일본 측 학술 위원회가 발족했다. 위원 구성은 조선통신사에 관한 전문 지식을 가진 연구자 3명과 그에 준하는 학식을 갖춘 각지의 문화재 행정 실무에 관한 풍부한 경험을 가진 전문가 3명 등 6명으로 구성했다.

그리고 국내 학술 위원회를 자주 개최하고 신청 작업 개시에 대비했다. 또 국내 학술 위원회에는 매번 전원이 참여키로 했다. 다만 한일의 대표자 회의의 경우에는 위원장 또는 부위원장의 참석이 하는 경우도 있었다.

일본 학술 위원회에서는 처음에 신청 물건의 리스트 작성 조건으로 협의 결과, 다음과 같은 조건을 설정했다. 이하의 원칙은 유네스코의 기준을 바탕으로 설정한 것이다.

① 국가 또는 都道府縣의 지정 문화재인 것을 우선으로 한다. 그 이유는 각 지자체는 그 문화재 지정에 있어서 각각의 분야의 전문가의 주도 면밀한 조사와 그 결과의 판단에 따르고 해당 물건을 지정한다. 만약 미지정 물건의 경우는 신청 때까지 지정 작업을 종료하고 각 지자체에서 지정 결정이 내려지도록 했다. 또 다음의 조건을 신청 物件의 조건으로 삼았다.
② 해당하는 물건은 원본인 것이어야 하며 등본이나 사본은 인정하지 않는다.
③ 역사 자료 또는 예술 작품으로 높은 평가 받고 있는 것.
④ 傳世, 소장 경위, 작가, 작품의 유래 등이 최대한으로 명확한 것.
⑤ 각각의 물건에 대해서 학술 위원이 확인하여 본 것이어야 한다.

이상에 대해서 국내 학술 위원회는 검토 작업을 시작하고 현지조사도 행했다.

일본 측 학술위원회에서 먼저 문제가 된 것은『宗家文書』의 취급이었다. 여러 의견이 나왔지만 최종적으로는 다음과 같은 견지에서 이번에 신청 대상으로 하지 않기로 결정했다. 그 이유는 첫째, 이 문서는『通信使 關係』만이 아니라 대마도주의 번의 정치 문서 등이 너무 많다는 점, 그 당시에는 문서의 양이 너무 많을 뿐만 아니라 쓰시마, 도쿄의 여러 기관, 기타 장소에 분산되어 있어서, 기한에 제한이 있었던 이 신청의 경우에는 시간만이 아니라 조사, 분류, 내용 확인 등에 도저히 기한을 맞출 수 없다는 점 등이었다. 그러나 『대마도 종가 문서』의 문헌적 가치는 매우 높아서 유네스코 세계기록 유산 등록에 충분히 해당되므로 훗날 기회를 보아 다시 신청 대상으로 하는 것을 검토해야 한다는 결론에 이르렀다.

그 후 2016년 2월까지 일본 국내 학술 위원회는 10회, 한일 합동 학술회의는 12회의 회합을 거쳐 2016년 3월에 신청서를 제출하게 되었다.

또 일본 학술 위원회에서 문제가 된 것은 이 신청이 갖는 의의에 대해서 당초의 단계에서 위원 간의 의사가 통일되지 않았다는 점이었다. 그것은 신청 과정에서 위원 간에 시각차가 생겼을 때, 또는 물건 선정의 취사선택, 용어의 사용 등에 대해서 검토해야 할 기준으로 작성한 것이지만, 나중에는 한국 측과의 견해 차이 조정에 있어서도 기준으로 삼았다. 그 기준에 관해서는 유네스코 당국에 제출한 「등록 신청서」의 '개요'에 명시하였다.

### 3. 신청 物件의 분류와 특히 〈旅程〉부분의 내용에 대해서

旅程 부분 신청 물건의 선택과 조사를 진행하면서 하나의 현안이 나왔다. 그것은 일본의 문화재 행정의 지정을 받지 않은 물건이라도 귀중한 역사적, 예술적 가치를 가지고 있다고 판단되는 것, 그리고 또한 공적 기관에 소장되어 있지 않는 것이나 기탁되지 않은 물건을 신청의 범위에 포함시킬 것인가의 문제였다. 토론의 결과 다음과 같은 결론에 이르렀다. 그것은 화재나 기타의 천재지변, 또는 도난 등 불의의 사고에 대해서 법적인 대책을 의무화하고 있는 法人格을 가지고 있는 기관에 기탁된 물건, 또 가까운 장래에 이를 위한 기탁될 수 있는 조건을 가진 물건에 관해서는 신청 범위에 포함시킬 수 있도록 했다. 그 결과 몇 가지 중요한 物件이 신청 대상이 되었다.

다음에 생긴 문제는 상당량에 이르는 신청 건을 어떻게 분류, 정리하느냐는 것이었다. 이에 대해서는 한일합동학술위원회에서 의견 일치를 보아 다음과 같이 세 가지로 분류했다.

첫 번째 자료들은 「외교의 기록」이다. 이는 조선 통신사가 조선과 일본의 도쿠가와 정부 사이에 체결된 외교 의례였다는 점. 또 그 당사자는 각기의 왕권을 대표했다는 점, 그것은 兩者가 주고받은 國書의 문구에 의해서 명확하게 드러난 다는 점 등에 의해서 분명하다. 하지만 이 점의 확인과 합의에 도달하는데, 약간의 시간이 필요했다. 그 결과 일본 측으로부터 2건 18통의 「朝鮮國書」가, 한국 측에서는 2건 32점 (『通信使 謄錄』 및 『邊例集要』)이 신청되었다.

두 번째 자료들은 본 심포지엄에서 보고하는 「旅程의 記錄」이다. 한국 측에서는 38건 67점, 일본 측에서는 27건 69점이 제출됐다. 한국 측이 제출한 자료의 약 절반, 즉 32점이 이른바 「使行錄」인 것은 당연한 것이며, 그 사본과 초본이 일본 각지의 도서관 등에 산재하지만 자료 가치로서는 한국 국립중앙도서관 소장의 것에 미치지 못한다는 것은 말할 필요도 없다. 한국 측의 「使行錄」은 이른바 『海行摠載』로 편찬된 것이다.

당연히 일본 측의 신청 물건에는 통신사가 서술한 紀行文은 없다. 한국 측이 등록 신청 자료 「使行錄」이외의 物件은 3종의 行列圖와 3종의 그림이다. 行列圖인 1624년 「仁祖 2년 통신사 행렬도」나 1636년 「仁祖 14년 통신사 入江戶城圖」 2종은 모두 일본 측에서 행렬도가 발견되지 않은 상황에서 아주 귀중한 자료이다. 또 하나 「숙종 37년 통신사 행렬도」는 일본 대마도번의 御用畫家인 俵喜佐衛門의 손에 그려진 것으로 국사편찬 위원회 소장의 것이다. 그 전래의 유래는 분명하지 않지만, 일본 측의 신청 자료에도 俵喜佐衛門이 그린 다른 행렬도가 포함되어 있다. 시공을 넘어 이번에 그 작품이 동일한 기준으로 평가된 것은 참으로 기쁜 일이라고 말할 수 있다.

일본 측의 「旅程의 記錄」은 그 형태와 내용부터 3가지 종류로 분류했다.

그 첫째는 「饗應의 기록」이다. 모두 6건 37점이다. 그 중 4건 35점은 문자에 의한 기록이다. 도쿠가와 시대의 일본은 중앙 정권인 막부가 외교권을 완전히 장악하고 있었지만 실제 실무 집행에 대해서는 막부의 지시에 의해 각 번이 치르기로 되어 있었다. 조선국 이외의 예로 류큐국과의 관계는 사쓰마 번이 했고, 그 사절단의 방문에 대해서도 사쓰마 번이 실무를 담당했다. 중국과 네덜란드와 통상 교역에 대해서는 나가사키에 막부 직할의 奉行을 두고 관리했으며, 아이누와의 교역은 마쓰마에[松前] 번이 직접 행하도록 했다. 조선국은 말할 것도 없이 대마도 번이 담당하였다. 그리고 사절단의 왕복 통행이나 영접의 임무도 각지의 蕃에 일임하는 것이 보통이었다. 그래서 그런 임무를 맡게 된 蕃에서는 행사를 원활하게 집행할 뿐만 아니라, 다음 세대에 대해서 〈前代의 실무 경험〉을 정확하게 전달해 둘 필요가 있었다. 그래서 접대를 담당한 藩과 沿道의 各藩은 그 모습을 정확하게 세부 상황까지도 기록하도록 하였다. 그리고 그 기록들은 「藩政史料」로서 현재에도 각지에서 보존되고 있으며, 역사 사료로서 다양하게 활용되고 있다.

또 그밖에도 沿道 各地의 유력한 서민들이 비망록으로 남긴 것도 「町方史料」 「地方文書」로 각지에 남아 있다. 그 배경에는 도쿠가와 시대 중기, 즉 17세기 후반에는 일본의 識字人口가 대폭적으로 증가하고 있었음을 알 수 있다.

이번 발표에서 다루는 4건 35점의 자료는 조슈번(山口縣)의 13점, 후쿠오카 번(후쿠오카 현)의 15점, 오와리 번(아이치 현)1점, 고쿠라 번(후쿠오카 현)의 6점이다. 그것들은 모두 각지의 공영 도서관 등의 관리 시설이 소장하고 있는 문서나 또는 그들 시설에 기탁되고 있는 것들이다.

이상은 문서 기록이지만, 그것 이외에 그림에 의한 기록을 2점 다루었다. 그 하나는 나가사키 현 이키 섬에 현존하는 「朝鮮通信使 迎接所繪図」와 오미 하치만시(시가현)도서관이 관리하고 있는 「江州蒲生郡八幡町怱繪図」이다. 모두 해당 시의 지정 문화재로 등록되어 있다. 同市의 취락이나 민가에는 아직도 통신사의 접대에 관한 다양한 자료가 보존되고 있다. 기타 통신사가 기항했던 세토내해의 항구 도시 외에 숙박지의 동네에서도 마찬가지의 그림이나 仕構圖(見取図)가 현존하고 있다.

두 번째는 「記錄畵」로 신청한 자료는 17건 27점이다. 이것은 다시 다음의 5그룹으로 나뉘어져 있다.

### A. 행렬 두루마기(行列繪卷)

모두 육로를 행진하는 통신사를 그렸기 때문에 아주 寫實的이며, 최초의 3점은 대마도번의 에도 거주 어용화가가 대마번의 명령으로 약 40명의 화가를 동원해서 완성한 것으로 1711(正德 元)년의 행렬도(오사카 역사 박물관 소장), 그리고 그 해 도착 귀로 행렬도(고려 미술관 소장)및 宗對馬守護行歸路行図(고려 미술관 소장)로 이루어졌다. 이때 제작된 그림은 원래는 14권이 있었다고 여겨지고 있지만, 그 후 분산되어, 현재 소장처는 일본 내에서는 위에서처럼 분산되어 있다. 1748년의 「延享五年朝鮮通信使登城行列図」는 당시 에도에 살고 있는 「郡司某」라고 하는 사람이 자신이 실제로 구경한 통신사 행렬에 일행의 행장들을 본 감상 등을 여백 부분에 써넣은 것이다. 당시의 민중 의식을 전달하는 점에서도 귀중한 유품이다(시모노세키 박물관 소장). 다음의 2점은 모두 「縣立對馬歷史民俗資料館」 소장의 것으로, 제작 연대는 에도 시대 중기로 보인다. 아주 상세한 그림으로 원래는 1권으로 제작된 것으로 보인다.

다음 그림은 그림 속에 종사관의 모습이 보이지 않으므로 종사관을 파견하지 않은 1811년(文化 8)에 제작된 것으로 보인다. 즉 대마도에서 국서 교환의 빙례를 묘사한 귀중한 기록이다.

이 항의 마지막 그림은 「天和度(1682년) 朝鮮通信使登城行列図屛風」(오사카 역사박물관 소장)에서 여행한 거리와 노정 및 통신사 일행의 인물의 직명, 직무별 인원도 첨부한 상세한 기록성이 풍부한 行列図이다.

B. 海路船團図

통신사가 대마도에서 시모노세키를 거쳐서 세토 내해를 항해하여 오사카까지, 그리고 요도가와 강을 거슬러서 교토 남쪽의 요도의 河港까지 이르는 해로 여행의 그림들이다. 최초의 것은 세토 내해 동부 備前國(오카야마 현)의 우시마도항을 나와서 히비 마을 앞바다를 통과하는 통신사 선단의 그림으로 회화는 치졸하지만 꾸준한 묘사나 볼거리의 감상 등을 써넣고 있어 흥미롭다. 이 선단을 실제로 보고 들은 민중들의 손에 의해서 그려진 것인 점에서 귀중한 유품이다.

또 하나의 세토우치의 그림은 야마구치현의 上關町의 「朝鮮通信使上關來航図」이다. 이 그림의 특징은 선단만 아니라 上關港에 특설된 객관(찻집)이나 船番所등이 묘사되어 있다. 그다지 넓지 않는 항구에 가득히 선단이 잠시 휴식을 취하고 있는 것을 잘 알 수 있다.

다음의 3점은 모두 오사카역사박물관 소장으로 신기수 컬렉션에서 기증을 받은 것이다. 그 첫째는 「正德度 朝鮮通信使國書先導船」이라고 제목이 붙은 길이 5미터, 세로는 75미터의 대작으로 3척의 호화로운 배와 豪華한 「川御座船」으로 모두 오사카에서 요도까지 요도가와 강을 거슬러 오르는 배의 행렬을 그렸는데, 평상시에는 西國 다이묘들이 에도에 參勤交代 때에 이용하는 배들이다. 두 번째 그림은 1711년의 통신사절단의 선단에 부속선을 포함하여 5척의 배가 그려져 있다. 이 초빙 때 막부의 大坂城代를 지낸 土岐氏라는 다이묘가에 전했다고 알려져 있다. 세 번째는 「朝鮮通信使御褸船屛風」으로 제작 연대는 불분명하며 배에는 樂人도 보이고, 한때의 평온한 선박 여행을 즐기고 있는 일행의 모습을 보는 사람도 편안한 느낌을 준다. 오와리(아이치 현)의 도쿠가와가에 전해지는 것으로 알려져 있다.

### C. 여행의 모습

통신사의 의상이나 소지품을 그린 해설의 기록이다. 「朝鮮人物旗杖轎輿之図」는 대마도번이 1811년(文化 8)에 기록한 것으로 자세한 해설이 붙어 있다.

### D. 향응 요리

일행에게 제공되는 식사도 의례의 일종이다. 상대의 신분에 따라 준비를 해야 했다. 일본 각지에는 그 献立(요리의 종류와 순서), 式膳 및 의례에 따른 요리에 관한 기록이 지금도 다수 각지에 남아 있다. 그 중에서 유네스코 신청에는 대마번의 「七五三盛付繰出順之繪図」는 통신사 일행이 에도 성에서 국서의 봉정 의식이 끝난 뒤에 열리는 향연의 자리에 나오는 요리의 순서와 요리의 재료를 상세히 기록한 것이다. 식재료의 외에 식기, 장식 등도 자세히 묘사되어 있다. 실제로 먹는 요리는 이러한 式膳과는 별도로 호화로운 식단이 마련된다. 「朝鮮人御饗応七五三膳部図」는 1811(文化 8)의 對馬易地聘禮 때에 제공된 것을 번의 가신에게 묘사해준 그림이다. 색채가 아주 선명하게 남아있다.

### E. 馬上才図

3대 장군 家光이 특히 원하고 실현시킨 에도에서의 빙례기간 중에 계속된 마상재의 묘기는 장군과 다이묘들뿐 아니라, 에도성의 시민의 눈에도 접할 기회가 있었는데, 그 모습을 그린 그림 중 2건을 신청했다. 그 중 하나는, 廣渡雪之進가 그린 「馬上才図卷」으로 18세기 중반으로 여겨지는 작품이다. 또 하나의 작품은 2代 鳥居淸信의 「馬上才図」로 고려미술관 소장이다. 비침 무늬 그림과 원근법을 도입한 기법이 이용되고 있으며, 현장감 넘치는 회화 작품으로, 사람들의 감상을 의식하여 그려졌다고 말할 수 있다.

셋째는 「감상적 회화」의 분야이다. 이 분야에 대해서는 두 번째 분야와 명확한 구분이 있는 것은 아니지만, 작자의 분명치 제작 의도가 엿보이도록 하고 싶다. 우선은 円山応震의 「琵琶湖図」이다. 통신사 일행이 보고 싶어 했던 近江國 비와코의 정경을 조감도로 그렸고, 그것을 보고 있는 일단의 통신사 일행의 여행모습을 그려낸 우수한 작품이다. 그러나 작자인 円山応震은 통신사가 마지막으로 비파호를 여행한 1768년(宝暦 14)에는 아직 이 세상에 태어나지 않았다. 이 그림의 제작년도는 1824년이다. 그렇다면 이 그림의 통신사의 모습은 어떻게 그릴 수 있었을까. 답은 다음과 같다. 그의 할아버지 円山応擧은 생전에 교토에서 비와 호수 부근의 円満院에 다니며 그곳의 모습을 襖繪(두루마기)에 그렸다. 그래서 비와 호수의 정경도 알고 있었고, 1748년 혹은 1768년 조선 사절의 교토와 비와코를 가는 모습을 스케치하여 그 그림을 그렸다는 것을 충분히 예상할 수 있다.

다음 「朝鮮通信使小童図」는 에도 중기의 저명한 화가인 英一蝶의 작품으로, 일본 민중과 통신사의 수행원인 小童간의 가슴 훈훈한 교류를 그린 것으로, 이런 사실이 실제로 있었는지 여부는 차치하더라도 양자 간의 심정을 멋지고 생생하게 나타낸 것이다.

마지막 「朝鮮通信使歡待図屛風」는 교토의 泉涌寺 소장의 것으로, 절에서는 2대 쇼군 히데타다의 딸이 後水尾院(천황)과의 혼례 때에 가져온 土産品이라고 전해온다. 그것은 어쨌든 이 두 폭의 큰 병풍의 왼쪽 면에는 에도 성 내에서의 조선통신 삼사에 의한 국서 봉정의 의식이 그려져 있고, 오른쪽 면에는 에도시내에서의 통신사 일행의 행렬풍경과 연도의 민중들의 환영 모습을 아주 세밀하게 묘사하고 있다. 작가는 에도의 狩野家一門의 狩野益信이다. 이 그림은 기록화적 요소를 남기고 있고, 사람들에게 감상의 기쁨을 주기에 충분한 그림이기 때문에 이 절에서는 이 작품을 이 절과 연관된 다른 사원에도 대여하여 신도들의 관람에 제공했다는 기록도 있다.

이상의 「외교의 기록」, 「여정의 기록」과 함께, 「문화 교류의 기록」이라는 자료들이 있다. 이에 대해서는 본 보고에서는 생략한다. 이번에 나는 일본 측에서 유네스코 세계 기록 유산 등재 物件으로 신청한 「여정의 기록」에 대한 물건에 대해서만, 그 작품의 특징, 제작의 의도와 배경, 과정 등에 대해서 설명했다. 이 밖에도 조선 통신사에 관련된 유력한 자료는 일본 내에 현존하고 있지만 유네스코의 신청 기준에 적합하지 않거나, 소유자, 관리자의 허락을 얻지 못한 物件도 있다. 어디까지나 처음에 말한 여러 범위의 조건에 속한 작품들이었음을 부기한다.

〈토론문〉

# 「朝鮮通信使·旅程の記錄」(仲尾宏)

이 훈 | 한림대 국제문제연구소

## 1. 발표의 의의

나카오 히로시(仲尾宏) 선생님의 발표를 통해 「유네스코 세계유산」등재 대상 자료로서 갖추어야 할 기본 조건을 비롯해서 일본측의 준비 절차 및 의견 조정을 해나간 경위에 대해서도 잘 알게 되었습니다. 저도 한국측 학술위원으로서 참가하면서 한일 양국의 통신사에 대한 용어문제나 역사 인식이 서로 달라 자료에 대한 가치에 대해서도 서로 엇갈리는 이견이 있었지만, 오늘 나카오 선생님의 발표를 들으면서 한일 양측이 2012년부터 회의를 통해 합의를 도출해내면서 '공동등재'라는 작업을 해 온 것에 대한 감회가 새롭습니다.

오늘 나카오 선생님 발표는 「旅程 記錄」자료를 중심으로 주목할 만한 사료를 소개하신 것이기 때문에 이견이라기보다는 궁금한 것을 질문하도록 하겠습니다.

## 2. 질문

① 우선 「旅程 記錄」을 형태와 내용을 기준으로 3종류(供應記錄, 記錄

畵, 鑑賞 繪畵)로 분류하고, 「供應記錄」(饗應記錄)으로는 長州藩·福岡藩·尾張藩의 기록만을 소개하셨는데, 통신사 접대라면 對馬藩에도 방대한 기록이 있을텐데, 대마번의 「供應記錄」은 1점도 등재 목록에 포함되지 않은 것인지요?

② 長州藩·福岡藩·尾張藩의 자료로서는 「供應記錄」만을 藩政자료로서 소개하셨는데, 통신사 접대와 관련하여 위의 3번에 德川幕府의 통신사외교를 수행하는 과정에서 막부측(老中, 御用人 등)과 각 藩主가 직접 주고받은 문서, 즉 「老中奉書」나 「書狀」자체는 현존하지 않는 것인가요? 또 위의 3번이 대마번과 주고받은 문서(書狀) 자체는 남아있지 않은지요?

③ 「記錄畵」가운데서는 江戶在住의 '郡司某'라는 사람이 그린 「延享五年朝鮮通信使登城行列圖」(1748년, 日本下關博物館)가 흥미로운데, 번의 기록으로서가 아니라 이와 같이 일반인이 그린 「延享五年朝鮮通信使登城行列圖」와 유사한 성격의 「通信使行列圖」가 일본 내의 다른 곳에 또 존재하는지?

그리고 이렇게 「通信使行列圖」를 그린 주체가 일반 민중일 경우, 본인이 소장용으로 그린 것인지, 이런 그림을 필요로 하는 수요자가 있었는지, 「通信使行列圖」의 일본내 流通 상황이 궁금합니다.

④ 「延享五年朝鮮通信使登城行列圖」를 보면 각 행렬의 여백에 작자의 감상이나 정보가 들어있는데, '上官' 부분의 해설에 조선인이 선물로 가져갔다는 '煙草'의 '新田'·'服部'는 '煙草' 의 상품명(브랜드명)인가? 그렇다면 이 상품명이 당시 조선에도 이미 알려져 있던 것으로 볼 수 있을런지요? 또 「割たばこ」는 모양이 어떻게 생겼는지요?

⑤ 「鑑賞 繪畵」적 성격의 통신사회도의 경우에도 주요 수요층이 어떤 사람들이었는지 궁금합니다. 이상.

# ‘유네스코 세계기록문화유산’ 등재, 통신사 기록물의 조선화

홍선표 | 한국전통문화대 대학원 석좌교수, 이화여대 대학원 미술사학과 명예교수

## Ⅰ. 머리말

조선왕조의 통신사절이 일본을 왕래하며 남긴 기록문화유산 가운데 그림은 여정 및 행사의 실황과, 두 나라의 문화교류 양상 및 관계를 입증하는 생생한 시각자료로서 각별하다. 조선왕조와 德川幕府의 교린외교를 위해 2세기에 걸쳐 도화서의 일급 화원 가운데서 선발되어 12회 訪日했던 통신사 수행화원들이 그린 견문기록화를 포함해 ‘試才畵’와 ‘酬應畵’ ‘贈與畵’ 등은 모두 5천점이 넘는 것으로 추산된다.[1] 조선후기의 통신사절이 선물용으

1) 이 글의 조선통신사 수행화원과 한일회화교류에 관한 내용은 홍선표, 「17·18세기의 한일간 회화교섭」, 『고고미술』143·144(1979, 12) ; 「조선시대 한·일간 회화교섭」, 『금호문화』18(1986, 12) ; 「통신사행과 한일 회화교류」, 『월간미술』2-9(1990, 9) ; 「조선후기 통신사 수행화원의 파견과 역할」 『미술사학연구』 205(1995,3) ;「조선후기 한일간 화적의 교류」 『미술사연구』11(1997,12) ;「조선후기 통신사 수행화원의 회화활동」 『미술사논단』 6(1998, 3) ; 「金明國の行跡と創作世界」, 『大和文華』99 (1998, 3) ; 「朝鮮通信使と美術交流」 『世界美術全集』11,東洋編-朝鮮王朝, (小學館, 1999) ; 「조선후기 한일 회화교류와 상호인식」 『학예연구』2(2001, 2) ; 「江戶시대의 조선화 열기」 『한국문화연구』 8(2005, 6) ; 「조선후기 통신사 수행화원과 일본 남화」 『조선통신사연구』 1(2005, 12) ; 「국사편찬위원회소장의 1711년 〈조선통신사행렬도〉」, 『조선통신사행렬』(조선통신사문화사업회·국사편찬위원회, 2005, 12) ; 江戶時代におけ

로 가져 간 '齎去' 증정품 그림이나, 수행화원이 귀국 후에도 일본측의 요청으로 그려 보낸 것을 포함하면 더 많아진다. 후자의 경우 1662년에 "關白의 소망"이라며 1636년 병자사행과 1643년 계미사행의 수행화원 김명국의 작품을 요청해 와서, 그의 '진채색 採女之畵' 8폭과 '담채색 八仙之畵' 8폭, '진채색 四時大山水之畵'와 '人物之畵' 8폭을 보낸 것과, 1682년 임술사행의 수행화원으로 방일했다가 귀국한 함제건의 작품을 1683년에 요구함에 따라 "各別精畵"하여 그린 병풍 2쌍을 동래부를 통해 대마도주에게 전했으며, 執政인 筑前守와 近侍인 備後守를 거쳐 헌상되었고, 다음 해에 또 한 차례 함제건이 그린 병풍 2쌍이 같은 과정으로 전달되어 將軍이 열람한 것은 그 대표적인 예라 하겠다. 이들 화적 중 현재 전하는 것은 극히 일부가 알려져 있지만, 당시 양국 교린의 매개물이면서 방일화가들의 회화활동과 회화 관련 문헌기록의 실증물로도 소중한 것이다.

통신사 기록물로 현재 알려진 조선화는 진위 문제작을 포함해 140여점 가량인데 그 중에서 '유네스코 세계 기록문화유산' 등재(대상) 작품은 이성린의 《槎路勝區圖》에 횡권으로 표장된 30면을 30점으로 계산하면 모두 44점이다. 조선통신사 관련 일본화도 영접행사나 행차 장면 등을 그린 기록화 또는 인물화와, 국내로 이입된 회례 금병풍과 '齎來品'인 증답품 및 구입품 등이 상당량에 달했고, 그 중 일부가 등재대상에 포함되었지만, 여기서는 조선화만 다루고자 한다. 등재(대상) 조선화를 주최 측이 분류한 여정의 기록물과 문화교류의 기록물로 나누어 검토하면서 목록에서 빠진 작품 가운

る朝鮮畵の接觸と求得の意圖」, 『日本における外來美術の受容に關する調査研究報告書』(東京國立文化財研究所, 2006, 2) ; 「조선후기 한일회화교류의 관계성」, 한국미술사학회편『조선후반기 미술의 대외교섭』(예경, 2007, 10) ; 「지쇼인(慈照院)의 조선서화」『쇼코쿠지 지쇼인 소장 조선통신사 유물도록』 조선 통신사문화사업회. 相國寺塔頭慈照院, 2008, 12) ; 「조선후기 회화교역의 허브, 동래」『〈동래부사접왜사도〉국제심포지엄발표문』(석당학술원, 2013, 8) 등 에서의 연구성과를 토대로 서술되었다. 이들 논고에서 언급되지 않았던 내용에 대해서만 주석을 달기로 하겠다.

데 중요하다고 생각되는 유물을 함께 언급해 보기로 하겠다.

## Ⅱ. 여정기록물의 조선화

여정기록의 조선화로는 모두 국립중앙박물관 소장인 작가미상의 〈仁祖14年通信使入江戶城圖〉와 1748년 무진사행의 수행화원 이성린(1718~1777)의 《사로승구도》, 1764년 갑신사행의 기선장으로 파송되어 別畵員으로 활동한 변박의 〈왜관도〉가 한국 측 등재대상 목록에 기재되어 있다.

행렬도는 후대에 적은 '韓國使臣入皇城行陳圖'(도 1)란 표제와 1916년에 병자사행의 1636년 작품으로 추정한 김윤식(1835~1922)의 배관기에 의거하여 국립중앙박물관측이 1986년에 조선통신사 특별전을 개최하며 붙인 제명이다. 이 보다 1년 앞 서 특별전을 열은 동경국립박물관에서는 〈丙子信使韓國使臣入皇城行繪卷〉으로 제목을 붙인 바 있다. 그러나 이 행렬도는 3使가 국서를 전달하기 위해 에도성으로 들어갈 때 일산을 드리우고 호피를 깔은 지붕이 없는 藍輿 또는 平轎를 탄 登城행렬의 광경이 아니라, 8명이 메는 왕래시의 屋轎를 타고 있다. 원역들이 등성시의 관복인 흑단령 차림이 아니라 평상복인 도포를 입거나 복건을 쓴 모습으로도 알 수 있듯이, 도중행렬이나 귀로행렬을 그린 것이다. 행렬이 왼쪽을 향하고 있어 귀로 장면으로도 볼 수 있지만, 에도시대 통신사행렬도의 우향과 달리 조선시대 의궤반차도의 보편적인 좌향 형식을 반영한 것인지도 모른다.

행렬도의 화풍도 인조14년(1636)인 17세기 전반이 아니라 18세기 이후의 양식적 특징을 보여준다. 1638년에 필사 제작된 〈인조장렬후가례도감의궤반차도〉와 비교해 보면, 왕비의 大輦과 이를 메는 轝士軍과, 정사의 옥교와 교군의 표현에서 확연한 차이를 엿볼 수 있다.(도 2) 왕비의 대련 장면은 여사군을 내려다 본 시점에서, 대련은 올려다 본 俯瞰視와 仰視의 다시점으로 나타냈으며, 벽체는 측면시점으로, 발체는 정면관의 고식적인 혼성 이미지로 표현했다. 대련채를 잡은 여사군들은 이목구비가 생략된 측면상의 정지형으로 그렸다. 전반적으로 평면적이며 사실력이 부족한 편이다.

이와 달리 정사의 옥교 장면은 단일한 평행사선 투시로 재현했다.(도 3) 좌향행렬의 옥교를 오른 쪽 측면시점으로 나타냈는데, 들어 올린 발체의 형태도 동일 시점으로 묘사되었다. 가마채를 어깨에 멘 일본인 교군들도 이목구비를 구체적으로 그려 넣은 측면상으로 행진의 동세를 자연스럽게 나타냈으며, 부분적으로 음영을 넣고 양감을 살려 보다 더 사실적이다. 17세기 전반의 1638년 행렬 반차도에 비해 시각 이미지 재현에서 한층 진화된 18세기 후반의 '寫景화풍'으로 이룩된 것이다.[2)]

행렬의 후미에 도회된 원역들의 직명을 보면 수역 3인과 서기 3인, 良醫 1인이 기재되어 있다. 통신사행에 양의를 대동하기 시작한 것은 1682년의 임술사행 부터이고, 서기가 3인으로 증원된 것은 1711년 신묘사행 부터이며, 수역이 3인으로 고정된 것은 1719년의 기해사행 부터였다.[3)] 따라서 이 행렬도는 기해(1719)와 무진(1748), 갑신(1764)사행 중의 왕래 행차를 그린 것으로 짐작되는데, 양식적으로 보면 갑신사행의 행렬도일 가능성이 높다.

《사로승구도》는 이왕가미술관 소장 당시부터 반절 형식의 화첩을 각 15면씩 상하 2권의 횡권으로 개장되어 있었는데, 하권 제 12면의 〈富士山圖〉(도 4) 화면 우측에 쓴 "吉原館六月十七日望見富士山雪"의 관지와 귀로일정이 부합되는 1748년 임술사행의 수행화원 이성린(1718~1777)의 작품이다.[4)] 부산에서 출발하여 江戶에서의 幕府將軍인 關白이 베푼 연향 장면에

---

2) 18세기 후반의 사경화풍에 대해서는, 홍선표, 「정선과 심사정의 실경표현법과 도봉서원도」『도봉서원』(도봉구청, 2015, 12)와 「조선왕조의 후기 회화」『이천시립월전미술관 소장, 한국회화』(이천시립월전미술관, 2016, 12) 참조.

3) 조선후기 통신사 수행원역 명단은, 이원식, 『朝鮮通信使』(민음사, 1991) 참조.

4) 《槎路勝區圖》는 1910년 이왕가박물관에서 구입시 1811년 작품으로 기록되었는데, 李元植, 「朝鮮通信使に隨行した倭學譯官について」『朝鮮學報』111(1984, 4)117쪽 補

이르기까지 왕환 사행 길의 주요 포구와 성읍, 산천 및 연로 광경을 30면에 나누어 그린 기행실경도와 기록화의 특성을 지닌 것이다. 통신사행에서 일본 연로의 경관을 1655년 을미사행의 수행화원 한시각과 1764년의 갑신사행 수행화원 김유성이 그린 사례가 있지만, 3사의 요청에 의한 사적인 제작이었다. 그리고 1811년 江戶까지 가지 않고 對馬島에서의 '易地通信'으로 행사를 치른 신미사행의 수행화원 이의양의 〈對馬島府中圖〉와 〈對馬島水程圖〉, 〈佐須浦圖〉, 〈西泊浦圖〉가 간송미술관 소장품으로 전한다. 이들 화적도 사행 후 1년 뒤에 "壬申春中信園李義養寫"라는 관서를 기재하며 그린 사적 작품이며, 1805년 연행사의  수행화원 때 초고를 마련했다가 그렸을 중국의 실경도 등과 함께 장첩되어 있어,[5] 해외여행을 기념해 만든 것으로 보인다.

《사로승구도》는 규모와 내용 등으로 보아 종사관이 방일 중에 듣고 보며 채집한 정보 등을 기록하여 '문견록'으로 작성해 귀국 후 보고하듯이, 종사관 관할의 3방 배속인 수행화원의 공적인 일본 견문기록화가 아닌가 싶다. 화면에 사적인 낙관을 남기지 않은 것도 이러한 추측을 가능하게 한다. 견문기록화로서의 충실함은 통신사일행이 거치고 머문 전 여정의 주요 지역 당시 경관의 모습은 물론, 〈夜泊日比圖〉(도 5)처럼 瀨戶內海로 들어선 통신사 선단이 鞆浦에서 牛窓으로 향하던 중 해도 저물고 북풍이 일어 정례 기항지가 아닌 日比로 가서 정박한 광경을 그린 것으로도 짐작된다. 통신사 일행의 대형 선박과 이를 호위하는 대규모 선단이 보름달 밝게 떠 "낮같이 비추는" 포구의 임시 기항지에 모여 있고, 화면 하단 우측의 따로 떨어진 선척은 밤이 깊은 후에 뒤늦게 돌아 온 정사 탑승선으로 1748년 음력 4월

---

註에서 〈富士山圖〉의 관지에 의거하여 작가를 이성린으로 처음 추정했으며, 권혜은, 「조선후기 《사로승구도권》의 작가와 화풍」『미술사학연구』 260(2008, 12)에서 작품의 양식 분석과 비교를 통해 이성린으로 확정하였다.

5) 전영우, 「보화각소장 〈李信園寫生帖〉」『고고미술』 94(1968, 5) 참조.

16일(이후 음력 생략) 야밤중의 실황인 것이다.[6]

〈夜入大阪城圖〉(도 6)는 4월 21일 밤에 大阪에 도착하면서 본 浪華江 좌우로 대낮처럼 밝힌 등불 행렬과 수많은 무지개다리와 건물들의 정연하면서 현란한 인상을 요약한 성읍경관도로 눈길을 끈다. 〈越川舟橋圖〉(도 7)는 京都에서 名古屋으로 갈 때 강을 건너가게 하기 위해 임시로 300척 가까운 배를 일렬로 이어 3개월 가까이 공사를 하여 가설한 배다리의 장관을 그린 것인데, 5월 6일 오전에 건넌 곳이다. 〈涉大定川圖〉(도 8)는 5월 15일 金谷에서 점심 후에 널다리 3곳을 거친 뒤 지나는 大定(井)川에서의 도섭 장면을 도회한 것이다. 大井川은 물은 깊지 않으나 물살이 빨라 배를 이용할 수 없고 주교도 가설할 수 없는 곳이라, 인부와 보를 일렬로 세워 급류를 약하게 한 다음 가마는 집 한 칸 크기의 들것인 架子에, 사행원들은 인부의 목에 타거나 업혀서 건넌 곳으로, 그 광경이 그림을 통해 생생하게 재현되어 있다. 그리고 6월 1일 江戶城에서 국서와 예단을 전달 때 關白이 통신사일행의 접대를 위해 베푼 행사를 그린 〈관백연향도〉(도 9)는, 궁중기록화의 형식을 통해 연례 장면을 일목요연하게 담아낸 것이다. 따라서 《사로승구도》는 조선통신사 기록물 가운데 시각자료로서 최고의 가치를 지닌다고 하겠다.

《사로승구도》는 1720년대부터 남종화법에 토대를 두고 널리 유행한 정선(1676~1759)의 실경산수화풍을 주로 반영하며 묘사되었다. 파노라마처럼 조망된 부감평원시의 구도를 비롯해 산능선에 구사된 태점과 표면에 부분적으로 성글게 가해진 피마준, 호초점풍의 수지법, 빠른 붓질의 횡점과 V자 및 X자형 물골풍 줄기의 송림, 길게 갈래진 砂丘의 양태, 그리고 옅은 담청, 담록의 부채법에 이르기 까지 그러하다. 40대 후반인 1920년대 초부터 '천하의 명화가'로 이름을 날린 정선의 화풍은 당시 "그림을 배우는 사람들이 무리지어 흉내 내고 따른다"고 했듯이 한 시대를 풍미했는데,[7] 이성린

---

6) 曺命采, 『奉使日本時聞見錄』 참조.

의 《사로승구도》는 이러한 양식이 官學化되고 있음을 말해 주는 초기 사례로도 중요하다.

변박의 〈왜관도〉(도 10)는 갑신사행의 기선장으로 별화원 역할을 하며 일본에 다녀 온지 19년 후인 1783년 여름에 그린 것으로, 조선후기 한일관계사에서 점하는 동래부의 위상을 상징적으로 보여주는 시설을 지물기록에 충실한 회지도식으로 재현한 시각자료로서 소중하지만,[8] 조선통신사 여정 기록물로서 왜 등재했고, 어떤 의의를 지니는지는 잘 알 수 없다.

## Ⅲ. 문화교류기록물의 조선화

문화교류기록물의 조선화는 한국측에서 9점, 일본측에서 3점이 등재목록에 기재되어 있다. 그 중 1636년의 병자사행과 1643년의 계미사행 등 두 차례에 걸쳐 수행화원으로 일본에 다녀 온 김명국의 작품으로 3점이 선정되었다. 〈달마절로도강도〉(도11)는 화면 우측 하단의 '醉翁'이란 김명국 아호의 행초체 서풍이 1643년 사행의 제술관 박안기의 찬문이 적힌 〈수노인도〉(일본 개인소장)와 동일하여, 두 번째 방일 중에 그린 것으로 판단된다.

달마대사가 육조시대에 포교를 위해 갈댓잎을 꺾어 타고 양자강을 건넜다는 전설적인 이야기를 형상화한 이 작품은 김명국이 일본에서 떨치고 누린 명성과 인기를 실감케 한다. 선종 초조로서의 달마의 응축된 정신세계를 극명하게 드러낸 안면 표현과 함께 한 번에 휘갈긴 속필의 동세는 동양회화 정수로서의 수묵의 초절한 힘과 함축된 조형미를 유감없이 보여준다. 바람에 나부끼는 옷주름의 방향도 인물의 진행방향과 관계없이 작가의 손과

---

7) 홍선표, 「정선의 작가적 생애」 『겸재 정선』(겸재기념관, 2009, 4) 참조.

8) 김동철, 「왜관도를 그린 변박의 대일 교류 활동과 작품들」 『한일관계사연구』19 (2003, 10) 참조.

마음이 합일된 心手相應의 경지에서 저절로 움직인 것처럼 자율적인 붓질의 율동 그 자체에 맡겨 처리된 것 같다. 필선들은 방향을 갑자기 바꾸어 꺾기도 하고 거칠고 힘차게 내려 친 다음 부드러운 율동감을 주기도 하면서 형상의 생동감과 더불어 굵고 가늘고, 짙고 갈라진 양태 자체에서의 변화로 묘미를 살렸다. 일본 선종화 특유의 극도로 묽은 먹으로 그리는 망량화법과는 질적으로 다른 이처럼 힘차고 강한 화풍이 당시 일본인들에게 강렬한 인상과 감동을 주고 인기를 끌었던 같다. 해방이후 국립박물관 시절에 일본에서 구입해온 반신상의 〈달마도〉도 '蓮潭'이란 관서의 행초체가 계미사행의 사자관 김의신의 제시가 적힌 〈수노인도〉(大和文華館 소장)의 서명서체와 같아 〈달마절로도강도〉와 같은 시기 작품으로, 동아시아 달마도 가운데 최고의 명품에 속한다.

김명국의 〈拾得圖〉(下關市立長府博物館 소장)와 〈수노인도〉(大阪歷史博物館 소장)는 일본측에서 등재대상으로 선정된 것이다. 〈습득도〉(도 12)의 경우 화면 우측 하단의 '醉翁'이란 행초체의 서풍이 1643년 사행 때 작품의 관서체와 동일하여 같은 시기에 그린 것으로 보인다. 더벅머리에 빗자루를 잡은 모습은, 당나라 때 國淸寺에서 주워다 키운 미천한 잡역부였지만 절강성 천태산을 배경으로 기행을 일삼은 전설적인 寒山의 유일한 이해자이며 함께 시를 짓기도 한 습득의 도상으로, 남송대부터 선종인물화 중 散聖圖의 주요 화제로 다루어졌다.

습득이 빗자루를 지닌' 拾得握箒'의 이 그림은 '한산습득도'의 일곱 유형 가운데 한산이 경전을 들고 있거나 파초 잎과 붓을 쥐고 있는 도상과 함께 그려지던 것인데, 여기서의 단독상이 독립적으로 이루어졌는지, 한산과 對幅형식으로 제작되었다가 분리된 것인지 잘 알 수 없다. 金閣寺의 주지 鳳林承章이 1635년에서 1668년에 쓴 일기를 모아 엮은 『隔蓂記』에 김명국의 '한산도'가 기재되어 있는 것으로 보면, 한 벌로 그려졌을 가능성도 있다. 〈습득도〉의 화면 상단에 寛文8년(1668) 5월에 쓴 無等이란 沙門의 찬문이

기입되어 있어 '한산도'처럼 선승들 사이에서 유전되었던 것으로 짐작된다.

〈습득도〉는 김명국의 절파풍 고사인물화의 시동 이미지를 선종화의 감필법으로 나타 낸 특징을 지닌다. 과장된 모습이나 戲筆에 가까운 중국과 일본의 작풍과 달리 빗자루에 의지해 명상에 잠겨 있으며, 옷주름의 붓질도 농담과 비수를 조화롭고 유연하게 구사했다. 특히 더벅머리에 띠를 두른 양태는 다른 나라에서 찾아 볼 수 없는 조선풍으로 눈길을 끈다.

'朝鮮國人 荷潭'의 관서가 있는 〈수노인도〉(도 13)는 작가 성명을 밝히진 않았지만, 사행년과 제작연대를 1636년으로 기재한 것으로 보면, 원소장자가 주장한대로 당시 수행화원 김명국의 작품으로 간주했음을 알 수 있다. 그러나 이 그림의 작가인 '하담'은 1830년 전후하여 화원으로 활동한 李仁聃으로, 그의 〈계정객화도〉(간송미술관 소장)의 서명 필체와 동일하다. 이인담의 생년을 『근역서화징』의 수록 순서에 의거해 1800년경으로 추정하지만, 1779년생인 이수민과 함께 순조 31년(1831)의 규장각의 차비대령화원으로 차정되어 취재시험에 여러 차례 참가한 것으로 보면 좀 더 이른 시기에 출생했을 가능성이 높다.

〈수노인도〉의 화풍도 17세기 전반기의 양식과 전혀 다르다. 타원형 장두의 커다란 머리와 안면 모습 등은 김홍도(1745~1806)가 1782년에 그린 〈남극노인도〉(도 14)의 도상을 대부분 따랐으며, 배경을 이루는 소나무 둥치의 송린을 나타낸 용수철을 풀어 놓은 듯한 속필의 특이한 양태도 18세기 말엽에 완성된 김홍도의 후기 양식인 단원법의 소나무화풍을 충실히 반영한 것이다. 화면 우측 상단에 신미사행을 응접했던 寬政의 3박사로 저명한 佐賀藩의 儒者 古賀精里의 제시가 적혀있어, 당시 선물용으로 가져간 증정품이거나 제화자가 사망하는 1817년 이전의 求貿品일 가능성도 있는 19세기 초의 작품으로 판단된다.

김명국은 2회에 걸친 사행으로 많은 일화를 남겼는데, 밤낮으로 몰려드는 그림 求請으로 괴로움을 견디지 못해 울려고까지 했으며, 일본측의 특청으로 다시 선정된 두 번째 사행에는 윤필료를 많이 주는 '商賈輩'들에게 주로 그려주고 大官들의 요청에는 중파된 동행화원 이기룡에게 대필을 시키기도 했었다. 사행 이후에도 對馬藩에서 關白의 요청이라며 그의 그림을 요청했을 때 이러한 대필 전례를 문제 삼아 직접 동래로 와서 그려주기를 원한 적도 있다. 그가 최고의 명수라는 인식과 인기는 櫻井崇鶴의 『崇鶴畵談』과 같은 19세기 중엽의 화론서에 까지 이어졌다. 따라서 통신사 관련 김명국의 작품으로 알려진 유작 19점 중에는 8~9점 정도가 진위와 代畵 및 이모 문제를 지니고 있는 것으로 보여 감별에 특히 신중을 기해야 한다.

김명국처럼 방일 중에 선종인물화를 많이 그린 것으로 알려진 1655년의 을미사행 수행화원 한시각(1628~ ?)은 통신사행 관련 유작이 진위문제작을 포함해 10여점 알려졌는데, 등재목록에는 한 점도 올리지 못했다. 한시각은 백부가 왜통사로도 유명하여 한일문화교류사에서도 주목되는 인물이다. 그의 작품 중 간송미술관 소장의 〈포대도〉 화면 상단에 18세기 초에 활동한 宇治 萬福寺의 중국인 황벽승 伯珣의 찬시가 유일하게 적혀 있어 방일 중에 남긴 기준작으로 중요하다.

1748년 무진사행의 수행화원 이성린의 작품은 여정기록물로 《사로승구도》가 등재목록에 실려있는데, 함께 별화원으로 동행했던 여항문인화가 최북(1712~1786)의 유작은 선정되지 않았다. 그가 사행 중 그린 작품들이 근세 大阪의 대표적인 狩野派 화사 大岡春卜의 『畵史會要』에 明淸의 대가들과 나란히 판각되어 수록되었을 정도로 명성을 얻었던 점을 고려하면, 근래 발견되고 있는 방일 중에 주로 사용했던 별호인 '居其齋'로 서명한 유작들에 대한 관심이 요망된다.

1764년 갑신사행의 조선화로는 수행화원 김유성(1725~ ?)의 〈석란도〉(부산박물관)와 기선장으로 동행한 별화원 변박의 〈묵매도〉(부산박물관)와 〈松下虎圖〉(大阪역사박물관 소장)가 등재목록에 기재되어 있다.

김유성은 일본의 문인과 화가들에게 상당히 높게 평가되어, 당시 최고의 문인화가 池大雅(1723~1776)는 그에게 남종화 비법에 대해 문의했는가 하면, 江戶 후기의 대표적인 화가 谷文晁(1763~1841)의 그림 스승이기도 했던 渡邊邊瑛은 김유성의 산수도를 모각하기도 했다. '朝鮮 西巖'의 관서가 화면 우측 하단에 적혀 있는 〈석란도〉(도 15)는 사군자의 묵란도에 나비를 그려 넣어 수묵 초충도 유형으로 구성한 이례적인 화풍이다. 일본 개인소장이었으며, '朝鮮' 대신 '小中華' 를 관서에 사용한 〈蘭蝶圖〉도 유사한 구성과 화풍을 보여준다. 오파의 심주에 의해 수립되고 화보의 '石上蘭'을 통해 유포된 양식에 심사정의 석법과 난화풍을 가미하여 나타낸 특징을 지닌다.

누구보다 사행 중에 왕성한 회화활동을 했던 김유성은 〈석란도〉 외에 화첩에 수록된 10점을 포함해 30점 가까운 유작이 알려져 있는데, 당시 양국 인사들의 교류관계를 좀 더 직접적으로 증언하는 작품들도 적지 않다. 〈강정한경도〉(일본 개인소장)는 화면 우측 상단에 갑신 통신사 일행을 수행하여 大阪과 江戶사이를 왕래한 일본 천태종 승려 敬雄이 당시를 회상하며 68세 되던 해인 1780년에 제시를 써 넣은 것이다. 조선후기에 남종화가 확산기를 거쳐 화원들 중심으로 관학화되는 과정을 보여주는 대표작이면서, 조선 남종산수 특유의 단필마준은 木村蒹葭堂(1736~1802)의 〈夜深斜舫月圖〉(일본 개인소장)에 영향을 미치기도 했다. 淸見寺 주지에게 그려 준《산수화조도압회첩병풍》(淸見寺 소장) 중의 〈금강산도〉의 구도 등은 당시 갑신사행을 보러 京都에 왔던 浦上玉堂의 〈운산중첩도〉(일본 개인소장)화풍의 원류를 이룬 것으로 보인다.

새롭게 발견된《栖志帖》은 김유성의 그림 10면과 서기로 동행한 성대중의 시가 함께 장첩된 서화합벽첩이다.(도 16) 1764년 3월 大阪의 유명한 문화후원 및 출판인이며 서화와 서책의 대수장가이고 문인화가였던 木村蒹葭堂의 집에서 이루어진 김유성과 성대중을 비롯해 제술관 남옥과 서기 원중거, 김인겸, 사자관 이언우 등 사행원들과의 전별연에서 그에게 증정된 것으로, 성대중은 화첩의 款印으로 蒹葭堂이 새겨준 도장을 사용했으며, 발문은 이들과 교유한 關西의 유학자이며 시인으로 이름 난 那波魯堂이 썼다. 吳派의 沈周와 심사정의 남종화풍을 토대로 사시의 계절경을 원숙하게 구사한 작풍으로, 池大雅를 통해 남종문인화풍을 배우던 蒹葭堂의 초기 산수화풍 형성에 일정한 영향을 주었다.

그리고 木村蒹葭堂은 성대중의 요청으로 자신의 서재에서 행하던 아회 장면을 기념으로 그려주었다. 서재 근처의 갈대 우거진 浪華江 위에 떠서 멀어져 가는 배는 통신사행원들과의 이별을 뜻한다. 화면 우측 상단에 성대중선생이 요구해 그린다는 관지가 적혀 있는 이 아회도는 京都 相國寺의 주지이며 시인선승으로 조선 외교와 관련된 對馬島 以酊庵의 輪番僧이 되는 大典顯常이 예서체로 쓴 '蒹葭雅集之圖'라는 題字를 비롯해 여기에 참석하던 關西 문사들의 시문과 서문이 첨부되어 4m가 넘는 긴 횡권을 이루며 齎來品으로 국내에 들어왔다.[9] 성대중의 아들 성해응의 수장품이 되었다가 지금은 국립중앙박물관에 소장된 〈蒹葭堂雅集圖〉(도 17)는 한 때 이덕무 등의 지식인들이 일본 文儒隆盛의 상징으로 열람하며 '逸品'으로 극찬하고 동류의식을 느끼기도 했던 것이다. 특히 蒹葭堂그룹이 북학파 지식인들에게 일본 문예를 새롭게 인식하는 계기를 마련해 주기도 했다. 따라서 〈蒹葭堂雅集圖〉는 《서지첩》과 함께 당시 양국 선린 문예교류 최고의 징표이며 기념비적 시각자료로서 각별하다.

김유성과 함께 갑신사행의 별화원으로 활약한 변박은 동래부의 각종 무임직을 역임하며 畵事에 종사했던 지역화사로, 그의 〈묵매도〉(부산박물관 소장)와 〈수하호도〉(大阪역사박물관 소장) 2점이 한국과 일본측에 의해 각각 선정되었다.

〈묵매도〉(도 18)는 화면 좌측 하단에 적혀 있는 "歲甲申孟夏東華述齋寫"라는 관지에 의해 1764년 4월에 갑신사행의 귀로 중 大阪에서 그린 것

9) 朴晟希, 「木村蒹葭堂筆 〈蒹葭堂雅集圖〉の史的意義」『美術史』182(2017, 3) 참조.

임을 알 수 있다. 무임직의 지역화사가 해동의 중화라는 자부심을 뜻하는 '東華'를 사용한 것이 이채롭다. 화면 우측 상단에는 조선 초 김종직의 「한매」를 변용한 제화시를 써 넣어 그림의 정취를 높였다. 굴곡지게 뒤틀리고 끝이 부러진 오래된 매화 등걸 위로 새싹처럼 솟구친 한 줄기의 잔가지와 성글게 핀 봉오리의 고아한 자태를 묵죽과 함께 쌍청의 이미지로 나타낸 것으로, 조선 중기의 전통 양식과 『당시화보』의 '江濱梅'를 후기의 필묵법으로 순화하여 표현한 특징을 지니며, 당시 수행화원 김유성의 〈화조도〉(淸見寺 소장) 古梅와 상통되는 부분이 있다. 굵고 짧게 묘사된 농묵의 댓잎은 변박의 친족으로 추정되기도 하는 갑신사행의 격군 변탁의 〈묵죽도〉(일본 개인소장) 화풍과 유사하여 흥미롭다.

〈수하호도〉(도 19)는 소나무 아래 앉아 있는 좌호를 그린 것으로, 기존에 대종을 이루던 출산호와 함께 18세기 후반 이후 유행되는 도상인데, 그 선구적인 사례로 주목된다. 특히 동래부 對日 수출화의 주종이었던 호랑이그림 가운데 적지 않은 비중을 차지했던 좌호도 유형을 선도한 의의를 지니기도 한다. 그런데 〈수하호도〉의 '述齋'라는 관서체가 1764년의 사행 중 작품 〈묵매도〉나 1779년 求貿品으로 그린 〈유하마도〉(高松市 法然寺 소장)의 서체 및 내용과 다르기 때문에 국내 수요를 위해 제작한 것이 유출된 것인지도 모른다.

마지막 통신사절인 1811년 신미사행의 수행화원 이의양(1768~ ?)의 방일 관련 작품은 28점 가량되는데, 그 중 부산박물관 소장의 산수화 2점과, 〈응도〉, 국립해양박물관 소장의 〈화조도〉 등 4점이 선정되었다.

'산수도'로 기재되어 있는 2점의 산수화는 미술사학계에서 지칭하는 제명을 따라 〈仿谷文晁山水圖〉와 〈富士蓬萊山圖〉로 구별해 부르고자 한다. 〈仿谷文晁山水圖〉(도 20)는 화면 우측 하단에 국명과 호와 자를 함께 쓴 "朝鮮信園爾信"으로 관서하고 '爾信'이란 주문방인을 찍었다. 화면에 우측 상단에는 신미사행의 차상판사 진동익인 '朝鮮淸翁' 이 "仿谷文晁畵"라고 쓰고 감평의 제화시를 적어 넣었다.

정형화된 남종화풍의 하경산수를 그린 이 산수화는 江戶 후기의 대표적인 문인화가 谷文晁의 방작이라고 동행한 역관 진동익이 제화시에 언급함으로써 주목받고 있다. 도화서 화원 가운데 일급의 '善畵者'로 '極擇'하여 수행화원을 파송했던 것은, 일본인들의 서화구청 열기에 응하면서 임진왜란을 일으킨 '不俱戴天'의 무력적 오랑캐 습성을 교화하여 중화질서에 기반을 둔 교린우호체제를 회복하고 재침의 위험을 방지하기 위한 문예 전파에 뜻을 두고 있었기 때문에, 일본인 작품을 방작한 행위를 전파를 위한 파견에서 수용으로 바뀐 한일회화교류사의 '역전'으로 볼 수 있는 것이다. 이와 같이 회화에서의 倣作풍조가 중국과 국내의 대가에서 일본인으로까지 확산된 것을 북학파 지식인들 중심으로 일어난 중국은 물론 일본의 문예인까지 문화지성교류의 장에서 대등한 파트너로 인식하는 변화된 '幷世의식'의 발로로 이해되기도 한다.10) 이와 조금 다른 관점에서 보면, 일본에서의 남종문인화 풍조의 확산을 2세기 간에 걸친 통신사 교류의 성과로 간주하고 '不俱戴天'에서 '天下同文'으로서의 동류 또는 동질의식을 나타낸 것일지도 모른다. 진동익이 제화시에서 "海外墨緣轉法輪 信園風味亦淸新" 즉 "해외에서 필묵 연분으로 법륜(설법)을 펼쳤으니 이의양의 풍격도 또한 맑고 새로워지네"라고 한 것도 이러한 회화교류에 의해 고상한 문인화 취향으로 교화되어 성숙된 것을 보고 그의 그림세계도 같은 탈속의 경지를 재현했다고 평한 것이 아닌가 싶다.

〈仿谷文晁山水圖〉는 谷文晁의 1802년 경 작품인 〈倣董北苑筆意山水圖〉를 참조한 것으로 보기도 하고, 실제로는 반두와 피마준의 양태를 비롯해 조선후기에 성행한 황공망 양식을 반영한 것으로 설명하기도 한다.11)

---

10) 정민, 「18~19세기 조선지식인의 병세의식」『한국문화』54(2011, 12) 참조.

11) 정은주, 「1811년 쓰시마 통신사행의 서화교류」『동아시아문화연구』60(2015, 2) ; 『부산박물관소장유물도록:서화』(부산박물관, 2013) '이의양필 산수도' 설명문 참조.

그런데 최근 연구에 의하면, 당시 조선통신사의 일본측 접반원으로 참여한 에도의 문사가 谷文晁에게 부탁해 가져 온 작품을 모본으로 그렸을 것으로 새롭게 추정하고 있다.[12] 文晁가 1812년 1월에서 7월 사이에 제작과 관련된 畵稿와 축도, 주문자 등의 자료를 수록한 『畵學齋圖藁』 중에 "壬申正月谷文晁再拜李信園畵伯座下"라고 이의양에게 써 보낸 편지의 부본과 함께 증답품과 13점의 축도 등이 실려 있는데, 그 13점 가운데 〈仿谷文晁山水圖〉와 동일한 구도의 축도가 원작의 스케치(도 21)였을 것으로 파악한 것이다.

이의양이 모본으로 사용했을 文晁의 원작은 신미사행원를 통해 추사 김정희(1786~1856)가 소장했던 것으로 보인다.[13] 이의양은 對馬島에서 귀국 후 7년 뒤에 이 산수화를 보다 정교하게 다시 〈하경산수도〉(泉屋博古館 소장)로 그리고 화면 우측 하단에 "戊寅秋中朝鮮國爾信寫"로 관서한 바 있다. 이 그림의 화면 상단에 김정희가 진동익의 제화시를 그대로 이서하고 "信園爾信仿谷文晁筆意作此 原本余仍收藏湧題于此以識萬里墨緣 朝鮮國金正喜秋史幷題于相人保室"이란 제기를 적어 넣었다. 이 제기에 의해 〈仿谷文晁山水圖〉의 모본 원작을 김정희가 신미사행원을 통해 입수하여 수장하고 있었음을 알 수 있고, 이를 보고 〈하경경산수도〉로 다시 그리게 된 것이다. 〈하경산수도〉는 1825년 住友家에서 對馬藩을 통해 구입했기 때문에, 진동익이 1818년 問慰行의 당상관이 되어 對馬島에 갈 때 가져 간 증정품이거나, 방일 수행화원의 작품으로 요구되던 구무품일 가능성이 높다. 아무튼 이의양의 〈仿谷文晁山水圖〉와 〈하경산수도〉는 문인취향 남종산수화의 중시조인 황공망의 화풍이 범동아시아 양식으로 유통되었고, 이를 '天下同

12) 朴晟希, 「18世紀後半~19世紀前半における日韓繪畵關係の變化に關する研究-1811年朝鮮通信使の繪畵活動を中心に」(東京大學大學院人文社會系研究科 修士學位論文, 2014, 12)와 「신미(1811)통신사의 회화활동과 19세기 전반의 한일회화관계-이의양필 倣谷文晁山水圖를 중심으로」『미술사논단』41(2015, 6)참조.

13) 박성희, 위의 논문, 참조.

文'의 동류의식으로 교류하며 공감대를 형성하고 애호하고 있었음을 말해주는 사례로서 중요하다.

〈富士蓬萊山圖〉(도 22)는 부산에서 출발해 첫 기항지인 佐須浦에서 바라 본 대마도와 본토를 상징하는 富士山을 한 화면에 배치하여 구성한 작품으로 이해되고 있는데,[14] 화면에 이의양이 직접 "仿谷文晁畵"라고 명기하였다. 이 작품에 대해서는 谷文晁가 보내 온 붓과 먹에 대한 사례로 이를 사용해 답례품으로 그려 보냈을 것이라는 추측이 설득력 있어 보인다.[15] 원경의 富士山 주위를 外暈法으로 우리고 바탕색을 그대로 이용해 실루엣풍으로 나타낸 것은 谷文晁의 〈富士三保淸見寺圖〉(世田谷區立鄕土資料館 소장)등과 유사하고, 산등선을 원목으로 나열해 장식적으로 묘사한 근경의 대마도 선경산수는 '百富士'로 유명한 河村岷雪의 〈朝態山〉판화(1767년, 靜岡縣立中央圖書館 소장))의 산형을 연상시킨다.

이 밖에 등재목록에 오른 〈응도〉(도 23)는 巖上鷹圖 유형으로 조선말기 대일 수출화의 대종을 이루었던 것이다. 해응도 유형의 암석에 올라 있는 매를 그린 〈암응도〉(한국 개인소장)와 최근 경매에 나온 〈송응도〉에 비해 묘사력과 필력이 다소 떨어진다. 〈화조도〉(도 24)는 정교하고 섬세한 필치가 돋보이는 작품으로, 배동익의 제시가 적혀 있는 그의 화조 대표작인 〈花林彩禽圖〉(간송미술관 소장)에 못지않은 기량을 보여준다.

이번 등재(대상) 조선화 가운데 통신사 수행화원이 아닌 작가의 작품이 2점 올라 있다. 사행년과 제작년을 1811년으로 기재한 송암의 〈산수도〉(부산박물관 소장)와 괴원의 〈화조도〉(부산박물관 소장)이다. 송암은 변박처럼 동래부 무임직을 역임한 지역화사 이시눌로, 10여점의 대일 수출화를 남겼는데, 〈산수도〉(도 25)도 그 중 하나로 보인다. 화면 하단에 '朝鮮 松庵'으

---

14) 박성희, 위의 논문, 참조.
15) 片山眞理子, 「李義養畵〈仿谷文晁畵 富士に蓬萊山図〉をめぐって」〈朝鮮通信使をめぐる美術〉(東京大東洋文化硏究所, 2016, 2.17) 발표요지, 참조.

로 관서했으며, 형식화되고 인습화된 남종산수화풍을 고졸하게 다룬 특징을 지닌다. 그의 통신사 관련 작품으로는 京都 相國寺 慈照院에 소장된 〈응도〉를 꼽을 수 있다. 송골매의 매서운 기상을 정묘하게 나타 낸 이 그림의 화면 우측 하단에 '朝鮮 松庵'이란 관서 밑에 '辛未入囊'이란 도장이 찍혀 있어 1811년 신미사행의 '齎去物件'임을 알 수 있다. 일본에서 몇 년전 귀환한 신윤복의 고사인물화 4점도 "朝鮮國 蕙園寫 京師畵員"이란 관서와 함께 신미사행의 사자관 피종정의 제시가 적혀 있는 것으로 보아 증정품으로 가져갔음을 알 수 있다. 相國寺 慈照院에 소장된 《조선서화교첩소병풍》 2좌와 액자 2건도 相國寺 등에서 파견된 對馬島 以酊庵의 윤번승들이 신미사행원들을 응접하며 예물로 받아 온 것을 백납 형식으로 꾸민 것으로, 진동익과 피종정의 글씨와 괴원 변지한, 송암 이시눌, 초원 이수민의 그림 등 50점이 넘는 서화가 부착되어 있어 조선통신사 문화교류의 시각 기록물로 각별하다.

끝으로 괴원도 동래부의 무임직을 역임한 지역화사 변지한으로 밝혀진 인물로,[16] '朝鮮國 槐園'이란 관서와 제시를 적어 넣은 〈화조도〉(도 26)는 절지형의 늙은 홍매 위로 참새가 쌍으로 날아가는 봄의 정경을 그린 것으로 몰골풍의 붓질과 담채의 효과가 온화하면서 산뜻한 분위기를 자아낸다.

등재대상으로 기재된 송암 이시눌과 괴원 변지한의 두 작품은 통신사행과 직접 관련된 齎去品이기 보다 대일 수출화로 별도의 작품군을 이루고 있는 160여점에 속한다. 특히 조선말기를 통한 동래에서의 한일 회화교류는 여항문인화가 조희룡과 대마도를 왕래한 역관 김범준의 기록으로도 알 수 있듯이, 해마다 이루어진 왜관에서의 교역으로 더욱 빈번하고 번잡했었다. 일본측의 필요와 요구에 의한 '求貿品'으로 상당량의 화적이 동래를 통해 수출된 것이다. 이들 '구무'에 의한 수출품 또는 무역품 조선화에도 관서

16) 이성훈, 「해부 변지순과 19세기 전반 동래지역 화단」『미술사학연구』278(2013, 6) 참조.

로 '조선'이나 '조선인' '조선국인' '東華' 국명 또는 국적을 기재했는데, 작가는 도화서 화원 및 중앙의 유명 여항문인화가와 동래부의 무임직 화사, 그리고 동래를 중심으로 활동했을 무명 화공들로 나눌 수 있다.

김유성과 김홍도, 김득신, 이수민, 이한철 등, 중앙의 유명 화원과, 최북, 김양기, 이재관 등의 유명 여항문인화가가 전자에 속한다. 김유성은 1763년 갑신사행의 수행화원으로, 그가 방일시 그린 작품들에는 대부분 간지가 적혀 있는데, 간지 없이 국명만 기입한 그림들 가운데 구무품이 포함되었을 가능성이 있다. 김홍도(1745~1806)와 여항문인화가 임희지(1765~ ?)의 합작품인 〈竹虎圖〉의 화면 상단에 "朝鮮西湖散人畵虎水月翁畵竹"이라고 적혀 있는데, 두 사람의 활동 연대로 보아 통신사의 선물용으로 가져간 재거품이기보다 구무품이었을 것으로 생각된다. 남공철(1760~1840)의 「최칠칠전」에 의하면 시서화를 겸비한 최초의 전업적인 여항문인화가로 1748년 무진사행의 별화원으로 일본에 다녀 온 최북이 평양과 동래를 두루 돌아다니며 그림을 팔았다고 했는데, 동래에서의 賣畵는 이러한 구무품 수요와 관련이 있었을 것으로 보인다. 이재관(1789~1843)은 여항문인화가로서 어용모사 별단화사로 선발될 만큼 유명했는데, 그의 절친인 조희룡(1789~1866)의 증언에 의하면 인기가 높았던 듯 일본인들이 동래관에서 이재관의 영모화를 매해마다 사갔다고 한다.

구무품을 그린 동래부의 무임직 화사로는 변박과 이시눌, 변지순, 변지한 등이 확인되고 있다.[17] 이들은 수원부에도 있었듯이 지방 관아의 관인 화사로 공무적인 畵役 외에 개시무역=사무역의 일환이었을 구무품 제작에도 관여한 것이다. 그리고 아직 이름이 확인되고 있지 않고 자호만 알려진 20여명의 무명 화공들도 동래를 중심으로 18세기 후반 이후 크게 늘어난 일본측 수요의 구무를 위한 무역화 또는 수출품 화가였을 것으로 생각된다.

---

17) 박성희, 「18~19세기 동래 왜관 수출화의 제작과 유통: 虎圖와 鷹圖를 중심으로」『미술사논단』31(2010, 12) 참조.

이들 중 '萊山庵'은 동래의 옛 이름을 관서로 삼아 활동하기도 했다. 1886년 초량에서 미국 제독의 딸 슈멜트의 주문을 받아 민속화를 그린 개항장의 수출화가 김준근도 동래의 구무품 화공 출신이 아니었나 싶다.

18세기 후반 이후 동래를 중심으로 교역된 구무품 그림의 상당수는 대마도 왕래 역관 김석준이 『紅葉樓詩初集』의 「和國竹枝詞」에서 "일본에는 본래 매와 호랑이가 없어 우리나라의 매와 호랑이 그린 것을 해마다 구한다"고 했듯이, 매그림과 호랑이그림이며 벽사용 등의 효험성 때문에 수요가 많았던 것으로 보인다. 현재 알려진 이들 그림 가운데 일본인이 선호하던 竹虎圖와 金晬의 매도와 같은 벽사성 작품이 많은 것도 이러한 맥락에서 이해된다. 대일 수출화도 통신사기록물로 등재대상이라면, 김득신이 '朝鮮兢齋'라는 관서를 써넣으며 1815년에 그린 〈송하유호도〉를 꼽아야 할 것 같다. 〈송하유호도〉는 大阪의 繪師 吉村周山의 『和漢名筆畵寶』에 수록되었을 뿐 아니라 江戶후기 春木南溟(1794~1878)의 〈유호도〉에도 파급되는 등 한일회화 교류 및 관계사에 중요한 역할을 했기 때문이다.

〈도 1〉 작가미상, 〈仁祖14年通信使入江戶城圖〉(부분) 18세기 후반, 국립중앙박물관 소장

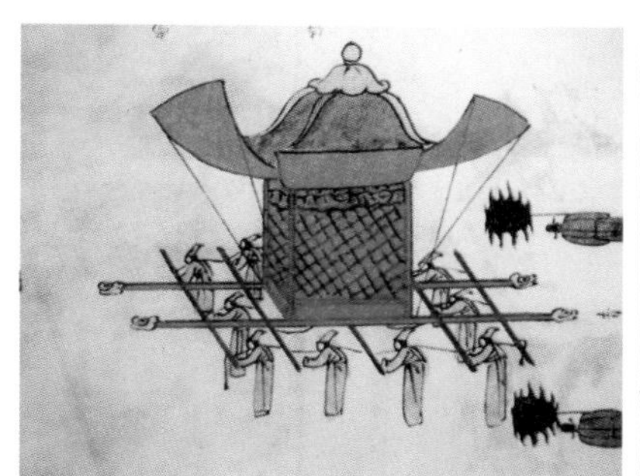

〈도 2〉 이기룡 외.
〈인조장렬후가례도감의궤반차도〉(세부)
1638년, 규장각 소장

〈도 3〉 작가미상, 〈仁祖14年通信使入江戶城圖〉
(세부)

〈도 4〉 이성린, 〈富士山圖〉《槎路勝區圖》 중
1폭, 1748년경, 국립중앙박물관 소장

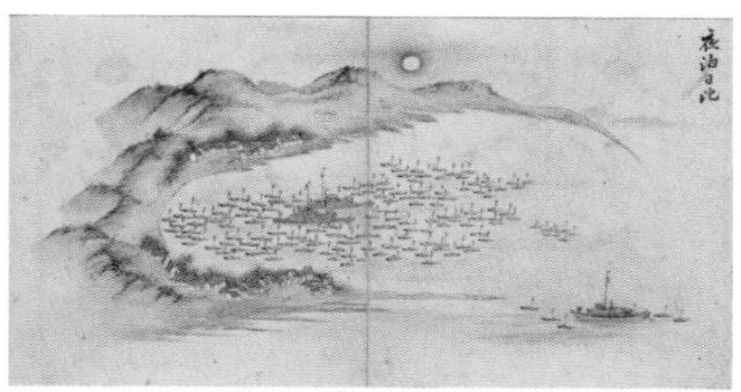


〈도 5〉 이성린, 〈夜泊日比圖〉《槎路勝區圖》
중 1폭

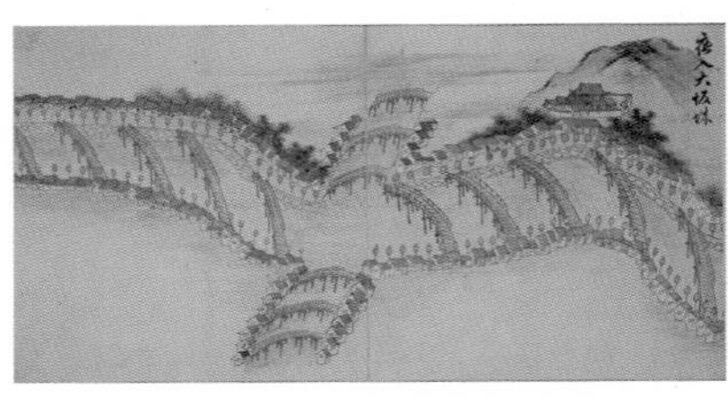

〈도 6〉 이성린, 〈夜入大阪城圖〉《槎路勝區圖》 중 1폭

〈도 7〉 이성린, 〈越川舟橋圖〉《槎路勝區圖》 중 1폭

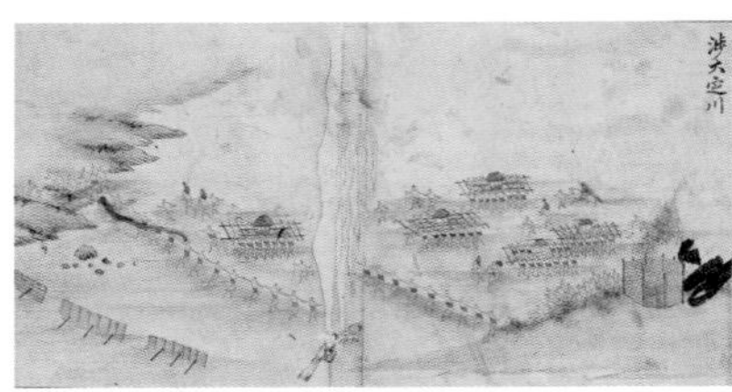

〈도 8〉 이성린, 〈涉大定川圖〉《槎路勝區圖》 중 1폭

〈도 9〉 이성린, 〈關白讌享圖〉《槎路勝區圖》 중 1폭

〈도 10〉 변박, 〈왜관도〉 1783년, 국립중앙박물관 소장

〈도 11〉 김명국, 〈달마절로도강도〉 1643년, 국립중앙박물관 소장

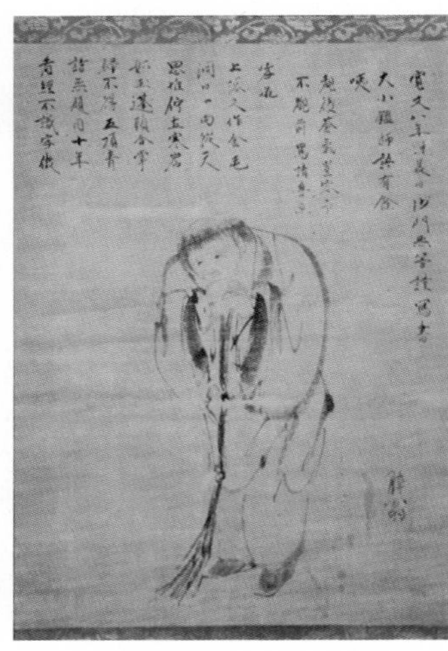

〈도 12〉 김명국, 〈습득도〉 1643년, 下關市立長府博物館 소장

〈도 13〉 荷潭, 〈수노인도〉 1811년경,
大阪歷史博物館 소장

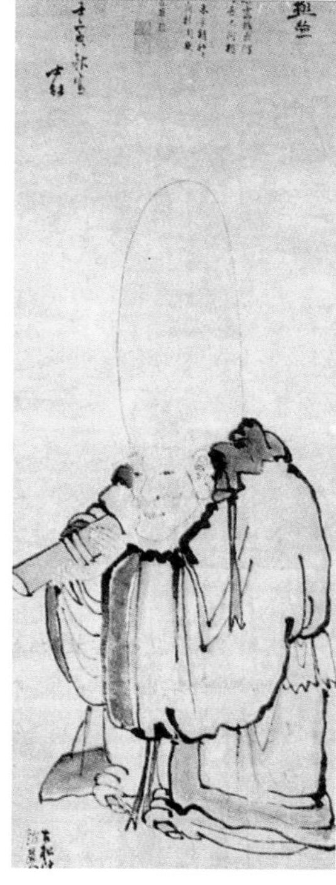

〈도 14〉 김홍도, 〈남극노인도〉
1782년, 국립중앙박물관 소장

〈도 15〉 김유성, 〈석란도〉
1764년경, 부산박물관 소장

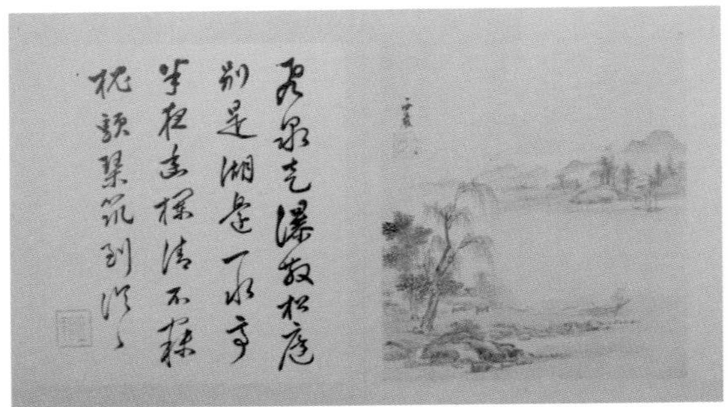

〈도 16〉 김유성, 《栖志帖》 중 1폭, 1764년,
클리블랜드미술관 소장

〈도 17〉 木村蒹葭堂, 〈蒹葭堂雅集圖〉 1764년,
국립중앙박물관 소장

〈도 18〉 변박, 〈묵매도〉 1764년,
부산박물관 소장

〈도 19〉 변박, 〈樹下虎圖〉 18세기 후반,
大阪歷史博物館 소장

〈도 20〉 이의양, 〈仿谷文晁山水圖〉
1811년, 부산박물관 소장

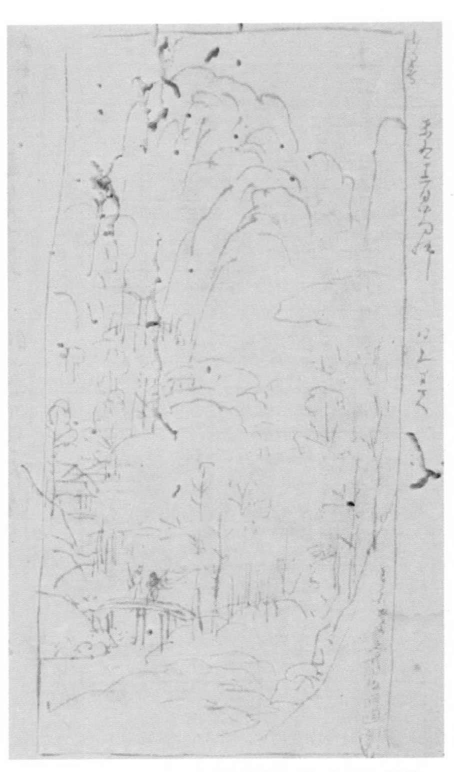

〈도 21〉 谷文晁《畫學齋圖藁》 중 文晁山水圖
스케치, 1811~12년, 田原市博物館 소장

〈도 22〉 이의양, 〈富士蓬萊山圖〉 1811년, 부산박물관 소장

〈도 23〉 이의양, 〈응도〉 1811년 경, 부산박물관 소장

〈도 24〉이의양, 〈화조도〉 1811년경, 국립해양박물관 소장

〈도 25〉 이시눌, 〈산수도〉
19세기 초, 부산박물관 소장

〈도 26〉 변지한, 〈화조도〉 19세기 초,
부산박물관 소장

〈토론문〉

# 통신사 기록문화유산의 조선화

이정은 | 범어사 성보박물관 학예연구실장

발표자께서는 미술사 전반을 연구하시는 대표적인 미술사가 이며, 조선통신사 회화연구의 첫 선행연구자이십니다. 조선통신사 회화 전공자로서 선생님의 발표에 대한 토론을 맡게 되어 영광입니다.

오늘 선생님께서 발표하신 등재대상 그림 목록은 2016년 조선통신사 학회에 이어 선생님의 발표가 두 번째이지만, 목록에서 제외된 작품의 재평가 부분을 처음으로 소개하셨습니다. 이점 감사드리며, 몇 가지 의문사항에 대해 질의 드리고자 합니다.

1. 여정기록물 목록인 〈인조14년 통신사입강호성도〉는 '17세기 전반의 1638년 행렬 반차도에 비해 시각 이미지 재현에서 한층 진화된 18세기 후반의 사경 양식으로 이룩된 것…….통신사행에 양의를 대동하기 시작한 것은 1682년의 임술사행 부터이고, 서기가 3인으로 증원된 것은 1711년 신묘사행 부터이며, 수역이 3인으로 고정된 것은 1719년의 기해사행 부터였다. 따라서 행렬도는 기해(1719)와 무진(1748), 갑신(1764)사행 중의 왕래 행차를 그린 것으로 짐작되는데, 양식적으로 보면 갑신사행의 행렬도일 가능성이 높다.' 하셨습니다.

미술사 전반에 밝으신 선생님께서 생각하시는 1748년과 다른 1764년의 회화 양식은 어떠신지 구체적으로 여쭙고 싶습니다.

2. 선생님께서는 본고에서 구무품이라 추정되는 작품에 대해 언급하셨습니다. 일본의 요청으로 조선에서 제작되어진 작품 중 호도, 응도를 비롯하여 이의양이 남긴 작품의 상당수가 견본 위에 제작되었습니다. 이 점은 신미사행을 준비하며, 상당수의 견본작품을 조선에서 제작하여 방일했을 가능성을 유추해 볼 수 있는 부분입니다. 이점에 대해 선생님께서는 어떻게 생각하시는지 말씀해주시면 감사하겠습니다.

3. 대마도 측의 요구로 제작되었을 〈방곡문조산수도〉의 제작배경과 작품의 소재이자 큰 주제인 후지산을 이의양이 그린 점은 눈여겨 볼만합니다. 특히 후지산을 한 번도 보지 못한 것으로 짐작되는 이의양이 대마도에서 후지산을 그린 점과 본 작품에서의 표현방식이 이의양의 다른 작품에서 찾을 수 없는 점 등에 대해 발표자의 고견을 듣고자 합니다.

# 大阪歴史博物館所蔵の通信使資料:
# 辛基秀コレクション

大澤研一

## はじめに

現在、日本に存在する通信使關連資料の伝來を考えてみると、本來の所藏先で保管され續けているものもあれば、長い歴史のなかで保管先が変わり個人や博物館に收藏されているものもある。いずれも通信使研究にとって有益な資料群であることに違いはないが、今回紹介する大阪歴史博物館所藏の辛基秀コレクションは個人が収集したものとしてはとりわけ著名でかつ充實した通信使資料群といえるものである。

本稿では、辛基秀氏の足跡に触れながらそのコレクションの概要･現状を紹介し、さらにそこに含まれるユネスコ記憶遺産資料を個別に説明したうえでコレクションの意義について述べてみたい。

## 1. 辛基秀氏のプロフィール

まず辛基秀氏のプロフィールから始めたい[1]。辛基秀氏は1931年、慶

---

1) 上野敏彦『辛基秀と朝鮮通信使の時代 韓流の原点を求めて』明石書店、2005年。以下、辛基秀氏の生涯については同書に據るところが大きい。

尙南道昌原郡鎭東面鎭東里に生まれた。まもなく日本へ移り、父母とともに京都市に居住する。長じて辛基秀氏は1949年に神戸大學へ入學し、そのまま大學院へ進んだが、通信使へ關心が芽生えたのは在學中の1950年代末だった。朝鮮史研究家である松田甲の著作に触れたのがきっかけだったという。

その後1970年代に入って辛基秀氏は通信使資料の取得を始めたとされるが、この70年代の出來事として特筆されるのが、歴史ドキュメンタリーフィルム『江戸時代の朝鮮通信使』の制作·公開である。本作品は辛基秀氏がプロデューサーとなって制作したもので、撮影に四ヵ月を要しながら1979年に完成をみた。上映時間は50分と長編ではなかったものの公開後の反響は大きく、上映會は全國各地へと廣がっていった(文部省選定、1980年度毎日映畵コンクール2位受賞)。

この作品は、それまで歴史の陰に隠れるかたちとなっていた通信使の存在を研究者のみならず通信使ゆかりの地域の人びとにまで廣範に知らしめることとなった。その意味で本作品はその後の通信使研究の興隆、ゆかりの地の歴史の掘り起こしと地域振興、そして今回のユネスコ記憶遺産登錄への動きの起点となったといっても過言ではなく、通信使の普及において果たした役割は決定的なものがあるといえよう。そして、本作品の完成は辛基秀氏のもとに通信使資料に關する情報が多く寄せられるきっかけをもたらし、それにともない資料收集も本格化することになったのである。

辛基秀氏はその收集した資料を惜しみなく公開した。通信使に關する展覽會は日韓基本條約締結20周年を記念して1985年に東京國立博物館、翌年に國立中央博物館で開催されたものを皮切りに、日本國內では通信使ゆかりの地での開催が相次いだ。そのいずれでも辛基秀氏の所藏品は代表的な展示資料として展覽會を彩ったのである。

それに並行して辛基秀氏は多数の著作ものこした。とりわけ1993年から刊行が始まった『善隣と友好の記録　大系　朝鮮通信使』全8巻(明石書店發行)は壓巻である。仲尾宏氏と責任編集を務めたこのシリーズではそれまでに辛基秀氏のもとに集まった遺物や情報が縱横に驅使された。このシリーズは刊行以降、通信使研究の基本図書としての地位を保っており、金字塔ともいえる業績である。通信使が1990年代から日本の教科書に登場するようになったのもこうした動きを受けてのことであった。

一生を在野の研究者で通した辛基秀氏は2002年、71歲でこの世を去った。生前の通信使研究と普及の功が認められ、1997年には第32回大阪市民文化賞を受賞したほか、2002年には通信使資料を含む6件を大阪市に寄贈した功により紺綬褒章を受章している。

## 2. 辛基秀コレクションの成立

辛基秀氏が最初に朝鮮通信使に關心を持つようになったのは、1958年に同氏が結婚してまもないころともいわれている。その後、辛基秀氏の通信使へ對する關心は徐々に高まっていったが、辛基秀氏の生涯にとって、またその後の通信使普及の活動の出發点として重要な出來事となったのが前述したフィルム『江戸時代の朝鮮通信使』の制作である。この作品の制作は、鄭詔文氏が入手した「正德度朝鮮通信使行列図卷」(高麗美術館藏)との出會いがきっかけとなった。この繪卷はもと全八巻で、箱書によれば尾張德川家の姬君が京都の近衛家に嫁ぐ際に宝物として持參した繪卷物であり、1872年に二條城の倉にあったものが拂い下げられた、と書かれていたという2)。

2) 辛基秀「朝鮮通信使資料との出會い」(図錄『朝鮮通信使と民畵屛風』大阪歴史博物館、

『江戸時代の朝鮮通信使』の制作がきっかけとなって、1980年代以降、辛氏は通信使關連資料の收集に取り組むことになった。たとえば、コレクションの代表作である「朝鮮通信使御樓船図屛風」は1982年12月、東京の古美術商から購入している[3]。「正德度朝鮮通信使國書先導船図屛風」も同じ頃の入手である[4]。そして辛基秀コレクションのなかでもとりわけ重要な史料である「正德度朝鮮通信使行列図卷」3巻は、鄭詔文氏發見の行列図と同じく土屋直政の指示によって制作されたものであるが、これについては1984年に入手を果たしている[5]。

このようにして、辛基秀氏の收集は1980年代に本格化し、コレクションの中核をなす資料が次々とその手元に集められた。1985年には群馬縣吾妻郡の旧家において「朝鮮通信使上々官第三船図·同供船図」を鑑定した。これは朝日新聞東京本社経由で所在情報をつかんだとされる。旧藏者によればこの御座船図は沼田藩主土岐家の旧藏品で、1871年ころに地元に拂い下げられ「いつしか「淀川で船遊びをする太閤さんの繪」と呼ばれるようになっていたという[6]。辛氏はこの資料を購入するため旧藏者に粘り強く交涉し、ようやく入手することができたといわれている。

1980年代は各地での通信使關連資料の發見が相次いだ時期でもあった。1984年には大阪府富田林市の美具久留御魂神社で天和度(1682年)の通信使御座船を描いた繪馬が發見され[7]、愛媛縣宇和島市の伊達事務所では通信使川御座船図の存在が確認された[8]。これらはいずれも辛基秀

2001年)。
3) 每日新聞 1983年1月23日付紙面。
4) 註(1)と同じ
5) 朝日新聞 1984年9月1日付紙面。
6) 註(2)と同じ。神戸新聞 1985年10月23日付紙面。
7) 每日新聞 1984年12月4日付紙面。

氏が鑑定をおこなったものである。このように辛基秀氏は1980年代から積極的に資料調査·收集に乗り出し、自身のコレクションも形成されていったのであった。

## 3. 辛基秀コレクションと大阪歴史博物館

上述のような形で收集がおこなわれ、辛基秀氏のコレクションはいつしか100件に達した。そのコレクションを引き継いで現在所藏しているのが大阪歴史博物館である。

實は大阪歴史博物館に所藏される辛基秀コレクションは通信使關係資料に限らず、朝鮮民畵屛風の一群も含まれている。その合計數は140件におよび、內譯を述べると通信使關係資料が106件、朝鮮民畵屛風が34件という構成になっている[9)]。

通信使關係資料のなかには、江戸へ向かう朝鮮通信使の行列のようすや使節団として日本を訪れた人物等を詳細に記した屛風や繪卷のほか、兩國の學者·文人たちの交流から生まれた繪畵や書などの作品が含まれている。また民畵屛風には夫婦和合や子どもの學問成就、儒教の

8) 愛媛新聞 1988年11月17日付紙面。

9) 辛基秀氏が收集した通信使關連資料のすべてが大阪歴史博物館へと收藏されたわけではない。他にまとまったものとしては釜山博物館に6件が收藏されているので、參考までにその一覽を掲げておきたい(いずれも釜山博物館が購入)。釜山博物館のご教示に感謝する。

| | 名称 | 員數形狀 | 技法 | 法量(本紙) |
|---|---|---|---|---|
| 1 | 馬上才図巻 | 1巻 | 紙本墨畵淡彩 | 28.3×199.8 |
| 2 | 朝鮮通信使屛風 | 6曲1隻 | 絹本着色 | 49.1×122.4 |
| 3 | 靑華白磁龍頭船文四角皿 | 1口 | | 21.0×33.0×4.0 |
| 4 | 多彩白磁朝鮮通信使文皿 | 1口 | | 徑41.1、高5.7 |
| 5 | 李義養筆 山水図 | 1幅 | 紙本墨畵 | 131.6×54.5 |
| 6 | 南柯夢図 | 1幅 | 紙本着色 | 39.6×57.7 |

※資料名称は釜山博物館の登録名称。

倫理思想など庶民の願いを図柄としたものが主となっており、辛基秀コレクションは江戸時代の日韓國際交流と韓國の庶民文化を伝える質量ともにたいへん充實した資料群として価値が高く、世界的にも重要なコレクションといえる。

大阪歴史博物館は大阪の原始古代から近現代にいたるまでの歴史を幅廣く取り扱い、紹介する施設である。大阪は7世紀の百濟人の渡來に代表されるように古くから朝鮮半島との交流が盛んであり、江戸時代においては江戸に向かう通信使が上陸し、宿舎の北御堂で町人學者とのあいだで積極的な文化交流がおこなわれた。また大阪は現在わが國のなかではもっとも多く在日韓國人·朝鮮人の人たちが居住する都市である。

このように朝鮮半島との長く深い關係を有する大阪にとって辛基秀コレクションの內容は重要な意味をもつものであり、かつ大阪の歴史を紹介することを役割とした大阪歴史博物館はその收藏·活用施設としてもっともふさわしい施設といえるのである。

大阪歴史博物館は朝鮮民畵屛風を含む辛基秀コレクション140件を2001年度~2014年度にかけて收藏した。初年度の2001年度には辛氏から3件の通信使關係資料を含む6件の寄贈を受け、殘りの資料については順次購入によって受け入れをおこない、2014年度をもって全点の收藏を完了している。

大阪歴史博物館が辛基秀コレクションを收藏するにいたった契機を振り返ると、それは同館の前身である大阪市立博物館での特別展「朝鮮通信使―善隣友好の使節団―」(1994年)の開催にさかのぼる。それまでにも辛基秀氏の呼びかけを受け、國內各地で朝鮮通信使の展覽會が開催されてきたが、大阪市立博物館でも辛基秀氏の働きかけを受け特別展の開催にこぎつけたのであった。

ただし、辛基秀氏にとって大阪での通信使展開催は特別な意味があった。それは、大阪が豊臣秀吉の居城大阪城の所在地であり、かつ展覽會場となった大阪市立博物館はその大阪城のまさに本丸に立地していたからである。秀吉の朝鮮出兵により悪化した外交關係を通信使が回復させ、兩國の關係を安定を導いたことを思い起こす時、大阪城の地において通信使の展覽會が開催されることに特別な感慨を禁じ得なかったという辛基秀氏の言葉を筆者は辛基秀氏本人から直接聞いたことがある。

加えて辛基秀氏の後半生はその活動據点は大阪に置かれた。辛基秀氏がもうひとつの活動テーマとしていた近代の在日韓國人·朝鮮人問題に關しても大阪はもっとも重要な活動フィールドだったのである。そのシンボル的存在がJR寺田町驛近くに置かれた青丘文化ホールであった。

そうしたなかで、大阪市立博物館に移轉·新築の話が持ち上がり、2001年に大阪歴史博物館が開館することとなった。新世紀の博物館として開館するに際し收藏資料の充實がはかられたが、未來に向け各國·各地域との友好を構築していくシンボル資料として辛基秀氏の通信使資料に白羽の矢が立てられた。幸い辛基秀氏もコレクションを大阪の地に留めたいとの意志を表明していただいたことから同コレクションは大阪歴史博物館に收藏される運びとなったのである。

大阪歴史博物館は2001年11月に開館し、その開館記念の第一回特別展として全点辛基秀コレクションで構成された「朝鮮通信使と民畵屛風」を開催して辛基秀氏の厚意に応えたのであった。

## 4. ユネスコ「世界の記憶」(記憶遺産)登錄の作品

では、大阪歴史博物館所藏辛基秀コレクションのなかからユネスコ記憶遺産に登録された11件の作品について紹介してみたい。

1) 朝鮮通信使小童図 英一蝶筆 1幅 絹本著色 縦91.4cm×横28.0cm 18世紀

馬上の小童に近づいた日本人が紙を掲げ、そこに揮毫を受けている様子が描かれている。中央右に配された令旗の存在からこの小童は通信使一行の人物であることがわかる。右に立って硯を指し出す日本人は周囲の様子を氣にしている素振りである。通信使一行と一般の日本人との接触は原則認められていなかったので、その禁を破っての行動であることがうかがわれるが、それだけに瞬時の交流の様子を巧みに描寫した作品といえよう。

本作品の筆者は英一蝶(はなぶさ いっちょう 1652~1724)である。一蝶は幕府奥繪師だった狩野安信の門人となって多賀朝湖を名乗ったが、罪により元祿11年(1693)、三宅島へ配流となった。その後、宝永6年(1709)に將軍家宣の將軍襲職にともなう大赦を受けて江戸に戻り、英一蝶と名乗った。「英一蝶書」との落款があるので、歸府後の作品であることは明らかであり、それから沒年までのあいだに來日した通信使は正德元年(1711)度しかない。よって本作品は正德度の通信使に刺激を受け、描かれたものとみなされる。

なお英一蝶の描いた作品を、繪を得意とした幕臣の鈴木鄰松

(1732~1803)が摸寫し、明和7年(1770)に出版した『一蝶畵譜』に本作品と同じ畵題の「朝鮮小童」図が收められている。ただし、「朝鮮小童」図には背景があり、かつ硯を指し出す日本人の顔の向き、そして表情に違いがみられる。いずれにしても本作品が一蝶の代表的な作品のひとつと考えられていたことはまちがいない。

2）天和度朝鮮通信使登城行列図 8曲1隻 紙本著色
縦34.3cm×横437.0cm 天和2年(1682)

天和2年(1682)8月27日、通信使一行が江戸城に入る際の様子を描いた図。行列の前には、朝鮮から江戸までの總距離と各寄港地間の距離、ならびに大坂到着から江戸登城に至る行程を記している。

行列図の先頭には警護の侍が描かれ、淸道旗·形名旗の後ろに通信使の一行が描かれる。轎(肩輿)に載せられた國書に續き、傘をさしかけられ同じく轎に乘る正使尹趾完(「いんとくわん」)·副使李彥綱(「りけんこう」)·從事官朴慶後(「ほくけいしゅん」)が名前とともに描かれている。その他小姓や下官などの隨從者については職名と人數のみが記されており、鑑賞繪畵ではなく記錄畵の側面を重視して制作されたものであることが推察される。

巻頭部分

巻末部分

巻末が不自然な形で斷ち切られているため、もともと後續部分があったことは間違いないが、その續き部分はまだ確認されていない。なお、本作品の畵風についてロナルド·トビ氏は、シカゴ美術館に所藏される伝菱川師宣作と「朝鮮人來朝図」と酷似しているとの指摘をしている。

辛基秀氏は「本來繪巻物であったものを一双の屛風に仕立ててあるが、旧藏者によれば、左隻は戰後賣却し、天和度通信使行列の正使たちと樂隊を描いた右隻のみ殘されたという」と書き殘している[10]。

### 3) 正徳度朝鮮通信使行列図巻 3巻 紙本著色

縦27.7cm×横1,476.7、1,462.9、1,365.1cm 正徳元年(1711)

正徳元年(1711)の朝鮮通信使を迎える朝鮮御用の役にあった老中土屋政直の命により、對馬藩が江戸の町繪師40名余を動員して描かせた行列図のなかの一組。この時に作成された道中行列図は全部で4種14本あり(4種とは「信使道中行列」「信使參着歸路行列」「信使登城行列」「宗對馬

10) 辛基礎「朝鮮通信使行列図枕屛風」解說(『大系朝鮮通信使 第三巻 乙未·明暦度／壬戌·天和度』明石書店、1995年)。

守道中行列」)、內譯は公儀獻上用の一セット4本、土屋に納められた2種2本、對馬藩の手元に殘された控え二セット8本となっている。本図巻については図様が「信使道中行列」(對馬藩控え、現福岡市博物館所藏)と共通性をみせ、また完成度が高いことから公儀に獻上された「信使道中行列」または「信使參着歸路行列」と推定されている[11]。なお、本繪巻は紀州德川家伝來と伝えられ、現在は三巻に分割されているが、当初は一本であった。

土屋政直が通信使一行の行列の全貌を描かせた記錄畵としての性格の強い作品であるが、實際には通信使一行が江戸に到着する前、すなわち行列を實見する前に情報收集をおこないつつ制作が開始されている。後半部分で馬上の通信使一行と日本人が談笑している場面には繪師たちの繪心も感じられる。

形名旗

11) 田代和生「朝鮮通信使行列繪巻の研究－正德元(一七一一)年の繪巻仕立てを中心に」『朝鮮學報』第137輯、1990年。

正使

4）正徳度朝鮮通信使国書先導船図屛風　8曲1隻 紙本著色
縦75.2cm×横510.4cm 正徳元年(1711)

正德元年(1711)、淀川を行く朝鮮通信使の國書先導船を含む三艘の御座船と五艘の伴船を描く。このうち第一扇~第四扇の國書先導船とその供船については、船上に揭げられた船印の家紋から豊後臼杵藩稲葉家が提供したものであることがわかる。一方、第四扇~第八扇の一群については、第四隻·第五隻の御座船が船印に銀角取紙を揭げていることから對馬藩宗氏当主が乘る川御座船であり、それに従う第八扇の船は船尾が切れてしまっているものの、宗氏家來が乘る鎭鑰丸の可能性がある。

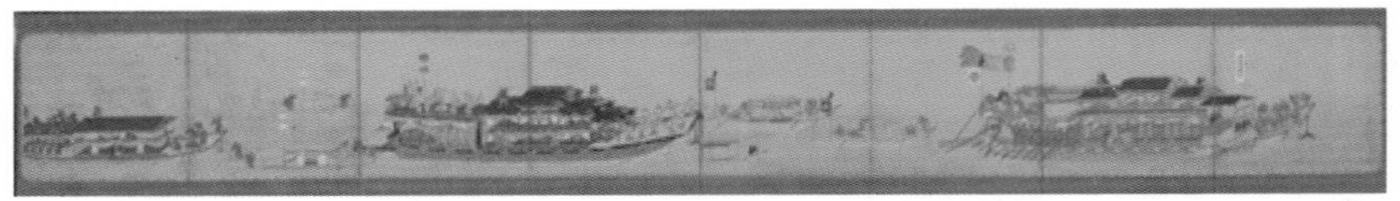

正德度における川御座船の航行順を確認すると、宗氏御座船は國書先導船の前を行くことになっている。また本屛風を詳細に觀察すると、現状で第四扇と第五扇の間で繪が連續していないことが確認され

る。したがって本屛風は御座船の前後關係も含めて当初の描寫を保っておらず、しかも最後尾は不自然に斷ち切られていることから本來もっと長尺の作品であり、そこから一部を切り出したうえで再構成し現品にいたっている可能性が高い。

しかしながら、宗氏御座船·鎭鎓丸と國書先導船を描いた繪畵作品は伝本自体が稀であり、通信使の迎接体制の復元やその研究をおこなううえで大変貴重な資料である。

### 5) 正徳度朝鮮通信使上々官第三船図·同供船図 2面 紙本著色 縦79.0cm×横148.0、111.5cm 正徳元年(1711)

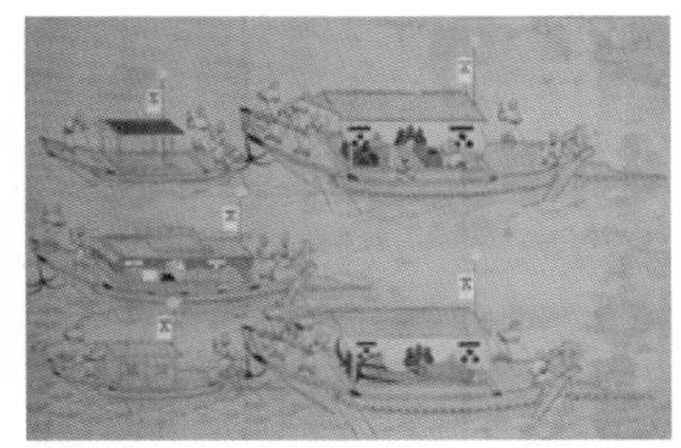

群馬縣吾妻町の古美術商湯淺雄次氏宅に伝來した作品で、上州沼田(群馬縣沼田市)藩主土岐家の旧藏品という[12]。

正徳元年(1711)の通信使來日時に、長門萩藩主松平民部大輔(毛利吉元)の命により、長府毛利家から提供された淀川を航行するための川御座船と供船を描く。船印の「一文字三星」と幕の「五七桐」は長府毛利家の家紋である。

正徳元年は土岐頼殷(とき よりただ)が大坂城代を務めていた年であり、職務上、記録として描かせた可能性が高い作品である。本図は現

12) 神戸新聞 1985年10月23日付紙面。

在、上々官第三船図と供船図が別々に額裝されているが、發見時は連續しており、巻かれた狀態で保管されていた。その後、修復時に分割されて現在にいたっている。おおよその伝來過程が追える川御座船図の遺品であり、川御座船を描いた繪畵作品の制作過程全般を検討するうえで貴重な情報をもつ作品である。

6) 朝鮮通信使御楼船図屛風 6曲1隻 紙本著色
縦137.2cm×横349.8cm 18世紀

通信使の一行を乗せて淀川を行く高殿付きの御樓船を中央に置き、樂人を乗せた船や供船がその前後に配置されている。御樓船は葵紋の幕を使用していることから幕府が提供した國書船·正使船·副使船·從事官船のいずれかに該当するが、屋根の形狀と鯱の位置および一階部分の板戸の扇繪が「國書樓船図」(韓國國立中央博物館藏、ユネスコ記憶遺產登錄候補)·「朝鮮人來朝一件」(大阪歷史博物館藏)に載せる從事官船のそれと酷似することから、從事官船の中土佐丸である可能性が高い。

なお、本屛風は本來別形狀(巻子裝か)であった作品から輪郭に沿って船の部分を切り取り、それを貼り交ぜて屛風に仕立て上げたものであり、原品の形状や船同士の位置關係が当初どうであったかは現状からは復元が困難であり、今後の研究課題である。伝紀州徳川家旧藏。

7）寿老人図　荷潭筆·古賀精里賛　1幅　紙本墨画
縦42.0cm×横55.1cm　19世紀初か

松下に立つ壽老人の姿を描く。作者は寛永13年(1636)の通信使一行に畫員として加わった荷潭である。「朝鮮國人　荷潭之寫」との落款を遺していることや(白文方印は印文不明)、壽老人が吉祥図様のひとつとして日本人に好まれた畫題であることから、荷潭が來日した際に日本側の依頼を受けて制作された作品の可能性がある。一方、着贊している人物は佐賀藩の儒者で、寛政の三博士の一人として知られた人物である

古賀精里(1750~1817)である。

つまり繪の制作年代と着贊の年代が違っていることになるので、荷潭が日本に遺していった作品にのちに精里が着贊をおこなうことで本作品が成立したとの推測が可能となろう。

なお、精里は文化8年(1811)の通信使の書員であった李義養の作品「江南雨後図」にも着贊をおこなっており、通信使との交流に積極的であったとみられることから、同年の通信使來日のタイミングにあわせて本作品への着贊がおこなわれたとの想定もできよう[13]。「(引首印)「去矜」貧富憎貧何日休／不求却是巧於求／頑然身似酒胡子／与物無爭得自由／精里 (白文方印)「古賀樸」(白文方印)「淳風氏」」

8）瀟湘八景図巻 狩野清真筆 李鵬溟贊 1巻 紙本墨画
縦30.8cm×横534.6cm 天和2年(1682)

巻頭部分

13) 國際學術會議当日、洪善杓先生から荷潭について19世紀の書院畫家이인담とのご指摘をいただいた。それにともない本作品については全面的に再検討する必要があると認識している。今後の課題としたい。

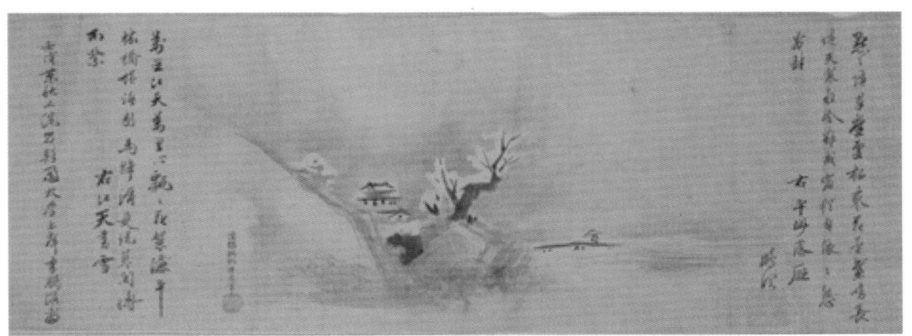

巻末部分

江戸時代初期の幕府御用繪師として活躍した狩野安信(1613~1685)の門人であった狩野清眞(かのう せいしん)が描く瀟湘八景図巻。清眞の詳伝は不明だが、江戸の人で、本姓を奥山、のちに法眼の位を得たという。延宝2年(1674)からはじまった京都の御所造營において襖繪筆者のひとりとして選出されていることから、狩野家門人の中でも技量優秀であったと見ることができる。本図は中國洞庭湖近辺の8つの景勝地を描いた作品。輪郭線を極力用いず、墨の面の廣がりや墨の飛び散りをもちいて力強く風景を表わしている。各図には天和2年(1682)の通信使書記(從)であった李鵬溟の贊文が記され、巻末には「壬戌暮秋上浣朝鮮國太學上庠李鵬溟(花押)」と記す。これにより、李鵬溟は通信使一行が江戸に滯在中の天和2年(1682)9月上旬、この畵巻を得て贊をほどこしたものと推測される。落款「法橋狩野清眞筆」。白文方印「奥信」か。通信使と日本側の文化交流の一端が知られる貴重な作品である。

9) 松下虎図 卞璞筆 1幅 紙本墨画淡彩
縦123.3cm×横54.5cm 宝暦14年(1764)

虎を民畵風に描いた作品。筆者の卞璞(1741頃~？、号述齋)は、宝暦

14年(1764)の通信使従事官の騎船將であり別畵員。当該年の畵員は金有聲であり、卞璞は騎船將という立場ゆえ本來であれば江戸には赴かず大坂に留まるはずであったが、繪畵を能くすることから都訓導と交代して江戸まで隨從した(趙巖『海槎日記』)軸裏には旧表具の端書と思しき紙片が貼られており、そこには「宝暦十三(ママ)甲申三月相州大磯宿御晝休之節　朝鮮人上々官書之」の墨書がある。卞璞は上々官ではなく、年紀にも間違いがみられる(干支は合致)が、受け取った側に何らかの誤解があったと仮定すれば、本作品は宝暦14年(1764)3月、通信使一行が江戸からの復路の途中、相模國大磯宿にて休憩をした際に描かれた作品と推測することは可能である。通信使が各地において日本側と交流を深めた様子を彷彿とさせる作品といえよう。

本図は辟邪の畵題として大いに描かれた虎を主題とする。おおらかに描かれる虎の縞模様からは朝鮮民畵の影響が見受けられる。その一方、素早い運筆によりかすれなどが見られる背景の松からは、明時代に中國の南部で盛んとなった浙派の影響も看取できる。落款「述齋」。

10) 釜山浦富士図 狩野典信筆 1幅 縦57.9cm×横92.8cm 18世紀

箱書に「釜山浦富士　狩野榮川典信筆」との墨書がある。釜山を出帆した通信使の渡海船を描く。舳先から二人の人物がはるか彼方に見える富士山を望んでいる様子が描かれている。現實には釜山から遠方の富士山を望むことはできないが、江戸時代には中國や朝鮮半島からも富士山が見えるとの言説が人びとの間で流布していたという。本図については、近景に奇岩を配置していることから近景の蓬萊山と遠景の富士山を組み合わせた李義養(1768~？)筆「富士に蓬萊山図」(個人藏)との類緣性を指摘するむきもあるが、明和4年(1767)の跋文をもつ河村岷雪畵『百富士』には本図と類似する図がすでに掲載されている[14](14)。

なお、富士山が通信使一行にもよく知られた存在だったことは事實で、たとえば慶長12年(1607)の段階ですでに道中で見た富士山のすばら

14) 浦澤倫太郎「海を越える富士山」(図錄『富士山－信仰と芸術－』靜岡縣立美術館・山梨縣立博物館、2015年)。

しさが「銀山、玉峯」(副使慶暹の使行錄『海槎錄』)と称贊されており、日本を代表する景觀として認知されていたことがわかる。

筆者の狩野典信(かのう みちのぶ 1730~1790)は、8代將軍德川吉宗·9代將軍德川家治に重用された幕府御用繪師。幕府御用繪師の中でも最も格式の高い奧繪師のひとつ木挽町狩野家の当主であった。落款「典信筆」、朱文方印「藤原」。

### 11) 彦根藩岡本半介筆録 任絖謝詩並岡本半介唱酬詩 1幅 縦31.1cm×横59.0cm 1636年

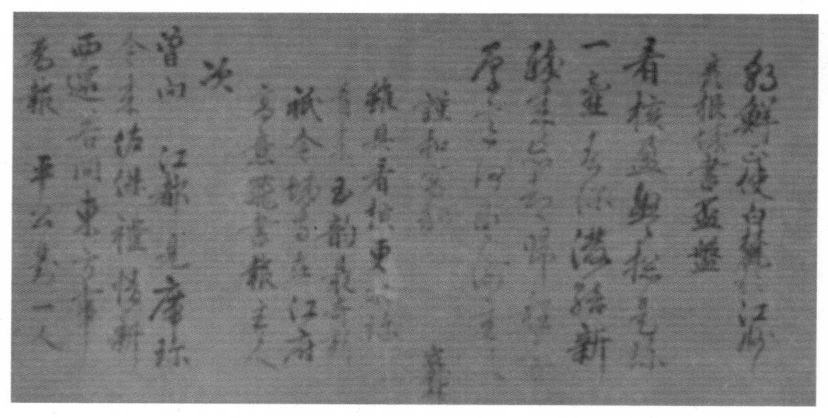

1636年の通信使正使であった任絖が手厚いもてなしを受けた彦根藩主に對し、謝意を込めて贈った詩を接待役だった彦根藩士岡本半介(おかもと はんすけ)が記錄したもの。任絖はこの詩を盃盤に記したものの、盃盤は食膳であり保存が難しかったことから、岡本が紙に筆錄した。あわせて岡本が任絖の謝詩に唱和した詩も記錄されている。通信使と馳走役大名の交流の一端を物語る資料である。

## 5. 辛基秀コレクションの特徴と意義－おわりにかえて－

辛基秀コレクションは前述のように1980年代より収集が本格化した。辛基秀氏は資料があると聞けば場所を問わず調査に出かけ、條件が整えば譲り受けたようである。たとえば東京國立博物館に類本がある「文化度朝鮮通信使人物図巻」を、辛基秀氏は米國ハワイまで訪れ、現地のコレクターから入手したごとくである。幅廣い人脈を活用し、日本に限らず廣く世界中に所藏されている通信使關連資料の情報收集に努め、そのなかから可能なものについては自身のコレクションとして收集し、その保全と公開に盡力したことは在野の研究者としてまず特筆されるべきことであろう。

辛基秀氏は通信使を日本と朝鮮の交流の象徵と位置づけ、その意義を重視したことから、辛基秀コレクションもそうした交流を示す資料を中心に形成された。とりわけ通信使迎接の様子をビジュアルに描いた繪畵や詩文の応酬など交流がおこなわれた直接の証しとなる書畵の收集に力を入れたほか、通信使風俗の影響を受け各地に展開した祭礼風俗や人形に着目した点に大きな獨自性を認めることができる。

そのなかでも際立っているのは淀川を航行する川御座船図である。5点という數と描かれた船の種類の豊富さは他ではみられない充實ぶりであり、かつそのうち3点が今回記憶遺産に登録されたという事實は辛基秀コレクションの固有性と重要性を顯著に物語っているのである。

しかしながら研究の現狀ということでいえば、川御座船図の研究は通信使行列図巻にくらべ立ち遲れているといわざるをえない。筆者はその研究の遲れを補うべく、關連資料として神戸大學海事博物館、松濤園、韓國國立中央博物館に所藏される川御座船図の調査を實施したことがあり、また最近、宗家文書を中心とした文獻史料の検討から川御座船による迎接体制について一文をまとめたところである[15)]。通信使をめぐる繪畵作品は美術作品である一方で歴史資料としての価値もあわせもつ存在である。それだけに制作の背景がはっきりしない川御座船図の理解にとってこうした文獻史料の検討作業は有益であると信じるが、この検討作業をおこなうなかで、辛基秀コレクションの川御座船図がもつ歴史·風俗資料としての可能性と重要性をあらためて強く感じたところである。今後一層、研究の深化が求められよう。

一方、今回の記憶遺産登録には含まれていないが、辛基秀氏によって見出された無形文化財(祭礼)のなかの通信使要素も注目される。辛基秀コレクションのなかでいえば尾張東照宮、犬山針綱神社の番付など収集可能な資料に限られるが、全國的に祭礼の通信使風俗についても辛基秀氏は掘り起こしをおこない、著書等での報告に努めたことは付記しておきたい。

これも今回の記憶遺産登録とはなっていないが、日本各地で制作された郷土玩具·工芸品のなかに通信使風俗がみられる点も辛基秀氏が積極的に明らかにした分野である。特に通信使が通行した以外の地域でそうした人形が制作されていた事實の指摘は通信使風俗が高い關心をもって日本各地で受け止められたことを示している点で重要である。もっとも通信使の影響とされた風俗については通信使のそれとは特定し難いものもあり(特に唐子)、愼重な評価が必要である。しかし、すでに目を向けられていた文獻史料以外に繪畵、工芸、民俗資料にいたる關連資料を博捜し、通信使に向けられた日本人の眼差しを多角的に明らかにした点は辛基秀氏の大きな功績だったといえるのである。

辛基秀コレクションはそうした辛基秀氏の活動の足跡そのものなのであり、1980年代以降、通信使が急速に市民権を獲得した歴史と通信使

15) 大澤研一「通信使川御座船の船団編成について」『朝鮮通信使地域史研究』2、2017年

研究の進展を見守ってきた証人といえるのである。

(謝辭)　末筆となりましたが、國際學術會議当日と會議後に貴重なご指摘および論文のご提供を賜った洪善杓先生·具智賢先生・李貞懇先生に厚く感謝申しあげます。

(補足)　記憶遺産登録の決定を受け、國際學術會議の際の發表資料を一部修整した。

〈번역문〉

# 大阪歷史博物館 所藏의 通信使 資料 : 辛基秀 컬렉션

오사와 겐이치(大澤研一)

## 시작하며

현재 일본에 존재하는 通信使 關連 資料의 傳來를 생각해 보면, 본래의 소장처에 계속 보관된 것이 있는 한편 긴 세월 속에 보관처가 바뀌어 개인이나 박물관에 소장된 것도 있다. 어느 것이든 通信使 硏究에 유익한 資料임에는 틀림없지만 여기서 소개하는 오사카 역사박물관 소장의 辛基秀 컬렉션은 개인이 수집한 것으로서는 특히 널리 알려져 있으며 내용이 충실한 通信使 資料라고 할 수 있다.

본고에서는 辛基秀 씨의 업적을 살펴보면서 컬렉션의 개요·현황을 소개하고 나아가 그에 포함된 유네스코 기억유산 자료를 개별적으로 설명한 다음 컬렉션의 의의에 대해서 서술하고자 한다.

## 1. 辛基秀 씨의 프로필

먼저 辛基秀 씨의 프로필부터 살펴보자.[1] 그는 1931년 慶尙南道 昌原郡 鎭東面 鎭東里에서 출생했다. 머지않아 일본으로 왔고 부모와 함께 京都市

에 거주했다. 성장하여 1949년에 神戶大學에 입학했고 동 대학원에 진학했는데, 通信使에 대한 관심이 싹튼 것은 재학 중인 1950년대 말이었다. 朝鮮史 연구자인 마쓰다 코(松田甲)의 著作을 접한 것이 계기였다고 한다.

그 후 1970년대에 들어 辛基秀 씨는 通信使 資料의 取得을 시작했다고 하는데, 70년대의 사건으로써 특필된 것이 역사다큐멘터리 필름『江戶時代の朝鮮通信使』의 제작·공개였다. 본 작품은 辛基秀 씨가 프로듀서가 되어 제작한 것으로, 촬영에 4개월을 써가며 1979년에 완성하였다. 상영시간은 50분으로 긴 편은 아니지만 공개 후 매우 큰 반향을 얻어 상영회는 전국 각지로 확대되었다(文部省 選定, 1980年度 毎日映畵 콩쿠르 2位 受賞).

이 작품은 이제까지 역사의 그늘에 숨겨졌던 通信使의 존재를 연구자뿐만 아니라 通信使 관계의 지역 사람들에게까지 광범하게 알리는 것이 되었다. 이런 의미에서 본 작품은 그 후 通信使 연구의 번성, 관계 지역의 역사를 발굴하는 지역 부흥, 그리고 이번 유네스코 기억유산 등록으로의 움직임에 기점이 되었다고 해도 과언이 아니라 通信使 보급에 기여한 역할은 결정적인 것이라 할 수 있다. 그리고 본 작품의 완성은 辛基秀 씨에게 通信使 資料에 관한 정보가 많이 모여드는 계기가 되었으며 그와 더불어 資料 수집도 본격화되었던 것이다.

辛基秀 씨는 수집한 資料를 아낌없이 공개했다. 通信使에 관한 전람회는 日韓基本條約 체결 20주년을 기념하여 1985년 東京國立博物館, 다음해 國立中央博物館을 시작으로, 일본 국내에서는 通信使 관계 지역에서 자료 공개가 잇달아 이루어졌다. 어느 것이나 辛基秀 씨의 소장품은 대표적인 전시 자료로 전람회를 장식했던 것이다.

이와 더불어 辛基秀 씨는 다수의 저작도 남겼다. 특히 1993년부터 간행하기 시작한『善隣と友好の記錄 大系 朝鮮通信使』全8卷(明石書店 發行)

---

1) 上野敏彦『辛基秀と朝鮮通信使の時代 韓流の原点を求めて』明石書店、2005年。이하, 辛基秀 씨의 생애에 대해서는 同書를 크게 참고하였다.

은 압권이다. 나카오 히로시(仲尾宏) 씨와 책임 편집을 맡은 이 시리즈에서는 지금까지 辛基秀 씨가 모은 유물이나 정보가 자유자재로 다루어졌다. 이 시리즈는 간행 이후 通信使 연구의 기본 도서로의 위치를 점하고 있으며 금자탑과도 같은 업적이다. 通信使가 1990년대부터 일본 교과서에 등장하게 된 것도 이러한 활동을 수용한 것이었다.

일생을 재야 연구자로 보낸 辛基秀 씨는 2002년, 71세 일기로 별세하였다. 생전 通信使 연구와 보급의 공로가 인정되어 1997년에는 第32回 大阪市民文化賞을 수상한 것 외에도 2002년에는 通信使 資料를 포함한 6건을 大阪市에 기증한 공로로 紺綬褒章을 수상하였다.

## 2. 辛基秀 컬렉션의 성립

辛基秀 씨가 처음으로 朝鮮通信使에 관심을 가졌던 것은 1958년에 결혼하고 얼마 되지 않았던 때라고 한다. 그 후 辛基秀씨의 通信使에 대한 관심은 점점 높아졌는데 辛基秀씨의 생애에 있어 또 그 이후의 通信使 보급 활동의 출발점으로서 중요한 사건이 된 것이 앞서 서술한 필름『江戸時代の朝鮮通信使』의 제작이다. 이 작품의 제작은 鄭詔文씨가 입수한「正德度朝鮮通信使行列図巻」(高麗美術館藏)과의 만남이 계기가 되었다. 이 그림첩은 원래 全 8巻으로, 箱書에 의하면 尾張德川家의 맏딸이 京都의 近衛家에 시집왔을 때 보물로 지참한 그림첩이며 1872년에 二條城의 창고에 있었던 것이 매각된 것이라고 기록되어 있다고 한다.2)

『江戸時代の朝鮮通信使』 제작의 계기가 되어 1980년대 이후 辛 씨는 通信使 關連 資料 收集에 착수하게 되었다. 예를 들면 컬렉션의 대표작인「朝鮮通信使御樓船図屛風」은 1982년 12월 東京의 古美術商에서 구입한

2) 辛基秀「朝鮮通信使資料との出會い」(図錄『朝鮮通信使と民畵屛風』大阪歴史博物館、2001年)。

것이다.[3]

「正徳度朝鮮通信使國書先導船図屛風」도 같은 시기에 입수한 것이다.[4] 그리고 辛基秀 컬렉션 가운데에서도 특히 중요한 史料인 「正徳度朝鮮通信使行列図巻」 3巻은 鄭詔文씨 발견의 行列図와 마찬가지로 土屋直政의 指示에 의해 제작된 것인데 이에 대해서는 1984년에 입수한 성과였다.[5]

이와 같이 해서 辛基秀의 수집은 1980년대에 본격화되어 컬렉션의 중핵을 이루는 資料가 계속해서 그 수중에 모아졌다. 1985년에는 群馬縣 吾妻郡 古家의 「朝鮮通信使上々官第三船図·同供船図」를 감정했다. 이것은 朝日新聞 東京 본사 경유로 소재 정보를 파악했다고 한다. 旧藏者에 의하면 이 御座船図는 沼田藩主 土岐家의 旧藏品으로, 1871년 쯤에 연고지에 불하되었으며 언제부터인지 「淀川에서 뱃놀이를 하는 太閤씨의 繪」이라고 불리게 되었다고 한다.[6] 辛씨는 이 資料를 구입하기 위해 旧藏者에게 끈질기게 교섭해 마침내 입수할 수 있었다고 한다.

1980년대는 각지에서 通信使 關連 資料의 발견이 잇달아 되었던 시기이기도 하다. 1984년에는 大阪府 富田林市의 美具久留御魂神社에서 天和度(1682年)通信使御座船를 그린 繪馬가 발견되었고,[7] 愛媛縣 宇和島市의 伊達 사무소에서는 通信使川御座船図의 존재가 알려졌다.[8] 이것들은 전부 辛基秀 씨가 감정을 하였다. 이처럼 辛基秀 씨는 1980년대부터 적극적으로 資料 調査·收集에 임하며 자신의 컬렉션도 형성하고 있었던 것이다.

3) 毎日新聞 1983年1月23日 紙面。
4) 註(1)과 同。
5) 朝日新聞 1984年9月1日 紙面。
6) 註(2)와 同。神戸新聞 1985年10月23日 紙面。
7) 毎日新聞 1984年12月4日 紙面。
8) 愛媛新聞 1988年11月17日 紙面。

## 3. 辛基秀 컬렉션과 大阪歷史博物館

앞서 서술한대로 收集이 이루어졌고 辛基秀 씨의 컬렉션은 어느새 100件에 달하였다. 이를 이어서 현재 소장하고 있는 곳이 大阪歷史博物館 이다.

실은 大阪歷史博物館에 소장된 辛基秀 컬렉션은 通信使 關 係資料에 한정되지 않고 朝鮮民畵屛風 들도 포함되어 있다. 그 수는 전부 140件에 달하는데, 通信使 關係 資料가 106件, 朝鮮民畵屛風이 34件으로 구성되어 있다.[9)]

通信使 關係 資料 가운데는 江戶로 향하는 朝鮮通信使의 행렬 모습이나 使節団으로서 일본을 방문한 인물 등을 상세히 기록한 屛風이나 그림첩 외에 양국의 學者·文人들의 교류에서 생산된 繪畵나 書 등의 작품이 포함되어 있다. 또 民畵屛風에는 부부화합이나 어린이의 학문 성취, 유교의 논리사상 등 서민의 바램을 図柄으로 한 것이 대부분이며 辛基秀 컬렉션은 江戶時代의 日韓 國際交流와 서민 문화를 전해주는, 질적으로나 양적으로나 매우 충실한 자료들로써 가치가 높고 세계적으로도 중요한 컬렉션이라고 할 수 있다.

大阪歷史博物館은 大阪의 原始古代부터 近現代 까지의 역사를 폭 넓게 다루며 소개하는 시설이다. 大阪는 7世紀의 百濟人 渡來에 대표되는 것처

---

9) 辛基秀 씨가 收集한 通信使 關連 資料 전부가 大阪歷史博物館에 소장된 것은 아니다. 그 외의 곳으로는 釜山博物館에 6件이 소장되어 있으므로, 참고로 그 목록을 정리하였다(모두 釜山博物館이 購入)。알려주신 釜山博物館에 감사 드린다。

| | 名称 | 員數形狀 | 技法 | 法量(本紙) |
|---|---|---|---|---|
| 1 | 馬上才図巻 | 1巻 | 紙本墨畵淡彩 | 28.3×199.8 |
| 2 | 朝鮮通信使屛風 | 6曲1隻 | 絹本着色 | 49.1×122.4 |
| 3 | 靑華白磁龍頭船文四角皿 | 1口 | | 21.0×33.0×4.0 |
| 4 | 多彩白磁朝鮮通信使文皿 | 1口 | | 徑41.1、高5.7 |
| 5 | 李義養筆　山水図 | 1幅 | 紙本墨畵 | 131.6×54.5 |
| 6 | 南柯夢図 | 1幅 | 紙本着色 | 39.6×57.7 |

※ 資料 名称은 釜山博物館 登錄 名称

럼 옛날부터 朝鮮 半島와 교류가 활발했으며 江戶時代에는 江戶에 향하는 通信使가 上陸하였고, 宿舍인 北御堂에서는 마을 사람과 학자와의 사이에서 적극적인 文化交流가 이루어졌다. 또한 大阪는 현재 우리나라에서도 가장 많은 在日 韓國人·朝鮮人 들이 거주하고 있는 도시이다.

이처럼 朝鮮 半島와의 길고 깊은 관계가 있는 大阪에 있어서 辛基秀 컬렉션 내용은 중요한 의미를 가지고 있으며 또한 大阪의 歷史를 소개하는 역할을 하는 大阪歷史博物館은 그 收藏·活用 施設로서 가장 적합한 시설이라고 할 수 있겠다.

大阪歷史博物館은 朝鮮民畵屛風을 포함한 辛基秀 컬렉션 140件을 2001年度~2014年度에 걸쳐 收藏했다. 초기인 2001年度에는 辛씨로부터 3件의 通信使 關係 資料를 포함한 6件의 기증을 받았고 남은 資料에 대해서는 순차적인 구입에 의해 이루어졌으며, 2014年度에 모두 소장을 완료했다.

大阪歷史博物館이 辛基秀 컬렉션을 收藏하게 된 계기를 살펴보면 그것은 同館의 前身인 大阪市立博物館에서의 특별전「朝鮮通信使―善隣友好の使節団―」(1994年)의 개최에 거슬러 올라간다. 여기에도 辛基秀씨의 요청에 호응하여 국내 각지에서 朝鮮通信使의 展覽會가 개최되었는데 大阪市立博物館에서도 이에 응해 특별전 개최에 이르렀던 것이다.

단지 辛基秀씨에게 있어서 大阪에서의 通信使展 개최는 특별한 의미가 있었다. 그것은 大阪가 豊臣秀吉의 居城이었던 大阪城 소재지였으며 또한 전람회장이 된 大阪市立博物館은 그 大阪城의 중심인 本丸에 위치하고 있기 때문이다. 秀吉의 朝鮮 出兵에 의해 악화된 外交關係를 通信使가 회복시켜 양국의 관계를 안정시켰던 것을 생각할 때 大阪城이 있는 지역에서 通信使 전람회가 개최된 사실에 감격한 감출 수 없었다고 辛基秀씨는 필자에게 직접 말한 적이 있다.

덧붙이자면 辛基秀 씨의 이후 인생은 그 활약거점을 大阪에 두었다. 辛基秀씨가 또 다른 활동 테마로 삼았던 近代의 在日韓國人·朝鮮人 문제에 관해서도 大阪는 가장 중요한 活動 무대였던 것이다. 그 상징적 존재가 JR 寺田町驛 근처에 있는 青丘文化 홀이었다.

이런 가운데 大阪市立博物館에서 移轉·新築에 관한 이야기가 나오고 2001年에 大阪歷史博物館이 개간하게 된 것이다. 새로운 세기의 博物館으로서 개관하는 쯤에 收藏 資料의 충실 여부가 상의되었는데 미래를 향한 각국·각 나라의 우호를 구축해가는 상징적 資料로서 辛基秀 씨의 通信使 資料가 특별히 뽑혔다. 감격했던 辛基秀 씨도 컬렉션을 大阪 지역에 두고 싶다는 의사를 표명하였기에 同 컬렉션은 大阪歷史博物館에서 소장하는 행운을 맞이했던 것이다.

大阪歷史博物館은 2001年 11月에 개관했는데, 개관기념의 제1회 특별전으로서 전부가 辛基秀 컬렉션으로 구성된「朝鮮通信使와 民畵屛風」를 개최하여 辛基秀씨의 마음에 답하였다.

## 4. 유네스코「세계의 기억」(기억유산)등록작품

大阪歷史博物館 소장 辛基秀 컬렉션 가운데 유네스코 기억유산의 등록 후보에 선택된 11건의 작품에 대해 소개하고자 한다.

### 1) 朝鮮通信使小童図 英一蝶筆 1幅 絹本著色 縦 91.4cm×横 28.0cm 18世紀

말 위의 小童 근처에 있던 일본인이 종이를 들고 거기서 揮毫을 받고 있는 모습을 그린 것이다. 중앙의 오른쪽에 배치된 令旗의 존재에서 이 小童은 通信使 일행이라는 것을 알 수 있다. 오른쪽에 서서 벼루를 내밀고 있는 일본인은 주위 모습을 신경 쓰고 있는 기색이다. 通信使 일행과 일반 일본인과의 접촉은 원칙적으로 허용되지 않았기 때문에 그것을 어긴 행동이라는 사실을 엿볼 수 있는데 그만큼 짧은 순간의 교류 모습을 잘 묘사한 작품이라고 할 수 있다.

본 작품의 筆者는 英一蝶(이나부사 잇죠 1652~1724)이다. 一蝶는 幕府의 奥繪師였던 狩野安信의 門人이 되어 多賀朝湖로 칭했는데 죄를 지어 元祿11年(1693)에 三宅島로 유배보내졌다. 그 후 宝永6年(1709)에 將軍家宣의 將軍襲職과 더불어 사면을 받아 江戶에 돌아왔고 英一蝶으로 칭했다. 「英一蝶書」와의 落款이 있으며 江戶로 돌아온 후의 작품인 것이 확실하며 이로부터 사망하는 시기 사이에 來日한 通信使는 正德元年(1711)度 밖에 없다. 따라서 본 작품은 正德度의 通信使에 자극을 받아 그린 것으로 여겨진다.

또한 英一蝶이 그린 그림을 자랑스러워했던 幕臣 鈴木鄰松(1732~1803)이 摸寫하였고, 明和7年(1770)에 출판된 『一蝶畵譜』에 본 작품과 같은 그림제목인 「朝鮮小童」図가 수록되어 있다. 단 「朝鮮小童」図에는 배경이 있으며 또한 벼루를 내밀고 있는 일본인의 얼굴의 방향, 표정이 다른 점을 볼 수 있다. 어느 것이든 본 작품이 一蝶의 대표적인 작품 중 하나로 꼽히는 것은 틀림없다.

### 2) 天和度朝鮮通信使登城行列図 8曲1隻 紙本著色 縦 34.3cm×横 437.0cm 天和2年(1682)

天和2年(1682)8月27日, 通信使 일행이 江戶城에 들어올 때의 모습을 그린 図. 행렬 앞에는 朝鮮에서 江戶까지의 총 거리와 각 寄港地 사이의 거리 및 大坂 도착에서 江戶 登城에 이르는 행정이 적혀있다.

行列図의 선두에는 警護 무사가 그려져 있으며 淸道旗·形名旗 뒤에는 通信使 일행이 그려졌다. 轎(肩輿)에 실린 國書에 이어 우산이 씌워진 같은 轎에 탄 正使尹趾完(「인도쿠완」)·副使李彦綱(「리겐코」)·事官朴慶後(「호쿠게이슌」)가 이름과 함께 그려져 있다.

卷頭部分

卷末部分

그 외 小姓이나 下官 등의 수행자에 대해서는 직명과 인수 만이 기록되어 있으며, 감상용 그림이 아니라 記錄畵의 측면을 중시해 제작된 것을 추측할 수 있다.

卷末이 부자연스런 형태로 잘려져 있기 때문에 원래 후속 부분이 있었던 것은 틀림없는 사실이나, 그 뒤 부분은 아직 확인되지 않고 있다. 또한 본 작품의 畵風에 대해서 로날도 도비 씨는 시카고미술관 소장의 伝菱川師宣作과 「朝鮮人來朝図」과 매우 닮아있다는 지적을 하고 있다.

辛基秀 씨는「본래 그림첩이었던 것을 한 쌍의 병풍으로 구성했으나 旧藏者에 의하면 왼편은 전후 매각되고 天和度通信使行列의 正使들과 樂隊를 그린 오른쪽만이 남겨져 있다」라고 적고 있다.[10)]

### 3) 正徳度朝鮮通信使行列図巻 3巻 紙本著色 縦 27.7cm×横 1,476.7′ 1,462.9′ 1,365.1cm 正徳元年(1711)

正徳元年(1711)朝鮮通信使를 맞이하는 朝鮮御用 역할을 했던 老中 土屋政直의 명에 의해 對馬藩이 江戶의 町繪師 40여 명을 동원해서 그리게 한 行列図 중의 한 세트. 이 때 작성된 道中行列図는 전부 4種 14本이 있고(4種이란「信使道中行列」「信使參着歸路行列」「信使登城行列」「宗對馬守道中行列」), 내역은 公儀獻上用 세트 4本, 土屋에 납부된 2種 2本, 對馬藩 수중에 남겨진 사본 두 세트 8本으로 되어 있다. 본 図巻에 대해서는 図様가 「信使道中行列」(對馬藩控え, 現 福岡市博物館所藏)와 공통점을 보이고 있으며 또 완성도가 높은 점에서 公儀에 獻上된「信使道中行列」 또는 「信使參着歸路行列」라고 추정되고 있다.[11)] 또 본 繪巻은 紀州 德川家 伝來로 전해지며 현재는 三巻으로 분할되어 있는데 처음에는 一本이었다.

---

10) 辛基礎 「朝鮮通信使行列図枕屛風」解說(『大系朝鮮通信使 第三巻 乙未·明曆度/壬戌·天和度』 明石書店、1995年)。

11) 田代和生 「朝鮮通信使行列繪巻の研究—正徳元(一七一一)年の繪巻仕立てを中心に」『朝鮮學報』 第137輯、1990年。

形名旗

正使

土屋政直이 通信使 일행 행렬 전모를 그리게 한 記錄畵으로서의 성격이 강한 작품인데, 실제는 通信使 일행이 江戶에 도착하기 전, 즉 행렬을 실현하기 전에 정보수집을 하면서 제작이 개시되고 있다. 후반 부분에는 馬上의 通信使 일행과 일본인이 談笑하고 있는 장면에는 화가들의 繪心도 느낄 수 있다.

4) 正德度朝鮮通信使国書先導船図屛風 8曲1隻 紙本著色 縦 75.2cm×横 510.4cm 正德元年(1711)

正德元年(1711), 淀川를 가는 朝鮮通信使의 國書 先導船를 포함한 三艘

의 御座船과 五艘의 伴船을 그렸다. 그 중 第一扇 ~ 第四扇 國書 先導船과 그 供船에 대해서는 船上에 걸린 船印의 家紋으로부터 豊後臼杵藩 稲葉家가 제공한 것을 알 수 있다. 한편 第四扇 ~ 第八扇의 군상에 대해서는 第四隻·第五隻의 御座船이 船印에 銀角取紙를 걸고 있다는 점에서 對馬藩 宗氏当主가 탄 川御座船이며 그를 따르는 第八扇 船은 船尾가 잘려져 있지만 宗氏家來가 탄 鎮鑰丸일 可能性이 있다.

正德度의 川御座船 航行順을 확인하면, 宗氏 御座船은 國書 先導船의 앞에 가도록 되어 있다. 또 본 屛風을 상세히 관찰해 보면 現狀에서 第四扇과 第五扇의 사이에 그림이 연속되어 있지 않는 것을 확인할 수 있다. 따라서 본 屛風은 御座船 前後關係를 포함해 원래의 描寫를 지키기 못하고 게다가 끝부분이 부자연스럽게 잘려져 있는 점에서 본래 가장 長尺의 작품이며 거기서 일부를 자른 후 재구성하여 현재와 같은 모양에 이르렀을 가능성이 높다.

그러나 宗氏御座船·鎮鑰丸과 國書 先導船를 그린 繪畵 작품은 伝本 자체가 드물며 通信使 迎接体制의 복원이나 그 연구를 행하는데 있어 매우 귀중한 資料이다.

5) 正徳度朝鮮通信使上々官第三船図·同供船図 2面 紙本著色
縦 79.0cm×横148.0′ 111.5cm 正徳元年(1711)

群馬縣 吾妻町의 古美術商 湯淺雄次 씨 댁에 전래된 작품으로, 上州沼田(群馬縣 沼田市)藩主 土岐家의 旧藏品라고 한다.[12)]

12) 神戶新聞 1985年10月23日付紙面。

正德元年(1711)通信使 來日때에 長門萩藩主 松平民部大輔(毛利吉元)의 명에 의해 長府毛利家에서 제공한 淀川를 航行하기 위한 川御座船과 供船을 그렸다. 船印의 「一文字三星」과 幕의 「五七桐」은 長府毛利家의 家紋이다.

正德元年은 土岐賴殷(도키 요리타다)이 大坂城代를 맡고 있던 해이며 직무상 기록으로서 그리게 시켰을 가능성이 높은 작품이다. 本図는 현재, 上々官 第三船図과 供船図이 따로따로 額裝 되어있는데 발견되었을 때는 연속하고 있었으며 卷이 잘린 형태로 보관되어 있었다. 그 후 수선 때에 분할되어 현재에 이르렀다. 대체로 그 전래 과정을 추적할 수 있는 川御座船図의 遺品이며 川御座船을 그린 繪畵 작품의 제작 과정 전모를 검토하는데 있어 귀중한 정보를 가진 작품이다.

6) 朝鮮通信使御楼船図屛風 6曲1隻 紙本著色 縦 137.2cm×横 349.8cm 18世紀

通信使 일행을 태워 淀川를 가는 高殿이 붙은 御樓船을 중앙에 두고 樂人을 태운 船나 供船이 그 전후에 배치되어 있다. 御樓船은 葵紋의 幕을 사용하고 있는 점에서 幕府가 제공한 國書船·正使船·副使船·從事官船 중에 해당되는 것인데, 屋根의 형상과 艫의 위치 및 一階 부분의 板戶 扇繪이 「國書樓船図」(韓國國立中央博物館藏、유네스코기억유산 등록후보)·「朝鮮人來朝一件」(大阪歷史博物館藏)에 탄 從事官船의 그것과 매우 흡사한 점에서 從事官船의 中土佐丸일 가능성이 높다.

또한 본 屛風은 원래 別形狀(卷子裝?)였던 작품인데 輪郭에 따라 船 부분을 오려내고 그것을 이어 붙인 屛風으로 구성한 것이며 原品의 形狀이나 船同士의 위치관계가 당초 어땠는지는 현재 복원이 곤란하며 금후 연구과제이다. 伝紀州徳川家旧藏.

7) 寿老人図 荷潭筆·古賀精里賛 1幅 紙本墨画 縦 42.0cm×横 55.1cm 19世紀初?

소나무 아래에 서 있는 壽老人의 모습을 그렸다. 저자는 寬永13年(1636) 通信使 일행의 畵員으로서 참가한 荷潭이다.「朝鮮國人 荷潭之寫」라는 落款를 남기고 있다는 점이나 (白文方印은 印文不明), 壽老人이 吉祥図様의 하나로 일본인이 좋아하는 畵題라는 점에서, 荷潭가 來日했을 때 일본측의 의뢰로 제작한 작품일 가능성이 있다. 한편 着贊 하고 있는 인물은 佐賀藩의 儒者로, 寬政의 三博士 중 한 사람으로 알려진 古賀精里(1750~1817)이다.

즉 그림의 제작연도와 着贊의 연대가 다르므로 荷潭가 日本에 남긴 작품 중에 精里가 着贊를 행한 것으로 본 작품이 성립했다는 추측이 가능하다.

또한 精里는 文化8年(1811)의 通信使 畵員이었던 李義養의 作品「江南雨後図」에도 着贊를 행하고 있으며 通信使와의 교류에 적극적이었다고 보

여지고 있는 점에서 같은 해의 通信使 來日 시기에 맞추어 본 작품에 대한 着贊가 있었다고 판단할 수 있을 것이다.[13] 「(引首印) 「去矜」貧富憎貧何日休 / 不求却是巧於求 / 頑然身似酒胡子 / 与物無爭得自由 / 精里 (白文方印)「古賀樸」(白文方印)「淳風氏」」

8. 瀟湘八景図巻 狩野清真筆 李鵬溟賛 1巻 紙本墨画 縦 30.8cm×横 534.6cm 天和2年(1682)

江戶時代 初期 幕府御用 繪師로서 활약한 狩野安信(1613~1685)의 문인이었던 狩野淸眞(카노우 세이신)이 그린 瀟湘八景図巻. 淸眞에 대해서는

13) 國際學術會議当日、洪善杓先生으로부터 荷潭에 대해19世紀 畵院畵家 이인담이란 지적을 받았다. 그에 따라 본 작품에 관해서 全面的인 재검토가 필요하다고 인식하고 있다. 금후의 과제로 삼고 싶다.

卷頭部分

卷末部分

자세히 전해져 오는 바가 없지만 江戶 사람으로 本姓을 奧山, 후에 法眼의 지위를 얻었다고 한다. 延宝2年(1674)부터 시작된 京都의 御所造營에서 襖繪筆者의 한 사람으로 선출된 것에서 狩野家 門人 중에서도 기량이 우수한 사람이었다고 볼 수 있다. 본 그림은 中國 洞庭湖 주변 8곳의 景勝地를 그린 작품. 輪郭線을 그리지 않고 먹의 면을 넓게 하거나 먹의 흩날림을 이용해 강한 힘이 있는 풍경을 표현하고 있다. 각 그림에는 天和2年.

(1682)의 通信使 書記(從)이었던 李鵬溟의 贊文가 기록되어 있고 卷末에는 「壬戌暮秋上浣朝鮮國太學上庠李鵬溟(花押)」이라고 적혀있다. 이로부터 李鵬溟은 通信使 일행이 江戶에 체제 중인 天和2年(1682)9月 上旬,

이 畵卷을 얻어 贊을 푼 것으로 추측된다. 落款「法橋狩野淸眞筆」. 白文方印「奥信」가. 通信使와 일본측의 문화교류의 일면을 알 수 있는 귀중한 작품이다.

9. 松下虎図 卞璞筆 1幅 紙本墨画淡彩 縦 123.3cm×横 54.5cm 宝暦 14年(1764)

호랑이를 民畵風으로 그린 작품. 작자 卞璞(1741頃~?, 号 述齋)는 宝曆14年(1764)의 通信使 종사관의 기선장인 별화원이다. 당해년의 화원은 金有聲이다. 원래라면 江戶에는 오지 않고 大坂에 머물렀을 텐데, 그림을 잘 그려서 도훈도와 바꾸어서 에도까지 수행한 것으로 추측된다.(趙曮『海槎日記』 두루마리 뒷면에는 旧表具의 단서로 생각되는 종이 파편이 붙여져 있으며 여기에는「宝曆十三(三(ママ)甲申三月相州大磯　宿御晝休之節　朝鮮人上々官書之」의 먹 글씨가 있다. 卞璞은 上々官이 아니고 年紀에도 틀린 점이 있는 것을 볼 수 있는데(干支는 일치), 받은 측에서 무언가 오해가 있었다는 가정을 한다면 본 작품은 宝曆14年(1764)3月, 通信使 일행이 江戶로부터의 돌아오는 도중, 相模國 大磯宿에서 휴식을 할 때 그린 작품으로 추측할 수 있다. 通信使가 각지에서 일본측과 교류를 더한 모습을 선명하게 나타낸 작품이라 말할 수 있을 것이다.

本 그림은 辟邪의 畵題로서 대략적으로 그려진 호랑이를 주제로 하고

있다. 크게 그려진 호랑이의 縞模樣로부터 朝鮮民畵의 영향을 받고 있다. 한편 새하얀 運筆에 의해 흰 부분이 많은 것 등이 보여지는 배경의 소나무에서는 명나라 시대의 中國 남부에서 유행했던 浙派의 영향도 읽을 수 있다. 落款「述齋」.

10) 釜山浦富士図 狩野典信筆 1幅 縦 57.9cm×横 92.8cm 18世紀

箱書에「釜山浦富士 狩野榮川典信筆」라는 墨書가 있다. 부산을 出帆한 通信使 渡海船을 그렸다. 舳先에서 두 사람의 人物이 아득히 저쪽에 보이는 富士山을 바라보고 있는 모습이 그려져 있다. 실제로는 부산에서 먼 富士山을 바라본다는 것은 불가능한 일이지만 江戶時代에는 중국이나 조선에서도 富士山을 볼 수 있었다는 言說이 사람들 사이에 떠돌고 있었다고 한다. 본 그림에 대해서는, 근처 풍경에 奇岩을 배치하고 있는 점에서 근거리의 蓬萊山과 원거리인 富士山을 함께 맞춘 李義養(1768~？)筆「富士に蓬萊山図」(個人藏)과의 유사성을 지적하는 입장도 있는데, 明和4年(1767)

의 跋文을 가진 河村岷雪畫『百富士』에는 본 그림과 유사한 그림이 이미 게재되어 있다.[14)]

또 富士山이 通信使 일행한테도 잘 알려진 존재였다는 것은 사실로, 예를 들면 慶長12年(1607)에 이미 도중에 본 富士山의 장관이「銀山、玉峯」(副使慶暹の使行錄『海槎錄』)으로 찬사되며 일본을 대표하는 경관으로써 인지되었다는 것을 알 수 있다.

筆者 狩野典信(카노 미치노부1730~1790)은 8代 將軍 德川吉宗·9代 將軍 德川家治에 重用된 幕府 御用繪師이다. 幕府 御用繪師 중에서도 가장 격식이 높은 奧繪師의 하나인 木挽町狩野家의 当主였다. 落款「典信筆」, 朱文方印「藤原」.

11) 彦根藩岡本半介筆録 任絖謝詩並岡本半介唱酬詩 1幅 縦 31.1cm×横 59.0cm 1636年

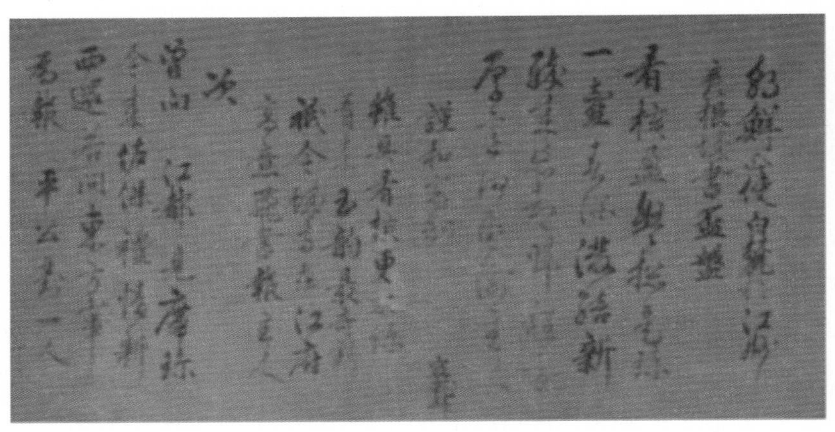

14) 浦澤倫太郎「海を越える富士山」(図錄『富士山－信仰と芸術－』靜岡縣立美術館·山梨縣立博物館、2015年).

1636年 通信使正使인 任絖이 후한 대접을 받았던 彦根藩主에 대해、감사의 뜻을 넣어서 지은 시를 보냈고, 이것을 接待役이었던 彦根藩士 岡本半介(おかもと はんすけ)가 기록한 것이다. 任絖은 이 시를 밥상에 기록했는데, 밥상은 음식상이어서 보존이 어려워 오카모토가 종이에 기록했다. 아울러 오카모토가 任絖의 시에 창화한 시도 기록되어 있다. 通信使와 음식을 접대한 다이묘들과의 교류의 일단을 말해주는 자료이다.

## 5. 辛基秀 컬렉션의 특징과 의의 - 끝을 대신하며 -

辛基秀 컬렉션은 앞서 서술한 것 처럼 1980年代부터 수집이 본격화되었다. 辛基秀 씨는 資料가 있다고 들으면 장소를 불문하고 조사를 했고 조건이 정리되면 양도를 받으려고 했다. 예를 들면 東京國立博物館에 여러 개 있는「文化度朝鮮通信使人物図巻」을, 辛基秀 씨는 미국 하와이까지 방문해 현지 관리자로부터 입수한 것이 있다. 폭 넓은 인맥을 활용해 일본뿐만 아니라 세계 곳곳에 소장된 通信使 關連 資料의 정보수집에 힘썼고, 그 중에서 가능한 것에 대해서는 자신의 컬렉션으로 수집하고 그 보전과 공개에 심혈을 기울인 것은 재야의 연구자로서 무엇보다 존경해야 할 것이다.

辛基秀 씨는 通信使를 일본과 朝鮮의 교류의 상징으로 위치 매김하고 그 의의를 중시한 것에서, 辛基秀 컬렉션도 그러한 교류를 보여주는 資料를 중심으로 형성되었다. 특히 通信使 迎接의 모습을 시각적으로 그린 繪畵나 詩文의 応酬 등 교류가 행해진 직접적인 증거가 되는 書畵 수집에 힘을 쏟는 한편, 通信使 風俗의 영향을 받아 각지에 전개된 祭祀風俗이나 人形에 착목한 점에서 매우 큰 독자성을 인정할 수 있다.

通信使 迎接에 관련된 繪畵 資料로써 눈에 뜨는 것은 淀川를 航行하는 川御座船図이다. 이 点數로 그려진 船 종류의 다양함은 다른 것에선 볼 수 없는 충실한 내용이며 또한 이것들이 유네스코기억유산의 등록후보로 선택되었다고 하는 사실은 辛基秀 컬렉션 고유성과 중요성을 매우 잘 보여주고

있는 것이다.

그 중에서도 두드러지는 것은 요도가와를 항해하는 川御座船図이다. 5점이라는 수와 배 종류의 다양함은 다른 그림에서는 찾아 볼 수 없는 충실함이다. 그 중 3점이 기록유산에 등재되었다는 것은 신기수코랙션의 고유성과 중요성을 잘 나타내주고 잇는 것이다.

그러나 연구 현황을 살펴보면 川御座船図 연구는 通信使行列図巻에 비하면 뒤쳐져 있다고 할 수 있다. 필자는 그것을 보완해야 할 關連 資料로써 神戶大學海事博物館, 松濤園, 韓國國立中央博物館에 소장된 川御座船圖의 조사를 실시한 적이 있으며 또 최근에 宗家文書를 중심으로 한 文獻 史料의 검토에서 川御座船에 의한 迎接 体制에 대해 정리한 것이 있다.15) 通信使를 둘러산 繪畵 작품은 미술작품이면서 한편으로는 歷史 資料로써의 가치도 함께 존재한다. 그만큼 제작의 배경이 명확히 규명되지 않는 川御座船図의 이해에서 이러한 文獻 史料의 검토작업은 유익하다고 생각하는데 이것을 수행하는 가운데 辛基秀 컬렉션의 川御座船図가 가지는 歷史·風俗 資料로서의 가능성과 중요성을 다시 한번 강하게 느꼈다. 금후 한층 연구의 진전이 요구되겠다.

한편, 기억유산 등록에는 포함되어 있지 않는데 辛基秀 씨에 의해 발견된 무형문화재(祭礼)가운데서 通信使 요소도 주목된다. 辛基秀 컬렉션 중에서 보자면 尾張東照宮, 犬山針綱神社의 번호가 붙여지는 등 수집 가능한 資料에 한정되는데 전국적으로 祭礼의 通信使 風俗에 대해서도 辛基秀 씨는 발굴을 행했으며, 이런 점을 여기서 덧붙여 서술해 두고 싶다.

이것도 기억유산은 아니지만 일본 각지에서 제작된 鄕土玩具·工芸品 중에 通信使 風俗을 볼 수 있는 점도 辛基秀 씨가 적극적으로 규명한 분야이다. 특히 通信使가 通行한 이외의 지역에서 그러한 인형이 제작된 사실의 지적은 通信使 風俗이 높은 관심을 가지고 일본 각지에서 수용되고 있었다

---

15) 大澤研一「通信使川御座船の船団編成について」『朝鮮通信使地域史研究』2、2017年。

는 사실을 시사하고 있는 중요한 점이다. 가장 通信使 영향으로 간주되는 風俗에 대해서는 通信使의 그것으로 특정하기 어려운 것도 있어 (특히 고추), 신중한 평가가 필요하다. 그러나 이미 참고하고 있던 文獻 史料 이외에 繪畵, 工芸, 民俗 資料에 이르는 關連 資料를 널리 조사하고 通信使에 향한 일본인의 시선을 다각적으로 규명한 점은 辛基秀 씨의 큰 공로였다고 할 수 있는 것이다.

辛基秀 컬렉션은 이러한 辛基秀 씨의 활동 업적 그 자체이며, 1980年代 이후 通信使가 급속히 시민권을 획득한 歷史와 通信使 연구의 진전을 보아온 증인이라고 할 수 있을 것이다.

(謝辭) 끝으로 國際學術會議当日과 會議後에 貴重한 指摘 및 論文을 보내 준 洪善杓先生·具智賢先生·李貞慇先生에게 깊은 感謝를 드린다.

(補足) 記憶遺産登錄의 決定후에 國際學術會議 때에 發表한 資料를 일부 수정했다).

〈토론문〉

# 「大阪歷史博物館 所藏의 通信使 資料 : 辛基秀 컬렉션」에 대한 질의

권혜은權惠銀 | 國立中央博物館 美術部 學藝硏究士

大阪歷史博物館의 辛基秀 컬렉션은 통신사 연구에 있어 매우 중요한 자료들로 평가받고 있으며, 최근에도 다양한 자료들이 전시를 통해 공개되고 있어 연구자들의 흥미를 끌고 있다. 특히 오사카역사박물관 신기수 컬렉션은 선생의 생전에 순차적으로 收藏하면서 각각의 유물에 대한 입수경위와 내역을 소장가를 통해 상세히 파악할 수 있었다는 점에서 박물관사에 있어서도 의미 있는 자료라 하겠다.

오사와 겐이치 선생님은 이번 발표글에서 오사카역사박물관의 신기수 컬렉션의 입수 경위와 현황, 그리고 유네스코등재 후보목록에 오른 11건에 대해서 상세히 정리하여 논해주셨다. 일본 측 등재대상 목록 총 48건 중 11건이 한 소장가의 컬렉션에서 비롯되었다는 점은 신기수 선생 컬렉션이 갖는 가치를 잘 말해준다. 오사와 겐이치 선생님의 발표 내용에 적극 동감하며, 선생님과 같이 통신사 관련 자료를 다수 소장하고 있는 박물관에 재직 중인 연구자의 입장에서 최근 소개된 통신사 및 한일교류사 연구에 주목을 요하는 회화작품을 소개하는 것으로 토론글을 대신하고자 한다.

우선 발표문에서도 언급한 바와 같이 요도가와(淀川)로 향하는 가와고자부네(川御座船)를 주제로 한 회화들은 신기수 컬렉션의 〈朝鮮通信使御樓

船圖屛風〉이나 〈享保度朝鮮通信使上判事第一船圖〉을 비롯하여 국립중앙박물관 소장 〈國書樓船圖〉 등과 같이 횡권이나 병풍의 형태로 다수 전해지고 있음에도, 다른 통신사 연구 분야에 비해 그 면모가 아직 명확히 밝혀지지 않았다. 최근 조사와 연구를 진행하신 오사와 겐이치 선생님께서 보는 〈국서누선도〉는 다수의 가와고자부네도 중에서 어떠한 의미를 지니는지 견해를 밝혀주시면 감사하겠다. 또한 위의 작품들과 같이 통신사 관련 회화 작품들의 경우, 전승 과정에서 수리를 통해 형태가 변형되거나 작품 자체를 재구성한 경우가 있는데 그렇게 전해져온 이유가 무엇인지 궁금하다.

본 토론자가 소속되어있는 국립중앙박물관에도 통신사 관련 서화 자료들을 소장되어 있으며, 연구조사를 통해 꾸준히 展示와 論文으로 공개하고 있다. 그중 1764년 通信使行의 書記로 참여한 成大中(1732~1809)이 가져온 〈겸가당아집도蒹葭堂雅集圖〉는 18세기 후반 한일 문인들의 교류와 문화 의식을 잘 보여주는 대표적인 시회도詩會圖이다. 그동안 조선과 일본 文士들의 기록으로만 전해지다, 최근 들어 국립중앙박물관 소장본임이 알려졌고 2016년 국립중앙박물관 특별전에서 최초 공개된 바 있다.[1] 잘 알려진 바와 같이 1764년 통신사 일행은 4월 5일부터 약 한 달간 大板에 머무는 동안 당대 오사카의 대표적인 문인화가이자 서화수장가였던 기무라겐카도木村蒹葭堂(1741~1802)를 만나 교유하였다. 성대중은 이 만남을 기념하기 위해 기무라겐카도에게 雅集圖를 그려줄 것을 요청하였고, 기무라 겐카도는 전체 길이가 411cm에 달하는 작은 두루마리에 아집도와 그의 문인 8명의 題詩를 남겼다. 그림에는 '겸가당蒹葭堂'에 모여 글을 짓는 9명의 일본인 문인과 어린 시종 1명이 등장한다. 이로써 그동안 기록으로만 전해져

1) 이 작품이 처음 소개된 것은 金文京, 「『萍遇錄』と「蒹葭堂雅集圖」: 十八世紀末日朝交流の一側面」『東方學』 124(東京: 東方學會, 2012) 논문이었다. 그 후 2016년 국립중앙박물관 특별전 "미술 속 도시, 도시 속 미술"에서 최초로 공개되어 그 존재가 확인된 바 있다. 權惠銀, 「일본에서 온 그림 〈蒹葭堂雅集圖〉」『미술 속 도시, 도시 속 미술』(서울: 국립중앙박물관, 2016), pp.58-59 참조.

〈겸가당아집도〉가 성대중과 기무라겐카도의 雅會 장면을 그렸을 것이라는 추정은 사실과 다름을 확인할 수 있었다. 또한 뒤편으로는 책이 가득 쌓인 書室이 있어 藏書家로서 겐카도의 자부심을 엿볼 수 있다. 귀국 후 성대중은 이들과의 만남과 작품에 관해 지인들과 함께 공유하였고 李德懋(1741~1793)나 朴趾源과 같은 북학파 지식인들은 이 작품에 대해 논하거나 題詩 몇 수를 뽑아 文集에 수록할 정도로 높은 관심을 보였다.

두 번째로 최근에 에도막부가 통신사를 통해 조선 국왕에게 증정한 금박 병풍이 새롭게 소개되었는데, 이미 잘 알려진 국립고궁박물관 소장 〈芙蓉雁圖屛風〉과 〈牡丹圖屛風〉과 같은 예로, 국립중앙박물관에는 총 3점의 작품이 소장되어있다. 그 중 〈鎭西八郎圖屛風〉은 제8차 신묘사행(1711) 때 증정된 병풍으로, 狩野柳雪(1647~1712)의 작품이다. 미나모토노 다메토모 源爲朝(1139~1170?)가 규슈를 평정하고 '진제이 하치로鎭西八郎'라는 별명을 얻었던 고사를 주제로 하였다. 제11차 갑신사행(1764) 때 조선왕실에 증정된 〈忠信吉野軍圖屛風〉과 〈春日祭圖屛風〉도 있는데, 狩野探林(1732~1777)의 〈忠信吉野軍圖屛風〉은 충신 사토 다다노부의 일화를 주제로 하였고, 狩野洞壽(?~1777)의 〈春日祭圖屛風〉은 奈良의 興福寺와 春日大社에서 거행하는 春日大宮若宮御祭禮의 'お渡り式' 행사 장면을 그렸다.[2)]

이들 작품들은 박물관 내에서도 관련 전공자들의 조사 연구가 진행 중에 있다. 또한 기존에 알려진 작품들 외에도 최근 통신사행 수행원들이 남긴 서화자료들이 경매나 전시를 통해 꾸준히 공개되고 있는데, 이에 대한 학계의 면밀한 검토도 필요로 할 것으로 보인다. 이러한 작업에 오사카역사박물관의 신기수 컬렉션이 중요한 기준자료들이 될 것인 만큼, 한일 양국 관련 연구자들의 많은 관심과 후속 연구를 기대한다.

2) 이 병풍들에 대한 상세한 내용은 鄭美娟, 「國立中央博物館 所藏 通信使 受贈 日本金屛風 考察」『美術資料』91호(국립중앙박물관, 2017) 참조

# 조선통신사 유네스코 세계기록유산 등재신청서 소재 詩·書 연구

한태문 | 부산대 국어국문학과 교수

## Ⅰ. 머리말

지난 2016년 3월 30일, '조선통신사 관련 기록물'을 유네스코 세계기록유산에 등재하기 위한 신청서가 프랑스 파리 유네스코 사무국에 우편으로 접수되었다. 그동안 유네스코는 세계적으로 인류가 보존해야 할 가치가 있는 유산을 세계유산·인류무형문화유산·세계기록유산으로 나누어 등록·보존하는 사업을 펼쳐왔다. 그 가운데 '세계기록유산'은 세계적 가치가 있는 귀중한 기록유산으로 책·문서·편지 등 動產 유산이 이에 해당한다.[1)]

「조선통신사에 관한 기록 - 17세기~19세기 한일 간 평화구축과 문화교류의 역사」라는 타이틀을 내건 이 신청서는 한국의 부산문화재단과 일본의 NPO법인 조선통신사연지연락협의회에 의해 작성되었다. 이 두 민간단체는 그동안 한일 양국에서 '조선통신사' 선양 사업을 꾸준히 펼쳐왔으며, 2014

1) 2015년 현재 세계기록유산에는 107개국 및 6개 기구에서 제출한 348건이 등재되어 있다. 한국은 『훈민정음』·『조선왕조실록』(1997)을 비롯하여 『승정원일기』(2001)·『동의보감』(2009)·'KBS특별생방송 〈이산가족을 찾습니다〉 기록물'(2015) 등 총 13건, 일본은 〈山本作兵衛 컬렉션〉(2011), 『御堂關白記』(2013), 〈慶長遣歐使節의 유럽 방문 관련 자료(일본·스페인 공동 등재)〉(2013), 〈東寺百合文書〉(2015), 〈舞鶴への生還〉(2015) 등 총 5건이 등재되어 있다.

년 3월에는 조선통신사 관련 기록물의 공동등재 추진을 합의하였다. 그리고 이후 양국을 오가는 12회의 공동학술회의를 통해 등재 신청 대상 목록을 확정했다. 대상 목록의 선정은 유산의 진정성, 독창적이고 비대체적인 유산, 시간·장소·인물·주제·형태 등에 있어 세계적 가치를 지닌 것 등 유네스코가 제시한 등재기준을 따랐다.

신청서의 조선통신사 기록물은 크게 'Ⅰ. 외교기록', 'Ⅱ. 여정의 기록', 'Ⅲ. 문화교류의 기록'으로 분류된다. '외교기록'은 조선과 일본의 국가기관에서 작성한 공식기록과 외교문서로 『통신사등록』과 조선 국왕의 〈국서〉 등 63건 124점이 포함되었다. '여정의 기록'은 조선통신사가 조선과 일본을 오가는 동안 양측에서 다양한 방식으로 남긴 기록으로, 조선통신사의 사행록과 일본 각 藩의 응접기록 등 48건 209점이 포함되었다. 그리고 '문화교류의 기록'은 조선통신사 왕래를 통해 이루어진 조선인과 일본인의 문화교류에 대한 기록으로 '필담창화집'을 비롯해 시문과 서화 등 41건 146점이 포함되었다.

이처럼 총 111건 333점의 '조선통신사에 관한 기록'은 17세기부터 19세기까지 조선통신사 왕래를 통해 산출된 한일 양국의 소중한 공동자산이다. 따라서 양국의 공동 등재 신청은 조선통신사가 지닌 역사적 의의를 고려하면 오히려 때늦은 감이 없지 않다.

본 연구에서는 등재 목록 중 '문화교류의 기록'에 포함된 시·서를 대상으로 양국 문화교류의 배경, 대상 목록의 현황과 소개, 목록에 포함된 시서에 반영된 朝日 문화교류의 전통 등을 조명하고자 한다.

## Ⅱ. 詩·書를 통한 양국 문화교류의 배경

15세기부터 19세기까지 조선시대 전반에 걸쳐 일본에 파견된 조선통신사는 표면적으로는 외교사절이었다. 하지만 그 이면에는 일본인을 상대로 다양한 문화교류를 펼친 문화사절로서의 면모가 있었다. 이는 다음의 기록에서도 확인할 수 있다.

> 5백 명 따르는 이들 가운데 비록 누가 實行이 있고 누가 기이한 재주가 있는지 자세히 알 수는 없다. 대강 논해 보건대, 문장에 능한 사람, 무예에 능한 사람, 의약에 능한 사람, 譯學에 능한 사람, 글씨와 그림에 능한 사람, 기예에 뛰어나고, 음악에 익숙하며, 말을 잘 다루고, 배 부리는 데 능한 사람, 병법서를 외우고 변방(일본)에 관한 사례를 익힌 사람이 다 왔다. 거기에 노래하는 사람, 춤추는 사람, 장기·바둑·쌍륙을 잘 두는 사람, 뱃사공·악공·점쟁이·관상가·잠수부·배우·바느질꾼·조각가·말총 엮는 사람·목수·대장장이·포수·무당 등 모두가 있다. 사람마다 다 한 가지 능한 것이 있다고 할 만하다.2)

계미통신사(1763)의 정사 조엄이 壹岐島에서 사행의 무료함을 덜기 위해 성균관의 식당 모임을 모방한 놀이를 베푼 후 사행원에게 한 말이다. 조선통신사가 그야말로 다양한 분야에서 당대 조선을 대표할만한 능력을 지닌 이들로 구성되었음을 총책임자의 입을 통해 확인할 수 있는 대목이다. 실제로 당시 조선 조정은 일본인과의 문화교류를 염두에 두고 문학적 재능이나 다양한 기예로 이름을 날리던 이들을 사행원으로 선발하였다. 따라서 통신사는 이미 그 자체로 일본인과의 교류 역량을 내포하고 있던 대규모 문화사절단이었던 셈이다.

사행원 가운데 詩·書와 관련된 인물은 '有能於文詞者'와 '有能於書者'

---

2) 조엄, 『海槎日記』, 1763년 11월 22일. 半千從人 雖未能詳知其某人之有實行 某人之有奇才 而概論之 有能於文詞者 有能於武藝者 有能於醫藥者 有能於譯學者 有能於書畫者 工於技藝 習於律呂 善御馬而能制船者 誦兵家而習邊例者 無不畢來 以至歌者舞者博者奕者陸者梢手樂工占者相者潛水者俳優者針線者雕刻者結鬃者木手冶匠砲手巫覡擧皆有之 亦可謂人皆有一能也.

이다. 먼저 문장에 능한 이로는 학문과 문장을 겸비한 조선의 고급관료인 세 사신를 비롯하여 일본인과의 시문창화를 주로 담당했던 제술관과 서기, 그리고 의원과 역관 등이 있었다. 세 사신을 제외한 이들은 대체로 서얼과 중인 신분이었기에 사행 참여는 왕명을 수행한다는 자부심과 긍지를 느낄 수 있고, 신분적 제약을 벗어나 자신의 능력을 마음껏 발휘할 수 있는 더없이 좋은 기회였다.

일본 역시 막부를 대표하는 儒官을 비롯하여 각 藩에서도 한시문 창작에 뛰어난 능력을 지닌 지역의 문사를 적극 등용하거나[3] 江戶에 파견된 관리들을 불러들여서까지 조선 문사들과의 교류에 대비했다.[4] 일본의 문사들도 통신사와의 만남은 천재일우의 기회였다. 자신의 文才를 과시하고 학문 성취의 검증은 물론 일본 내에서 자신의 聲價를 드날릴 수 있었기 때문이다.

결국 통신사행을 계기로 만난 양국의 문사들은 '시문'·'필담'·'서간'을 통해 서로의 정감을 나누고 관심사를 주고받았다. 시문을 매개로 한 교류는 같은 韻字를 사용하여 시문을 주고받는 '唱和', 일본인의 누각이나 문집 등에 詩·記·序跋 등을 지어주는 '贈與', 일본인이 지은 시를 고치거나 평가해주는 '校正' 등으로 다양하게 나타난다. 그리고 필담과 서간을 통해서는 문학론과 문학비평 및 학술·사상에 대한 교류도 활발하게 이루어졌다. 오늘날 전하는 수많은 필담창화집이 바로 그 교류의 산물이다.

한편, 일본인과 필담창화 이상으로 활발했던 것이 書畵를 통한 교류이다. 그것은 전통적으로 서화를 즐기는 일본인의 嗜好에다 막부 측의 '能書畵之人帶來'라는 강한 요청, 그리고 서화교류를 담당한 寫字官과 畵員의 탁월한 능력에서 비롯된다. 특히 선조 임금은 임명된 三使에게 '일본인들과 글

3) 上垣外憲一, 『日本文化交流小史』, 中公新書, 2000, 199~201쪽.

4) 통신사와 필담창화할 상대로서 우수한 文士를 준비하는 것은 藩의 위신과도 관련이 있다는 의식이 팽배했다. 倉地克直, 「朝鮮通信使と牛窓」『牛窓町史 通史編』, 牛窓町, 2002, 593쪽.

을 주고 받을 때 글씨 또한 졸렬해서는 안된다.'[5]며 '能書者'의 대동을 강하게 주문했다. 그 결과 경인통신사(1590) 때부터 새로 등장한 사자관은 마상재·화원 등과 함께 일본 측이 베푸는 각종 모임에 가장 먼저 초청되는 인기를 누렸다. 병자통신사(1636) 때 사자관 全榮의 서법을 사모한 藍島의 일본인들이 전영이 紫色 옷을 입고 있다는 말을 듣고 자색 옷을 입은 역관 尹廷羽에게 글씨를 청한 것이나,[6] 임술통신사(1682) 때 왜인들의 요청으로 사자관과 서기가 벼루에 붓을 막 적시려 할 때 꽃비단 부채가 다투어 쌓인 일[7], 그리고 계미통신사(1763) 때 글씨를 청하며 좇아오던 일본배가 通信使船의 난간 아래로 말려 들어가 거의 전복될 지경에 이른 일[8] 등은 일본인들의 글씨 求請욕구를 반영하는 대표적인 일화이다.

그리고 書體와 書法에 대한 교류도 이루어졌다. 대표적인 예가 기해통신사(1719)가 9월 16일 名古屋에 이르렀을 때 藩의 記室인 朝文淵과 정사 서기 張應斗, 종사관 서기 姜栢, 의원 白興銓 등의 만남이다. 朝文淵은 조선 문사에게 八分·草書 각 한 첩을 보이며 跋語를 청했고 이에 대해 강백이 〈草書帖〉을, 백흥전은 〈八分帖〉을 써 준 것으로 나타난다. 게다가 朝文淵은 장응두와 글씨를 주고 받은 후 조선 서법의 所從來, 明末 서예가와 晉代 이후 가장 유명한 서예가의 이름, 조선이 米芾의 서법을 택하지 않는 이유 등을 물었고, 이에 대해 장응두와 강백 등이 필담으로 답한 것으로 나타난다.[9]

---

5) 김성일, 『鶴峯集』 권2, 「詩」, 〈贈寫字官李海龍幷序〉, 爾等若與之相值 有唱酬等事 則書法亦不宜示拙也.

6) 김세렴, 『海槎錄』, 1637년 2월 11일, 倭人絶重書畫 求全榮筆者尤多 謂之梅隱 名振一國 至是島 求者願得見梅隱 行中告以衣紫者是也 譯官尹廷羽 着紫衣下舟 求者四集 攢手乞書 倭通事見之 力言其不爲梅隱 始得出 行中爲之胡盧.

7) 홍우재, 『東槎錄』, 1682년 7월 21일, 支待倭等來接三堂 慇懃勸供 語若舊識 呈紙請寫諸寫官 成琓李聃齡安愼徽李華立李三錫 方張濶筆 花錦箑競投如積.

8) 조엄, 『海槎日記』, 1764년 1월 12일, 乞書之倭小船 來近我船 忽入於騎船外欄之下 而風利船疾 不得拔出 幾乎傾覆.

# Ⅲ. 신청서 소재 詩·書의 현황과 자료 소개

앞서 신청서의 '문화교류의 기록'에는 총 41건 146점이 등재대상 목록에 올랐음을 밝혔다. 그 가운데 시·서에 포함되는 기록은 총 23건 122점에 이른다.10) 이를 신청서에 기재된 순서대로 간략히 재정리하면 다음과 같다.

## 1) 詩·書의 현황

| 국별 | 건 명 | 사행년 | 제 작 자 | 제작년 | 수량 | 소 장 처 | 자료No |
|---|---|---|---|---|---|---|---|
| 한국 | 金世濂等筆跡(詩) | 1636 | 金世濂 등 | 1636 | 1 | 국사편찬위원회 | K.Ⅲ-1 |
| | 兪瑒筆跡(詩) | 1655 | 兪瑒 | 1655 | 1 | | K.Ⅲ-2 |
| | 李明彦筆跡(詩) | 1719<br>~1720 | 李明彦 | 1719 | 1 | | K.Ⅲ-3 |
| | 朝鮮通信使詩稿 | 1811 | 皮宗鼎 | 1811 | 1 | 국립해양박물관 | K.Ⅲ-4 |
| | 金義信書帖 | 1655 | 金義信 | 1655 | 1 | 부산박물관 | K.Ⅲ-5 |
| | 秦東益筆行書 | 1811 | 秦東益 | 1811 | 1 | | K.Ⅲ-6 |
| | 朝鮮通信使奉別詩稿 | 1811 | 松崎慊堂 등 | 1811 | 1 | 국립해양박물관 | K.Ⅲ-16 |
| | 義軒·成夢良筆行書 | 1719<br>~1720 | 義軒·成夢良 | 1719 | 1 | 부산박물관 | K.Ⅲ-21 |
| | 朝鮮通信使酬唱詩 | 1682 | 山田復軒 등 | 1683 | 1 | 국립해양박물관 | K.Ⅲ-22 |
| | 東槎唱酬集 | 1763<br>~1764 | 成大中 등 | 1764 | 2 | 국립중앙박물관 | K.Ⅲ-23 |
| 일본 | 雨森芳洲關係資料 | 1711<br>~1719 | 雨森芳洲 등 | 18세기 | 31 | 芳洲會 | J.Ⅲ-1 |
| | 通信副使任守幹壇ノ<br>浦懷古詩 | 1711 | 任守幹 | 1711 | 1 | 下關市 赤間神宮 | J.Ⅲ-2 |
| | 福禪寺對潮樓<br>朝鮮通信使關係資料 | 1711<br>1747<br>~1748 | 趙泰億<br>洪啓禧 등 | 1711<br>1747~<br>1748 | 6 | 福禪寺<br>福山市鞆の<br>浦歷史民俗資料館 | J.Ⅲ-3 |
| | 本蓮寺朝鮮通信使詩書 | 1643<br>1655<br>1711 | 申濡 朴安期<br>趙珩 등 | 1643<br>1655<br>1711 | 9 | 本蓮寺<br>岡山縣立博物館 | J.Ⅲ-4 |

9) 朝文淵, 『蓬島遺珠』 前篇, 皇都書林, 享保五庚子年(1720) 正月, 余所書八分艸書各一帖 示于二書記及西樵 以請跋語.

10) 사실 〈雨森芳洲關係資料〉(J.Ⅲ-1)의 경우는 36점이 대상에 포함되어 있지만, 詩·書 외에 雨森芳洲가 지은 조선 외교 지침서인 『交隣提醒』, 조선어학습서인 『全一道人』, 〈雨森芳洲肖像〉 등도 포함되어 있다.

| 국별 | 건 명 | 사행년 | 제 작 자 | 제작년 | 수량 | 소 장 처 | 자료No |
|---|---|---|---|---|---|---|---|
| | 朝鮮通信使從事官<br>李邦彦詩書 | 1711 | 李邦彦 | 1711 | 1 | 本願寺八幡別院 | J.Ⅲ-5 |
| | 清見寺朝鮮通信使詩書 | 1643 등 | 朴安期 등 | 1643등 | 48 | 清見寺 | J.Ⅲ-6 |
| | 波田嵩山朝鮮通信使<br>唱酬詩並筆語 | 1763<br>~1764 | 南玉 成大<br>中 元重擧 | 1763~<br>1764 | 6 | 波田兼昭<br>下關市立<br>長府博物館 | J.Ⅲ-8 |
| | 韓客詞章 | 1711 | 趙泰億 등 | 1711 | 4 | 相國寺 慈照院 | J.Ⅲ-9 |
| | 朝鮮國王孝宗親筆額字 | 1655 | 孝宗 | 1655 | 1 | 日光山 輪王寺 | J.Ⅲ-13 |
| | 東照社緣起 3권 중 中巻 | 1636 | 親王·公家 | 1636 | 1 | 日光東照宮 | J.Ⅲ-15 |
| | 寶曆十四年通信<br>正使趙曮書帖 | 1763<br>~1764 | 趙曮 | 1764 | 1 | 下關市立長府<br>博物館 | J.Ⅲ-16 |
| | 任絖詩書 | 1636 | 任絖 | 1636 | 1 | 大阪歷史博物館 | J.Ⅲ-17 |
| | 朝鮮國三使口占聯句 | 1682 | 尹趾完 李彦綱<br>朴慶後 | 1682 | 1 | 名古屋市蓬左文庫 | J.Ⅲ-18 |

## 2) 자료의 소개

목록에 제시된 각각의 자료를 간략히 소개하면 다음과 같다.(자료의 이미지는 〈부록〉 참조)

### (1) 한국 소장 자료

㉮ 〈**金世濂等筆跡**〉(K. Ⅲ-1)

병자통신사(1636) 때 정사 任絖(1579~1644), 부사 金世濂(1593~1646), 종사관 黃㦿(1604~1656), 이문학관 權侙(1599~1667) 등이 對馬島主 宗義成(1604~1657)에게 준 詩箋을 이어붙인 시축이다. 임광의 〈席上奉贈〉 1수, 김세렴의 〈席上奉馬主太守〉·〈醉中奉馬州太守〉 등 2수, 황호의 〈席上奉馬主太守〉·〈又奉馬主太守〉·〈醉中贈別馬主太守〉 등 3수, 권칙이 짓고 사자관 全榮이 쓴 〈席上敬呈馬主太守閤下〉 1수 등 총 7수로 되어 있다. 對馬島主를 해외의 호걸로 칭찬한 뒤 사행을 성사시킨 공으로 장군으로부터 보검을 받은 것을 축하하면서 이별을 아쉬워하는 것이 주된 내용이다. 김세렴의 『해사록』에 1637년 2월 18일 전별연에서 對馬島主가 南蠻의 포도주를 대접하고 금병풍에 시를 써주길 청했다고 적혀 있고,[11] 황호의 시구에도 '金盃滿酌葡萄酒'가 있어 그때 지은 것임을 알 수 있다.

㉯ 〈兪瑒筆跡〉(K. Ⅲ-2)

을미통신사(1655) 때 부사로 참여한 兪瑒(1614~1692)의 필적과 시를 붙인 것이다. 필적은 어버이에 대한 효, 형제간의 우애, 임금에 대한 충성과 벗 사이의 믿음을 통틀어 이르는 〈孝弟忠信〉을 쓴 것이고, 시는 교토에 있는 大佛寺를 제재로 한 7언 율시 1수이다. 사행은 1655년 11월 16일 귀국길에 大佛寺를 구경했고, 종사관 남용익(1628~1692)이 오언율시 〈大佛寺〉를 남기기도 했으니[12] 같은 때 지은 것으로 보인다. 유창이 이미 일본 땅에서 장관을 많이 보긴 했지만 겨울 숲에 비 내리고 저녁 종 울릴 때 들러 '마음과 눈이 모두 놀랄(到玆心目便皆驚)' 정도로 수많은 불상으로 가득한 大佛寺의 위용을 찬탄하는 내용이다.

㉰ 〈李明彦筆跡·詩〉(K. Ⅲ-3)

기해통신사(1719) 때 종사관으로 참여한 李明彦(1674~?)이 12월 하순에 對馬島主 宗義誠(1692~1730)의 요청으로 써 준 시축이다. 對馬島를 떠날 때 도주가 시를 얻어 이별 후 기념으로 삼고자 하여 율시 3수를 머리에 두고 지나온 노정에서 지었던 시를 덧붙인다고 창작배경을 밝히고 있다. 도주에게 주는 〈別語〉라는 제목의 칠언율시 2수와 오언율시 1수, 지나온 노정에서 지은 오언율시 2수, 칠언절구 2수, 칠언율시 3수 등 총 10수를 수록하고 있다. 〈別語〉는 양국의 수교에 노력한 도주의 공을 치하하고, 사행 내내 함께 하여 친숙해진 인정을 강조한 뒤 충성스럽고 어진 신하가 되기 위해

11) 김세렴, 『海槎錄』, 1637년 2월 18일, 午後設享 享禮極謹 設葡萄酒 言是南蠻所出…島主亦備小金屛十坐 得筆法及詩 私獻江戶 不敢每請 幸使道留意 今日席上 欲請而不敢云.

12) 남용익, 『扶桑錄』, 1655년 11월 16일, 下總守送人問安 仍請歷賞大佛寺…晡時到寺 則下總守預設鋪陳 仍卽進謁而退.

더욱 노력할 것을 당부하고 있다. 노정에서 지은 시는 〈船頭浦〉·〈難波江舟中夜吟〉·〈宇津嶺茶屋〉·〈富士山〉·〈箱根湖〉·〈箱根途上聞小菴磬聲〉·〈歸渡六鄕江〉 등 제목에서 보듯 각 지역의 빼어난 명소와 풍광에 대한 찬탄이 주 내용이다.

㉣ 〈**朝鮮通信使詩稿**〉(K. Ⅲ-4)

신미통신사(1811) 때 寫字官으로 참여한 東岡 皮宗鼎이 쓴 시를 족자로 만든 것이다. 오언절구로 시의 왼쪽에 '朝鮮東岡'이 부기되어 있어 對馬島에서 일본인에게 선물한 것으로 보인다. 문득 잠에서 깨어 정원의 나무를 느긋이 바라보니 녹음 사이로 서늘한 남풍이 불어온다는 내용으로 이국땅에서 맞는 망중한의 경지를 보여준다. 글씨는 조선후기 유행한 송나라 저명한 서예가 米芾의 書風을 보여준다.

㉤ 〈**金義信書帖**〉(K. Ⅲ-5)

雪峯 金義信(1603~?)이 계미(1643)·을미통신사(1655)에 사자관으로 참여하여 남긴 작품이다. 그는 해서와 행서에 뛰어나 石峯體를 이은 대표적인 인물로 손꼽히는데,[13] 을미통신사 강정절목에 일본 측이 "畫員은 그림 잘 그리는 사람으로 잘 가려서 뽑고 雪峯도 역시 데리고 온다."[14]고 아예 명시할 정도로 명성을 누렸다. 서첩은 북송의 唐庚(1071~1121)이 집안 대대로 내려오던 벼루를 소재로 지은 〈古硯銘〉을 그대로 옮겨 쓴 것이다. 그 내용은 붓·먹·벼루가 용도는 같되 쓰임이 다른 것을 보고 '둔한 것으로 몸(體)을 삼고 고요한 것으로 쓰임(用)을 삼으면 수명을 영원히 할 수 있다.'는 것이다. 종사관 남용익으로부터 鍾繇와 王羲之의 필법을 근간으로 柳公權과

---

13) 송진충, 「寫字官 雪峯 金義信의 生涯와 書風」『미술사학』 34호, 한국미술사교육학회, 2017, 16~17쪽.

14) 『增正交隣志』 권5, 「志」, 〈信行各年例〉, 畫員極擇善寫人 雪峯亦帶來.

顔眞卿의 근골을 가미했다는[15] 평가를 받은 것처럼, 嚴正端雅하고 두터운 골격의 글씨를 유지하면서 생동감이 넘치는 필세가 잘 반영되어 있다.

㉥ 〈**秦東益筆行書**〉(K. Ⅲ-6)

신미통신사(1811)에 次上通詞로 참여한 淸翁 秦東益(1782~?)의 작품으로 활달하고 힘찬 필치의 大字이다. '靜觀'이란 글씨 옆에 '朝鮮淸翁'이라 적어 진동익의 글씨임을 알 수 있다. '靜觀'은 중국 북송 때의 유학자로 理氣一元論과 性則理說을 주창하여 송나라 신유학의 기초를 마련한 程顥가 지은 칠언율시 〈秋日偶成〉의 '만물을 고요히 들여다보면 모두 제 분수대로 편안하고(萬物靜觀皆自得)'에서 따온 것이다. 우주만물의 운행원리와 인간의 본성을 하나로 본 성리학자의 사상을 보여주는 핵심구절이다.[16]

㉦ 〈**朝鮮通信使奉別詩稿**〉(K. Ⅲ-16)

신미통신사(1811) 때 侍讀의 직책으로 막부의 大學頭 林衡을 수행했던 松崎慊堂(1771~1844)과 植木晃이 조선의 문사들에게 준 2장의 詩箋을 이은 것이다. 松崎慊堂의 〈奉別都護李君〉은 부사 李勉求(1757~1818)와의 이별을 아쉬워하는 7언 10구의 봉별시이다. 그는 이면구의 날래고 굳셈은 王思禮에, 호방한 글씨는 최치원에 비겨 그의 높은 의기를 칭탄한 뒤 武를 숭상하는 일본에 그가 와서 기뻤는데 이제 이별하면 그리움이 간절할 것이라며 아쉬워하는 내용을 담았다. 이어진 植木晃의 〈恭賦短律八章遙奉寄朝鮮諸公於對馬州〉는 8수의 7언 율시로 통신사가 佐須浦에 머문 윤 3월 15일에 지은 것으로 對馬島에 도착한 것을 축하함과 동시에 일본에 명성을 남길 것이라는 칭송과 함께 양국 우호의 장쾌한 유람이 될 것임을 축원하는

---

15) 남용익, 『扶桑錄』, 1655년 8월 20일, 〈兩斯文疊次城字韻至十五首牽率走和〉, 憐渠八法逼鍾王 柳骨顔筋眼底平.

16) 『珍寶-부산박물관 소장유물 도록』, 부산박물관, 2013, 280쪽.

내용을 담았다.

㉵ 〈**義軒·成夢良筆行書**〉(K. Ⅲ-21)

기해통신사(1719) 때 부사 서기 成夢良(1673~1735)과 일본인 義軒이 만나 같은 운으로 창화한 칠언절구 2수로 되어 있다. 먼저 의헌이 〈長閑園詩〉를 적어 집들이 즐비하고 소나무에 푸른 노을이 둘러선 도성의 풍경을 보노라면 세월을 잊은 편안한 삶에 저절로 태평가를 부른다고 읊는다. 이에 성몽량 역시 종소리 울리는 농막 같은 집과 松竹에 깃든 노을에 둘려 있는 고을의 태평한 풍경을 시냇가에 핀 꽃과 노래하는 새에 빗대어 동조하고 있다. 知音의 경지에 든 양국 문사의 친밀한 정감을 엿볼 수 있다.

㉶ 〈**朝鮮通信使酬唱詩**〉(K. Ⅲ-22)

임술통신사(1682) 때 일본 長門州 萩藩의 서기 山田原欽(1666~1693)이 제술관 成琬(1639~?), 종사관 서기 李聃齡, 부사 비장 洪世泰(1653~1725) 등 조선 문사들과 2차례 필담창화한 詩箋들을 모아 1683년 5월 두루마리로 만들고 『天和二年八月廿有九日韓客酬唱』이라 표제를 달았다. 시는 1차 모임에서 15수, 2차 모임에서 10수 등 총 25수로, 시 형식이 오언율시 1수를 제외하면 모두 칠언절구인 것이 특징이다. 통신사와의 만남을 원하던 자신의 소망이 실현된 데 대한 山田原欽의 감회와 어린 나이에도 文才가 뛰어난 이국의 영재에 대한 조선문사의 찬탄, 그리고 이별에 대한 아쉬움을 토로한 것이 주된 내용이다.[17)]

㉷ 〈**東槎唱酬集**〉(K. Ⅲ-23)

계미통신사(1763)에 참여한 成大中(1732~1812)이 사행 도중 일본인으로

17) 한태문, 「국립해양박물관 소장 『韓客酬唱』 연구」『항도부산』 33호, 부산광역시사편찬위원회, 2017, 27~28쪽.

부터 받은 詩書를 모은 것이다. 2개의 두루마리로 되어 있는데, 일본 승려 隆賢의 칠언절구 〈再奉呈龍淵成先生〉을 비롯하여 丹波國(京都)의 北文彪 등이 성대중에게 준 詩箋 및 일본인 新川의 편지글 〈奉贈龍淵成公〉 등을 모아 배접하였다. 각 지역의 문사들로부터 받은 시서를 일정한 순서없이 가려놓은 것으로 보이는데, 오랜 기다림 끝에 만나 서로의 정감을 나누고 양국의 우호를 다지는 내용으로 이루어져 있다.

### (2) 일본 소장 자료

㉮ **〈雨森芳洲關係資料〉**(J. Ⅲ-1)

對馬藩의 眞文役을 맡아 조선과의 외교에 힘쓴 雨森芳洲(1668~1755)와 관련된 자료들이다. 그는 조선어와 중국어도 능통한 국제인으로 외교의 기본이 '誠信交隣'에 있음을 주장하였다. 신미(1711)·기해통신사(1719)를 수행하여 일본을 왕복하면서 제술관 申維翰(1681~1752)을 비롯한 조선의 문사들과 활발한 교류를 펼쳤다. 조선외교 지침서인 『交隣提醒』, 일본 최초 조선어학서인 『全一道人』, 신미통신사와 일본 문사간의 필담창화집인 『縞紵風雅集·同附集』, 제술관 李礥(1654~1728)의 시 '李東郭七律' 등 총 36건이 포함되어 있다.

㉯ **〈通信使副使任守幹壇ノ浦懷古詩〉**(J. Ⅲ-2)

신묘통신사(1711) 때 부사 任守幹(1665~1721)이 赤間關(오늘날 下關)의 安德祠에서 安德天皇의 죽음을 조문하며 지은 것이다. 안덕천황은 平安시대 武將이던 平淸盛의 손자로 平淸盛이 정권을 전단하는데 반발한 源賴朝와의 싸움에서 패하자 할머니인 白河后와 함께 8살의 나이로 壇ノ浦에 빠져 죽은 비운의 천황이다. 1604년 探賊使로 도일한 사명대사가 안덕천황을 조문하며 지은 시에 차운한 칠언절구 3수로 되어 있다. 안덕천황의 塑像을 보면서 당시 할미와 손자가 죽을 수밖에 없었던 바다보다 깊은 원한을 그린 뒤, 이역의 홍망을 물을 곳 없어 노을 물안개 속에 뱃길을 돌린다는 내용을 담고 있다.

㉰ 〈**福禪寺對潮樓 朝鮮通信使關係資料**〉(J. Ⅲ-3)

조선통신사가 도포의 福禪寺에 머물 때 지은 시문들을 모은 것이다. 사행 초기부터 숙소로 사용된 福禪寺는 특히 1690년대에 세워진 객전인 對潮樓의 빼어난 경관으로 인해 통신사의 영빈관이 되었다. 그 결과 자연스럽게 지역문사와 통신사가 어울려 필담창화를 즐기는 문화교류의 장이 되었다. 1711년 통신사 삼사의 시 3점, 종사관 이방언이 휘호한 〈日東第一景勝〉 액자, 정묘통신사(1747)의 삼사와 수행원의 시작 9수를 하나의 두루마리로 만든 『韓客詞花』, 수행원 洪景海가 휘호한 〈對潮樓〉 액자가 전해지고 있다. 登高의 흥을 이은 歲暮之情의 토로, 악양루에 비견된 福禪寺의 勝景에 대한 찬탄과 감흥을 그 내용으로 담았다.[18]

㉱ 〈**本蓮寺朝鮮通信使詩書**〉(J. Ⅲ-4)

갑자통신사(1624)부터 을미통신사(1655)까지 조선통신사의 숙소였던 牛窓의 本蓮寺가 소장한 조선통신사 시를 모은 것이다. 계미통신사(1643) 종사관 申濡(1610~1655)의 〈過客爲妙上人題〉·〈槎客爲住上人題〉와 제술관 朴安期(1608~?)의 〈螺山翁題本蓮寺〉, 을미통신사 정사 趙珩(1606~1679)의 〈星槎泊秋渚〉와 부사 兪瑒의 〈蕭寺停歸棹〉, 신묘통신사(1711) 부사 任守幹의 〈牛星尋漢渚〉와 종사관 李邦彦의 〈蘭若知何處〉, 제술관 李礥의 〈斷山臨極浦〉, 서기 南聖重의 〈本蓮寺泣次遺韻〉 등 총 9수이다. 本蓮寺의 경관에 대한 감상과 사행에서 발견한 아비의 필적에 감읍하는 자식의 애틋한 마음을 내용으로 담고 있다.

---

18) 한태문, 「福禪寺 소장 通信使 遺墨 관련 자료 연구」『어문연구』 80집, 어문연구학회, 2014, 245~253쪽.

㉤ 〈朝鮮通信使從事官李邦彦詩書〉(J. Ⅲ-5)

신묘통신사(1711) 때 종사관 李邦彦이 귀로에 近江八幡의 金台寺에 들러 자신의 소회를 읊은 시이다. 1558년 加茂지역에서 창건된 金台寺는 1592년 八幡城 아래로 이전되었고, 1876년에 本願寺 八幡別院으로 이름이 바뀌어 오늘에 이른다. 金台寺는 사행이 彦根으로 향하는 길에 매번 들러 쉬면서 점심을 먹었던 곳이다. 시는 칠언절구 1수로, 귀로에 다시 들른 金台寺의 연못에 눈이 가득 쌓인 것을 보고 이국땅에서 여러 번 계절을 변화를 겪는 자신의 신세를 돌아보면서 더딘 사행을 한탄하는 내용을 담고 있다.

㉥ **〈淸見寺朝鮮通信使詩書〉**(J. Ⅲ-6)

東海道 굴지의 큰 사찰인 靜岡의 淸見寺가 소장하고 있는 조선통신사의 시서를 모은 것이다. 조선통신사가 江戶로 향하는 길목에 위치하여 막부의 官寺 역할을 한 淸見寺는 정미통신사(1607)와 갑자통신사(1624) 때에는 숙소로, 이후에는 사행 도중 잠시 쉬는 휴게소로 사용되었다. 특히 淸見寺는 富士山을 등지고 넓은 바다를 마주한 데다 경내의 빼어난 풍광 덕분에 통신사의 詩作이 활발하게 이루어진 공간이다. 자료는 계미통신사(1643)로부터 계미통신사(1763)에 이르기까지 淸見寺에 와서 지은 시서가 망라되어 있다. 淸見寺와 富士山의 풍광에 대한 찬탄, 淸見寺와 조선 洛山寺와의 우호적 비교, 關棙主忍을 비롯한 淸見寺 승려와의 인간적인 정감의 교류 등이 주된 내용이다.[19]

㉦ **〈波田崇山朝鮮通信使唱酬詩並筆語〉**(J. Ⅲ-8)

長州藩의 유학자 波田崇山이 계미통신사(1763) 제술관 南玉(1722~1770), 정사 서기 成大中, 부사 서기 元重擧(1719~1790)와 赤間關의 숙소인 阿彌

19) 한태문, 「淸見寺 所載 詩文에 반영된 韓日文化交流」『조선통신사연구』 3호, 조선통신사학회, 2006, 135~156쪽.

陀寺에서 교류할 때 그들로부터 받은 시와 筆語이다. 南玉의 시 〈更報奉嵩山〉을 비롯한 2점, 成大中의 〈龍淵題贈嵩山〉, 元重擧의 〈和次嵩山〉을 비롯한 3점 등 총 6점으로 波田가문에 전해 오는 것이다. 長州藩의 학자들은 신묘통신사(1711)부터 赤間關으로 많이 파견되었는데, 波田嵩山도 그 중의 한 명이었다. 赤間關에서 博學勤業하는 일본의 수재를 만난 기쁨과 함께 더욱 면려할 것을 촉구하는 내용을 담고 있다.

㉧ **〈韓客詞章〉**(J. Ⅲ-9)

신묘통신사(1711) 때 京都 相國寺 慈照院의 승려로 통신사 接伴僧을 맡았던 別宗祖緣(1658~1714)이 자신과 창수한 통신사의 작품만을 가려 4권의 두루마리로 엮은 것이다. 창수시를 남긴 이는 정사 趙泰億(1675~1728), 부사 任守幹, 종사관 李邦彦, 제술관 李礥, 서기 洪舜衍(1653~?)·嚴漢重(1664~?)·南聖重으로 7언시 79수, 5언시 16수, 2편의 賦와 3편의 書簡을 담고 있다. 別宗의 인품과 詩才에 대한 찬탄, 양국 문사 간 정감의 교류와 앞으로의 노정에 대한 기대, 이국의 문물과 자연에 대한 우호적 시선, 시문을 통한 부자 상봉의 감회와 그리움, 이별에 대한 아쉬움을 내용으로 담고 있다.[20] 1712년에 발간된 『槎客通筒集』에는 別宗의 창수시도 포함되어 전한다.

㉨ **〈朝鮮國王孝宗親筆額字〉**(J. Ⅲ-13)

을미통신사(1655) 때 조선의 孝宗 임금이 자필로 '靈山法界崇孝淨院'이라 써서 德川막부의 3대 장군 德川家光을 기리는 사당인 大猷院에 기증한 것이다. '靈山法界'는 불법세계로 충만한 신령스런 산이란 뜻으로 '日光山'을 지칭한다. 그리고 '崇孝淨院'은 할아버지인 德川家康을 위해 東照宮을

20) 한태문, 「相國寺 慈照院 소장 『韓客詞章』 연구」 『일어일문학』 42집, 대한일어일문학회, 2009, 347~362쪽.

화려하게 지은 손자의 효심을 숭상하는 정결한 장소라는 뜻으로[21] '大猷院'을 지칭한다. 말미에 '乙未孟夏下浣'이라는 연대가 씌어 있고, 덕으로써 정치를 해야 한다는 '爲政以德'이라는 낙관이 찍혀져 있다.

㉶ **〈東照社緣起·中卷〉**(J. Ⅲ-15)

병자통신사(1636) 때 12월 22일에 日光山을 방문한 조선 문사들이 읊은 시를 수록한 것이다. 3대 장군 德川家光의 명으로 작성되어 日光 東照社에 봉납된 것으로, 그림과 가나로 기록된 〈東照社緣起〉(仮名本)와 달리 그림도 없고 한자로 기입되어 있다. 〈日光山〉·〈日光社〉·〈東照殿〉 등 칠언율시 16수로, 눈 덮인 日光山의 풍광에 대한 찬탄과 바쁜 일정 때문에 구경을 다 못하는 아쉬움 등을 내용에 담았다.

㉷ **〈寶曆十四年通信正使趙曮書帖〉**(J. Ⅲ-16)

계미통신사(1763) 정사 趙曮(1719~1777)이 귀국 도중 對馬島에서 중국의 古詩 등을 다양한 서체로 휘호한 뒤 호화로운 接帖으로 만들어서 전 對馬藩主에게 선물한 것이다. 양자의 인간적인 교류와 正使의 학문적인 소양을 알 수 있는 자료이다.

㉸ **〈任絖詩書〉**(J. Ⅲ-17)

병자통신사(1636)가 1637년 1월 14일 佐和山에 머물 때 정사 任絖과 江戶에 있는 彦根藩主를 대신해 접대를 맡은 彦根藩 軍師 岡本宣就(1575~1657)가 주고 받은 시문이다. 임광의 〈朝鮮正使白麓於江州彦根城書盃盤〉이란 칠언절구에 岡本이 〈謹和高韻〉이란 글제로 차운하고 다시 임광의 차운시가 뒤를 잇고 있다. 원래 임광의 시는 詩題처럼 소반에 쓴 것이지

21) 강남주, 「닛코 방문의 또 다른 뜻은」『조선통신사 옛길을 따라서3』, 한울, 2009, 166~167쪽.

만 보존이 어려워 岡本이 종이에 옮겨적었다고 전한다. 임광이 彦根藩이 귀로가 먼 것을 잊을 정도로 드문 안주와 향긋한 술로 후한 대접을 해준데 대해 감사하자, 岡本은 아름다운 시를 江戶에 있는 藩主에게 빨리 알리겠다고 답하고 있다.

㉷ 〈**朝鮮國三使口占聯句**〉(J. Ⅲ-18)

임술통신사(1682)의 정사 尹趾完(1635~1718), 부사 李彦綱(1648~1716), 종사관 朴慶後(1644~1706) 등이 名古屋에서 2대 藩主 德川光友의 접대에 감사하며 즉석에서 한 시구씩을 지어 완성한 시이다. 봉투와 시로 구성되어 있으며, 봉투에는 '中納言源公 閣下'라 적어 수신자가 德川光友임을 밝히고 있다. 말미에 三使의 호·성명·낙관의 순서대로 되어 있다. 名古屋城을 바라보며 이별을 아쉬워하는 내용을 담고 있다. 통신사의 선물 목록도 함께 전한다.

### 3) 자료의 선정기준에 대한 검토

조선통신사를 통한 시서의 교류를 입증하는 자료는 오늘날 한일 양국에 무수히 전하고 있다. 하지만 정작 신청서에는 극히 한정적인 자료만 대상 목록에 올라와 있어 제외된 자료에 대한 검토가 필요하다.

첫째, 양국 모두 개인 소장 자료는 대상 목록에 올리지 않았다. 일본은 국가·縣·市·町 등이 이미 지정한 문화재이거나 박물관·자료관·도서관 등 공공기관 조선통신사와 관련된 대표적인 사찰인 '淸見寺'와 '相國寺 慈照院'이 보관·관리하는 자료만을 선정했다. 한국은 일본과 달리 대부분의 자료가 문화재로 지정되어 있지 않은 탓에 박물관·국사편찬위원회 등 공공기관이 소장하고 있는 자료들 가운데 이미 '조선통신사' 연구자들에게 많이 알려져 있는 대표적인 자료들을 대상 목록에 올렸다.

이미 문화재로 지정된 것이나 공공기관이 소장하고 있는 자료는 '해당 유산의 중요성에 비추어 적절한 보존 및 접근 전략의 존재 여부'를 따지는 유네스코의 보존 및 관리 기준을 충족하는 조건을 갖추었다. 곧 유네스코가 제시하는 '문화적 가치로서의 중요성'과 '진정성'은 물론 보존 및 관리에도 문제가 없다. 반면 개인 소장 자료는 보존 및 관리의 측면에서 유네스코의 기준을 충족하기 어려운 현실적 어려움이 있기에 제외되었다.

둘째, 詩箋이나 詩軸 형태의 필담창화 기록물은 목록에 오른 반면, 필사본과 상업용으로 간행된 필담창화집은 대상에서 제외되었다. 조선통신사를 통한 양국 문화교류의 대표적인 기록물은 당연히 양국 문사의 정감과 관심사가 녹아 있는 수많은 『필담창화집』이다. 오랜 기간 對馬島로부터 江戶 심지어 日光山까지 오고간 조선통신사의 노정은 필담창화와의 동행이라 해도 과언이 아니다. 이는 '사절이 내빙할 때마다 반드시 필담창화가 있었다.'는[22] 일본측 문헌에서도 확인된다. 게다가 당시 일본은 목판본에 의한 상업출판이 발달하는 과정 속에 있었고, 그 소통의 결과물 가운데 상당수가 상업적으로 출판되어 일본 지식인의 관심을 끌었다.[23]

따라서 이들 필담창화집이 양국 문화교류의 실상을 가장 구체적으로 살필 수 있는 대표적 기록물임은 의심의 여지가 없다. 다만 대량 출판에 의한 유포라는 상업출판의 속성상 '대체불가능한 유일한 진품이어야 한다.'며 유일성을 강조하는 유네스코의 등재기준과는 많이 어긋난다. 따라서 원본이자 유일본인 필담창화 자료들만 대상 목록에 올랐다.

22) 林煒, 『通航一覽』 권108, 朝鮮國部 84, 「筆談唱和等」, 慶長以來 朝鮮國使のとき 江戶旅館本誓寺をはじめ 凡その 往還經過の所所において 筆談唱和あり.

23) 허경진, 『통신사 필담창화집 문화연구』, 보고사, 2011, 78쪽.

## Ⅳ. 詩·書에 반영된 朝日 문화교류의 양상과 전통

### 1) 자료의 형태

선정된 자료들은 자료의 형태에 따라 시문은 크게 詩箋·詩軸·簇子·掛幅으로, 글씨는 額字·書帖으로, 그리고 시문과 글씨 등이 혼재된 것 등으로 나누어진다.

먼저 詩箋으로 된 것은 ①통신사 1인의 시만을 담은 〈通信使副使任守幹壇ノ浦懷古詩〉(J.Ⅲ-2), ②통신사 1인의 시들을 각각 모은 〈淸見寺朝鮮通信使詩書〉(J.Ⅲ-6)·〈波田崇山朝鮮通信使唱酬詩並筆語〉(J.Ⅲ-8), ③통신사 三使의 시구를 1매에 담은 〈朝鮮國三使口占聯句〉(J.Ⅲ-18), ④통신사와 일본인이 창화한 시를 1매에 담은 〈任絖詩書〉(J.Ⅲ-17) 등이 있다.

詩軸으로 된 것은 ①통신사 1인의 시로만 된 〈李明彦筆跡〉(K.Ⅲ-3), ②통신사 다수의 詩箋만을 이어붙인 〈金世濂等筆跡〉(K.Ⅲ-1)·〈韓客詞章〉(J.Ⅲ-9), ③통신사 다수의 시를 한 사람의 필체로 작성한 〈東照社緣起·中卷〉(J.Ⅲ-15), ④통신사와 일본인의 창화시문을 모은 〈朝鮮通信使酬唱詩〉(K.Ⅲ-22), ⑤일본인들의 시서만을 모은 〈朝鮮通信使奉別詩稿〉(K.Ⅲ-16), 〈東槎唱酬集〉(K.Ⅲ-23) 등이 있다.

또 簇子로 된 것으로 ①통신사 1인의 시로만 된 〈朝鮮通信使詩稿〉(K.Ⅲ-4)·〈朝鮮通信使從事官李邦彦詩書〉(J.Ⅲ-5), ②통신사 1인의 시들을 각각 모은 〈本蓮寺朝鮮通信使詩書〉(J.Ⅲ-4) 등이 있고, 掛幅으로 된 것은 〈義軒·成夢良筆行書〉(K.Ⅲ-21)가 있다.

글씨는 額字로 된 〈秦東益筆行書〉(K.Ⅲ-6)·〈朝鮮國王孝宗親筆額字〉(J.Ⅲ-13)와 書帖으로 된 〈金義信書帖〉(K.Ⅲ-5)·〈寶曆十四年通信正使趙曮書帖〉(J.Ⅲ-16) 등이 있다.

이밖에 시문과 글씨 등이 혼재된 것으로 ①필적과 시로 이루어진 〈兪瑒

筆跡〉(K.Ⅲ-2), ②『韓客唱和集』과 같은 창화집, 통신사 시문 등으로 이루어진 〈雨森芳洲關係資料〉(J.Ⅲ-1), ③통신사의 시만을 모은 詩軸, 〈對潮樓〉·〈日東第一形勝〉 등의 額字, 통신사의 시를 족자로 만든 것 등이 망라된 〈福禪寺對潮樓 朝鮮通信使關係資料〉(J.Ⅲ-3)가 있다.

이상에서 보듯 선정 자료들은 다양한 형태를 취하고 있다. 이는 조선통신사를 통한 양국의 시서 교류가 그만큼 활발하고 다양하게 전개되었음을 보여준다. 동시에 조선통신사와의 교류를 자랑스러워하고 교류의 결과물인 遺墨을 다양한 형태로 소중히 간직하려는 일본인들의 따스한 마음이 잘 반영된 결과물이기도 하다.[24)]

### 2) 자료의 내용

선정된 자료들은 다음과 같은 내용상의 특징을 지닌다.

#### (1) 노정상의 풍광 및 인물에 대한 감상, 인간적 정감의 교류 및 이별의 아쉬움 토로

계미통신사(1763) 정사 趙曮은 서울을 떠나면서 '詩經 삼백 편을 아직 못 외웠으니 / 어찌하면 德化를 펴 먼 오랑캐 복종시킬꼬'[25)]라고 읊었다. '시 삼백 편을 외워도 使命을 완수하지 않으면 무슨 소용이 있겠는가'라는 공자의 가르침을 떠올리며 자신의 능력 부족으로 일본을 교화시키지 못할까 두렵다는 속내를 드러낸 것이다. 하지만 이는 겸양의 표현일 뿐, 그는 궁궐을 나오면서부터 아비 趙尙絅이 연행사를 떠날 때 지은 시에 차운하는

24) 鞆の浦는 훼손을 걱정하여 1810년부터 1814년에 걸쳐 福山藩主·福山藩士·鞆の浦 지역민의 발의와 후원으로 福禪寺 소장 조선통신사 자료의 원본 遺墨을 모두 편액과 탁본이 가능한 板額으로 模刻하여 오늘까지 전하고 있다.

25) 조엄, 『海槎日記』, 「酬唱錄」, 〈示意〉, 三百葩詩曾未誦 若爲敷德遠夷柔.

것을 시작으로 엄청난 양의 시를 『해사일기』의 「酬唱錄」에 담았다. 이처럼 조선의 문사들은 통신사행에 오르면서 시로써 使命을 다하겠다는 각오를 다졌다. 오늘날 전하는 수많은 詩·書들은 그 결과물인 셈이다.

먼저 노정상의 풍광 및 인물에 대한 감상을 담았다. 조선통신사는 일본 도착 후 수개월에 걸쳐 무려 20여 주 50여 개 도시를 왕복했고, 그 과정에서 자연스럽게 각 노정 지역의 자연과 인물을 접할 수 있었다. 특히 그 지역의 빼어난 풍광을 감상하는 것은 여행의 백미로, 파노라마처럼 펼쳐지는 이국의 자연은 이목을 사로잡기에 충분했다. 수많은 불상으로 가득한 京都大佛寺의 위용을 찬탄한 〈兪瑒筆跡〉(K.Ⅲ-2), 잠에서 깬 뒤 녹음 사이로 남풍이 불어오는 망중한의 경지를 담은 〈朝鮮通信使詩稿〉(K.Ⅲ-4), 잔잔한 바닷길 위에 三神山처럼 세 섬이 눈 앞에 펼쳐진 福禪寺 對潮樓의 빼어난 경관에 대한 감흥을 담은 〈福禪寺對潮樓 朝鮮通信使關係資料〉(J.Ⅲ-3) 등이 그 예이다. 또한 노정상에 마주한 일본의 역사인물에 대한 감회를 시서로 남기기도 했는데, 安德天皇을 애도하는 〈通信使副使任守幹壇ノ浦懷古詩〉(J.Ⅲ-2)와 德川家光의 효심을 기린 〈朝鮮國王孝宗親筆額字〉(J.Ⅲ-13) 등이 그것이다.

다음으로 唱和를 통한 인간적 정감의 교류가 잘 나타나 있다. 일본인을 상대로 한 시문창화는 첨예한 대립과 미묘한 신경전을 동반하는 외교 사행에서 긴장을 완화하고 개인적인 우의를 두텁게 하는데 막대한 기여를 했다. 부사 서기 成夢良과 일본인 義軒 간의 교류를 담은 〈義軒·成夢良筆行書〉(K.Ⅲ-21), 조선 문사와 일본 萩藩의 서기 山田原欽 간의 교류를 담은 〈朝鮮通信使酬唱詩〉(K.Ⅲ-22), 서기 成大中이 각 노정에서의 일본인들로부터 받은 시서를 모은 〈東槎唱酬集〉(K.Ⅲ-23), 주지 關棙主忍을 비롯한 淸見寺 승려와의 교류를 담은 〈淸見寺朝鮮通信使詩書〉(J.Ⅲ-6), 접반승 別宗祖緣과의 교류를 담은 〈韓客詞章〉(J.Ⅲ-9) 등이 그 예이다.

한편, 거의 대부분의 자료에서 공통적으로 드러나는 것은 이별에 대한 아쉬움인데, 특히 江戶로의 상경길보다 귀로에서 빈번하게 보인다. 이는 통신사행이 경우에 따라 몇 번이나 만날 수 있는 燕行使와 달리 재차 만나기 힘든 부정기사행이란 점과 무관하지 않다. 오랜 기간 護行한 對馬島主와의 이별을 아쉬워하는 〈金世濂等筆跡〉(K.Ⅲ-1)·〈李明彥筆跡·詩〉(K.Ⅲ-3), 후한 대접을 한 名古屋의 번주 德川光友와의 이별을 아쉬워하는 〈朝鮮國三使口占聯句〉(J.Ⅲ-18) 외에 창화시를 모은 대부분의 자료 등이 그 예이다. 이밖에도 삶에 대한 警戒를 담은 〈金義信書帖〉(K.Ⅲ-5)·〈秦東益筆行書〉(K.Ⅲ-6) 등도 있다.

### (2) 조선통신사와 일본 내 다양한 신분계층 사람들과의 교류 상황 반영

〈朝鮮國王孝宗親筆額字〉(J.Ⅲ-13)는 양국의 실질적인 최고 통치자인 조선 국왕과 幕府將軍 간의 교류를, 〈東照社緣起·中卷〉(J.Ⅲ-15)는 통신사와 德川將軍家와의 교류를, 그리고 對馬島主에게 바친 〈金世濂等筆跡〉(K.Ⅲ-1)·〈李明彥筆跡·詩〉(K.Ⅲ-3)·〈寶曆十四年通信正使趙曮書帖〉(J.Ⅲ-16)과 名古屋 2대 藩主 德川光友에게 바친 〈朝鮮國三使口占聯句〉(J.Ⅲ-18)는 통신사와 지역의 유력자인 大名과의 교류를 잘 보여준다. 또 〈福禪寺對潮樓朝鮮通信使關係資料〉(J.Ⅲ-3)·〈本蓮寺朝鮮通信使詩書〉(J.Ⅲ-4)·〈淸見寺朝鮮通信使詩書〉(J.Ⅲ-6)·〈韓客詞章〉(J.Ⅲ-9), 〈通信使副使任守幹壇ノ浦懷古詩〉(J.Ⅲ-2) 등은 통신사와 승려의 교류, 〈朝鮮通信使奉別詩稿〉(K.Ⅲ-16)·〈義軒·成夢良筆行書〉(K.Ⅲ-21)·〈朝鮮通信使酬唱詩〉(K.Ⅲ-22)·〈東槎唱酬集〉(K.Ⅲ-23)·〈雨森芳洲關係資料〉(J.Ⅲ-1)·〈波田崇山朝鮮通信使唱酬詩並筆語〉(J.Ⅲ-8)·〈任絖詩書〉(J.Ⅲ-17) 등은 문사와의 교류를 잘 보여준다.

이처럼 선정 자료들은 양국의 최고통치자인 조선 국왕과 幕府將軍의 교류는 물론, 조선통신사가 幕府將軍에서부터 大名·文士·승려에 이르기까지 다양한 신분계층과 활발한 교류를 펼쳤음을 보여준다.

### (3) 앞선 사행의 전례를 답습한 詩·書 교류의 전통 계승

먼저, 조선통신사의 숙박지로 시서를 비롯한 다양한 문화교류의 흔적들이 오늘날까지 남아 대상 목록에도 이름을 올린 대표적인 사찰은 赤間關의 阿彌陀寺, 鞆の浦의 福禪寺, 牛窓의 本蓮寺, 興津의 淸見寺 등이다.

㈎ 절의 중 같은 사람이 작은 상자를 바쳤다. 곧 松雲이 사신으로 왔을 때 安德天皇을 조위한 절구 3수였는데, 위에 '朝鮮國勅使詩'라고 씌어 있었다. 드디어 그 운을 따라 지어 주었다.26)

㈏ 주지 主忍이란 자가 나와 뵙더니 전후의 우리나라 사람의 詩章 謄本을 내어 보이면서 시 한 수를 요구한다. 그래서 돌아오는 길에 써주겠노라고 대답했다.27)

글 ㈎는 병자통신사(1636)가 赤間關의 阿彌陀寺에 머물 때의 기록이다. 赤間關에 도착한 조선통신사는 일찍부터 阿彌陀寺의 곁에 있는 安德天皇의 사당에서 그를 애도하는 시를 남겼다. 곧 계해통신사(1443) 서장관 申叔舟의 〈赤間關阿彌陀寺板上次昔年通信使高得宗詩韻〉을 통해 기미통신사(1439) 정사 高得宗이 이미 애도시를 남겼고, 신숙주는 고득종의 시에 차운한 것을 짐작할 수 있다. 하지만, 임란 이후에는 ㈎처럼 1604년 탐적사로 赤間關을 방문한 사명당 惟政이 지은 칠언절구 〈渡赤關海見安皇遺像〉에 차운하는 것으로 바뀐다.28) 계미통신사(1643) 부사 趙絅의 〈赤間關次松雲

---

26) 김세렴, 『海槎錄』, 1637년 2월 10일, 如寺僧呈小匣 乃松雲奉使時 弔安德天皇三絶 上題朝鮮國勅使詩 遂步其韻以贈.

27) 조엄, 『海槎日記』, 1764년 2월 11일, 住持僧主忍者出謁 進前後我國人詩章謄本 仍乞一詩 以歸路書給答之.

28) 다만 신묘통신사(1711) 정사 趙泰億이 자신의 外八代祖인 신숙주가 고득종의 시에 차운한 시에 재차 차운한 〈赤間關謹次保閑齋申文忠公集中阿彌寺板上次昔年通信使高得宗詩韻之作〉(『謙齋集』 卷7, 詩, 「東槎錄」 中)도 남기고 있는 점은 예외적이다. 『縞

安德祠三絶〉, 을미통신사(1655) 정사 趙珩의 〈安德天皇祠次松雲韻〉과 종사관 南龍翼의 〈次安德祠僧軸韻〉, 신묘통신사(1711) 부사 任守幹의 〈安德祠次松雲韻〉 등이 그 대표적인 예이다.

글 (나)는 계미통신사(1763)가 興津의 淸見寺에 머물 때의 기록이다. 淸見寺는 芝岸治靈(1711)·性海惠丈(1747)·關棙主忍(1763) 등과 같은 주지를 비롯하여 시문창화의 능력을 갖춘 韻僧이 다수 존재했던 사찰이다.[29] 특히 정묘통신사(1747)부터 조선통신사와 시문창화를 했던 關棙主忍은 자신이 주지가 된 후 맞이한 조선통신사에게 전례를 따라 차운해줄 것을 요청했고, 이에 정사 趙曮은 귀로에 차운시를 남기겠다고 약속한다. 마침내 귀로인 1764년 3월 20일, 淸見寺에 도착한 사행은 점심을 먹은 후 그 약속을 지킨다. 그때 三使·서기·군관·騎船長 등이 지은 것이 〈淸見寺朝鮮通信使詩書〉(J.Ⅲ-6)이다.

한편, 조선통신사가 머문 적이 없음에도 불구하고 약 50여 점의 서화와 100여 편의 각종 시문을 소장하고 있는 곳이 京都 相國寺 慈照院이다. 慈照院 소속의 文才가 탁월한 고승들이 오랜 기간 接伴僧으로 참여했던 결과이다. 접반승은 對馬島의 以酊庵에 윤번으로 머물며 조선과 관련된 외교 문서를 다루다가 조선통신사의 방일시에는 江戶까지의 왕복 노정에 동행하는 것이 주된 임무였다.[30] 따라서 누구보다 쉽게, 그리고 오랜 기간 조선통

---

紵風雅集』 卷二, 「自相吟詠」(雨森芳洲, 『縞紵風雅集 雨森芳洲全書 一』, 關西大學出版弘報部, 1979, 3~5쪽)에는 1711년 통신사 정사 조태억의 〈安德祠次松雲韻〉을 비롯하여 부사 任守幹, 종사관 李明彦, 제술관 李礥, 서기 洪舜衍·嚴漢重·南聖重 등이 사명당의 詩韻을 빌어 각각 7언절구 3수씩을 남기고 있다.

29) 한태문, 「淸見寺 소재 시문에 반영된 한일문화교류」『조선통신사연구』 3호, 조선통신사학회, 2006, 138쪽. 계미통신사(1763) 부사 서기 元重擧도 "淸見寺에는 韻僧이 여럿 있어 모두 문자에 통하고 시를 지어 회답을 구하는 사람 또한 여덟, 아홉이었다."(『乘槎錄』, 1764년 2월 11일)라고 적고 있다.

30) 秋宗康子, 「對馬以酊庵に赴いた相國寺派輪番僧について」『立命館文學』 521호, 立命館大學人文學會, 1991.; 上田正昭·辛基秀·仲尾宏, 『朝鮮通信使とその時代』, 明石書

신사와 접할 수 있었기에 상대적으로 조선통신사의 유묵을 많이 소장하게 되었다. 신묘통신사(1711) 때 三使와 서기가 접반승 別宗祖緣을 상대로 무려 약 100수의 차운시와 贈詩를 남겨 〈韓客詞章〉(J.Ⅲ-9)으로 엮어질 수 있었던 것도 조선통신사와 접반승 간의 필담창화라는 오랜 전통이 지속되어 왔기에 가능한 일이었다.31)

## Ⅴ. 맺음말

이상으로 등재 목록 중 'Ⅲ. 문화교류의 기록'에 포함된 詩·書를 중심으로 양국 문화교류의 배경, 대상 목록의 현황과 자료 소개, 詩·書에 반영된 朝日 문화교류의 전통 등을 살폈다. 그 결과를 요약하면 다음과 같다.

첫째, 신청서에 포함된 詩·書는 총 23건 122점이며, 세계기록유산으로 등재되기 위한 유네스코의 제시기준에 부합한 자료들이 선정되었다.

둘째, 자료의 형태는 시문은 크게 詩箋·詩軸·簇子·掛幅으로, 글씨는 額字·書帖으로, 그리고 혼재된 것 등으로 다양하게 나타나 조선통신사를 통한 양국의 시서 교류가 활발하고 다양하게 전개되었음을 보여준다. 이는 조선통신사와의 교류를 자랑스러워하고 교류의 결과물인 遺墨을 다양한 형태로 소중히 간직하려는 일본인들의 따스한 마음이 잘 반영된 결과이다.

셋째, 자료는 대체로 노정상의 풍광 및 인물에 대한 감상, 창화와 증여를

---

店, 2001, 60~61쪽.

31) 신미통신사(1811)가 江戶가 아닌 對馬島에서 역지빙례가 행해졌음에도 불구하고 慈照院이 소장한 가리개 형식의 작은 병풍인 〈朝鮮書畫帖交小屛風〉에는 당시 次上通詞로 참여한 秦東益의 〈扇面流光詩箋〉·〈郭思可畵者詩句〉 등 다수의 시서가 배접되어 전한다. 조선통신사와 접반승의 창화는 현존 자료 중에는 을미통신사(1682) 때 三使와 접반승 九巖中達·茂源紹柏이 창화한 시를 모은 『朝鮮三官使酬和』가 최초의 창화집으로 보인다. 한태문, 「을미통신사(1682) 창화시집 『朝鮮三官使酬和』 연구」 『동양한문학연구』 46집, 동양한문학회, 2017, 217~247쪽.

통한 인간적 정감의 교류, 그리고 기약할 수 없는 만남에 대한 이별의 아쉬움을 토로하는 내용을 담고 있다. 특히 조선통신사와 일본 내 다양한 각계각층 사람들과의 교류 상황을 잘 반영하고 있고, 노정 지역에선 앞선 사행의 전례를 답습한 詩·書 교류의 전통을 면면히 계승하고 있음도 확인할 수 있다.

신청서에 오른 詩·書는 양국이 동아시아의 공동문어인 한자를 공유하여 만들어낸 기록으로, 서로의 진솔한 정감을 나누고 관심사를 주고받은 '誠信交隣'의 대표적인 상징물이다. 이들 기록들은 교류 당사자인 개인 상호간의 신뢰와 우의는 물론 나아가 양국의 우호관계 구축과 문화발전에도 크게 기여했음을 증명하는 자료이기도 하다.

이처럼 조선통신사의 詩·書로 대표되는 문화교류의 전통은 오늘날 뒤틀어진 양국 관계의 해법을 찾는 데도 지혜를 제공한다. 곧 조선통신사는 '만남'을 통해 서로 소통하면서 오해와 편견을 극복하고, 활발한 문화교류를 통해 상호이해는 물론 양국의 평화공존까지 구축할 수 있었기 때문이다.

# 〈부 록〉

## ■ 한국의 자료

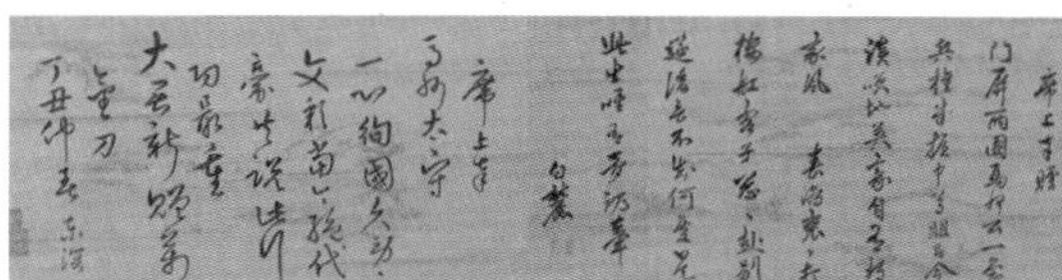

〈金世濂等筆跡〉(K. III-1)

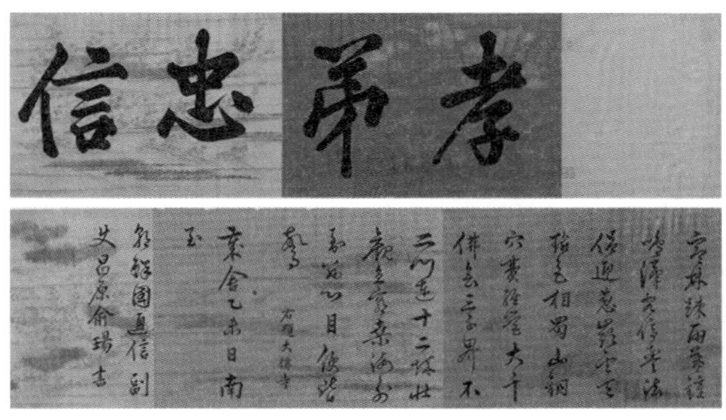


〈兪瑒筆跡〉(K. III-2)

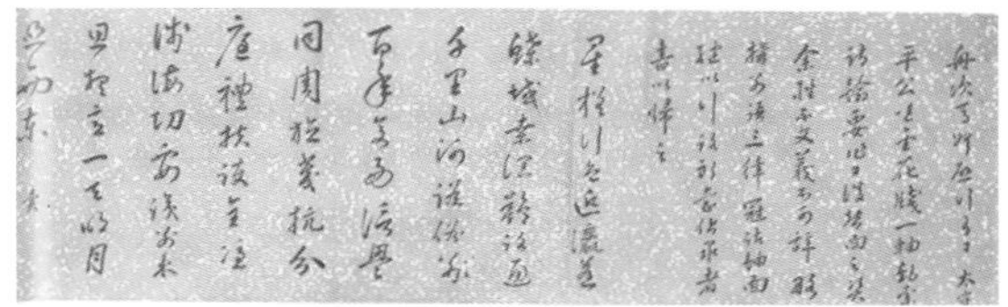

〈李明彦筆跡〉(K. III-3)

〈朝鮮通信使詩稿〉(K. III-4)

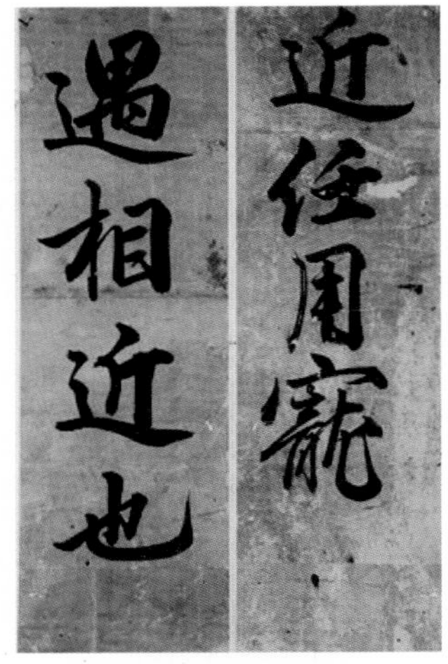

〈金義信書帖〉(K. III-5)

〈秦東益筆行書〉(K. III-6)

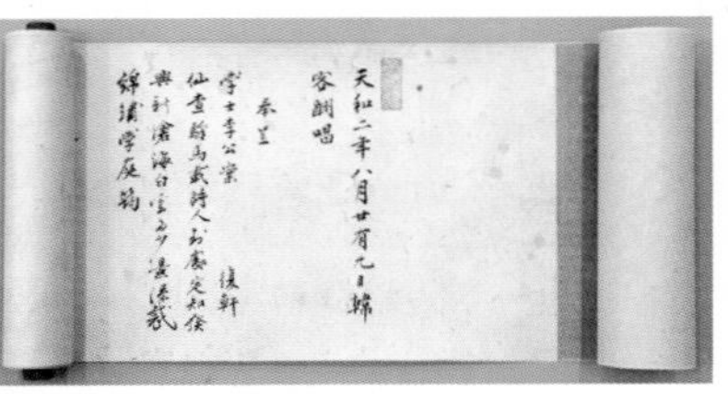

〈朝鮮通信使奉別詩稿〉(K. III-16)

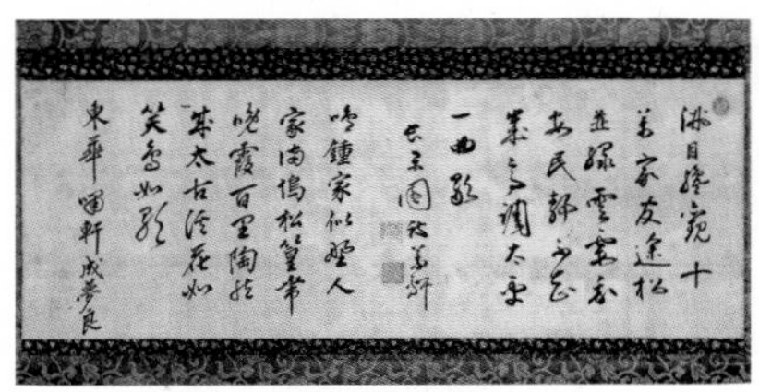

〈義軒·成夢良筆行書〉(K. III-21)

〈朝鮮通信使酬唱詩〉(K. III-22)

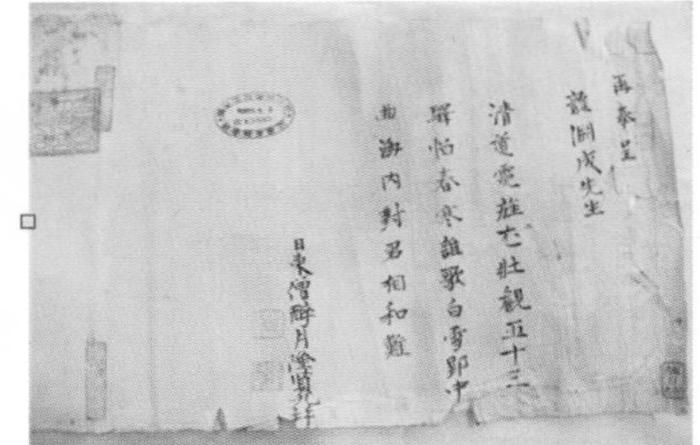

〈東槎唱酬集〉(K. III-23)

■ 일본의 자료

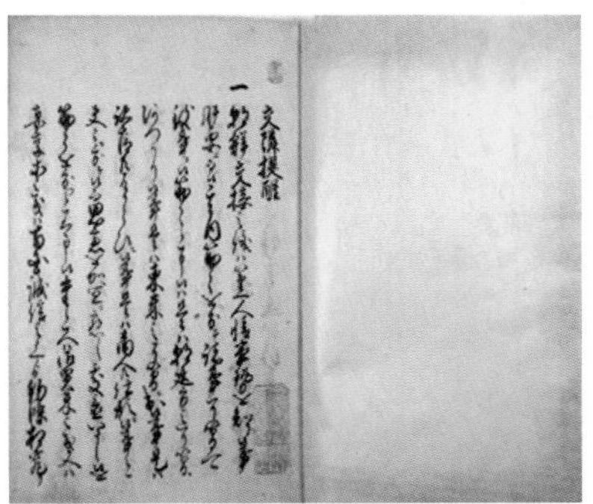

〈雨森芳洲關係資料〉(J.Ⅲ-1)

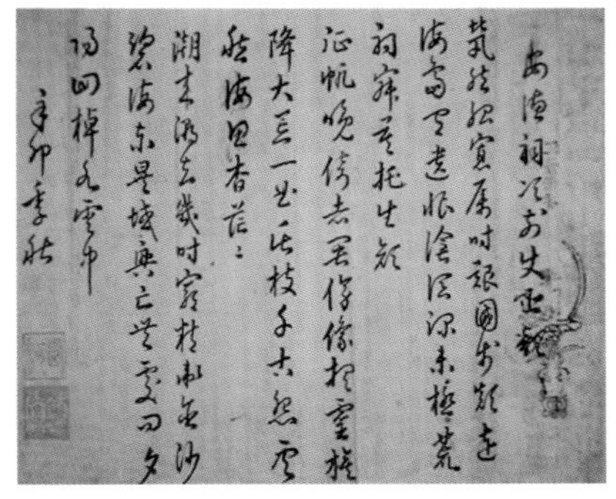

〈通信副使任守幹壇ノ浦懷古詩〉(J.Ⅲ-2)

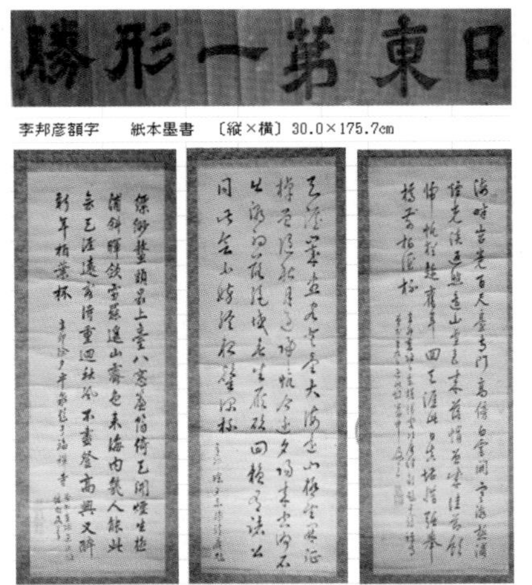


〈福禪寺對潮樓 朝鮮通信使關係資料〉(J.Ⅲ-3)

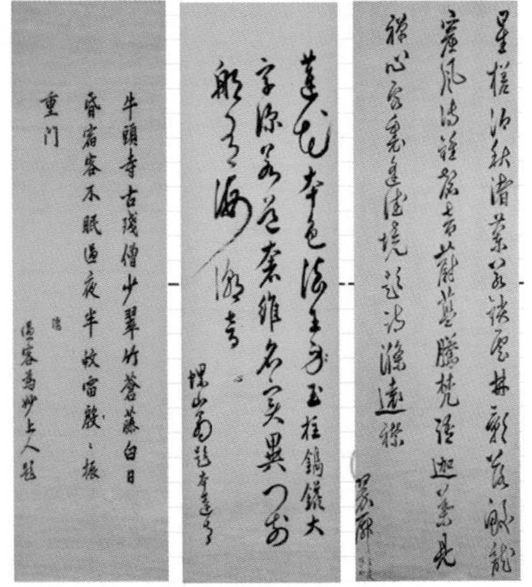

〈本蓮寺朝鮮通信使詩書〉(J.Ⅲ-4)

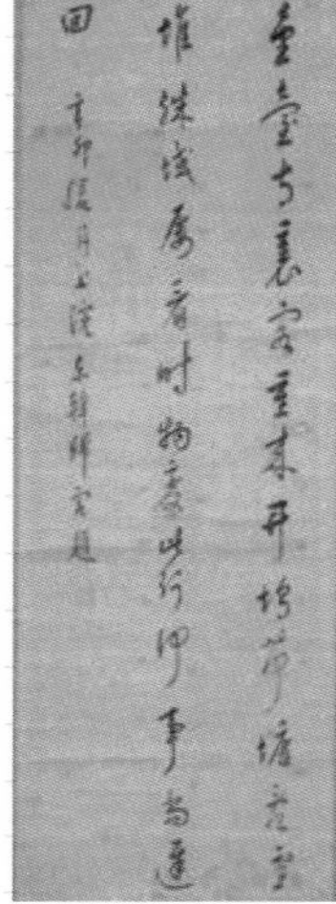

〈朝鮮通信使從事官李邦彦詩書〉(J. III-5)

〈清見寺朝鮮通信使詩書〉(J. III-6)

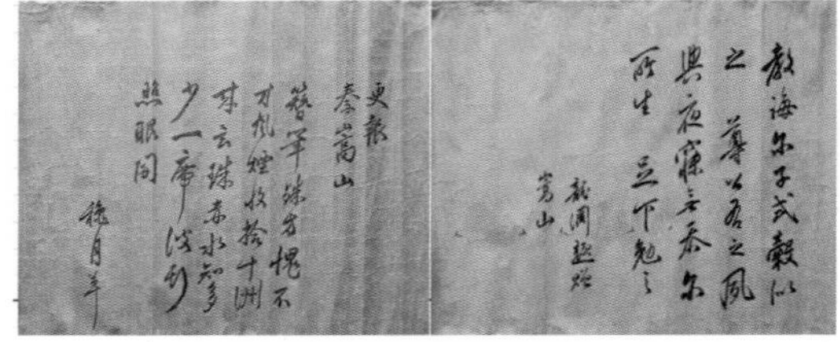

〈波田嵩山朝鮮通信使唱酬詩並筆語〉(J. III-8)

〈韓客詞章〉(J. III-9)

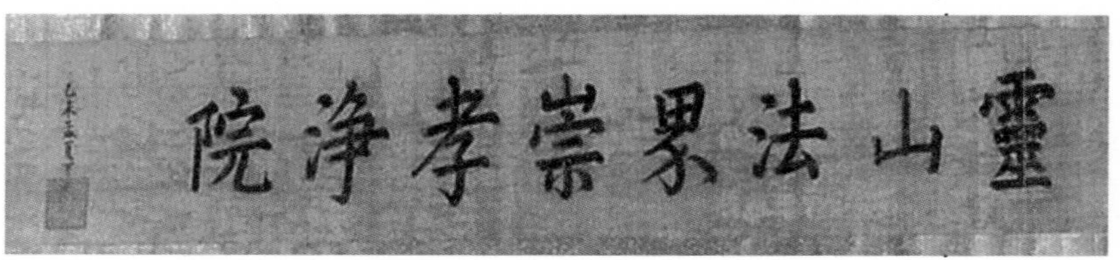


〈朝鮮國王孝宗親筆額字〉(J. III-13)

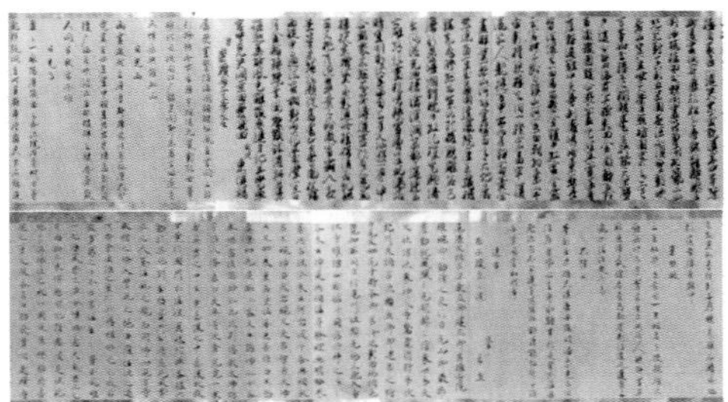

〈東照社緣起〉 3권 중 中卷(J.III-15)

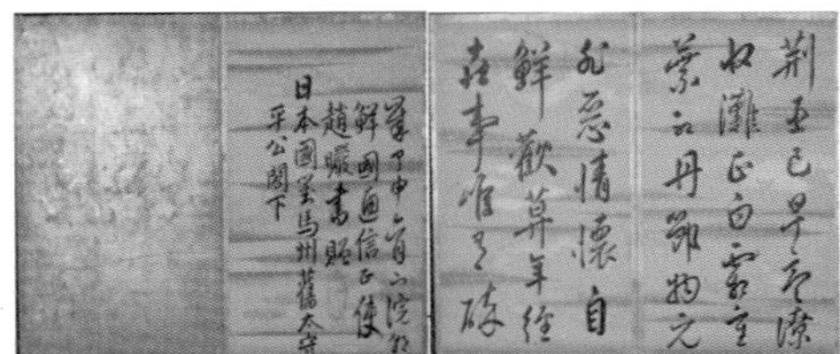

〈寶曆十四年通信正使趙曮書帖〉(J.III-16)

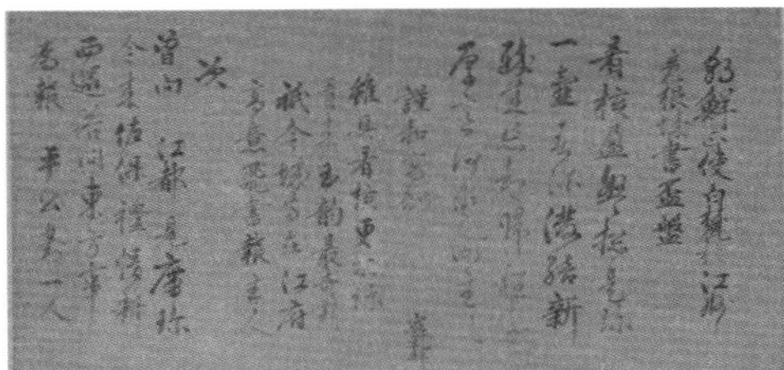

〈任絖詩書〉(J.III-17)

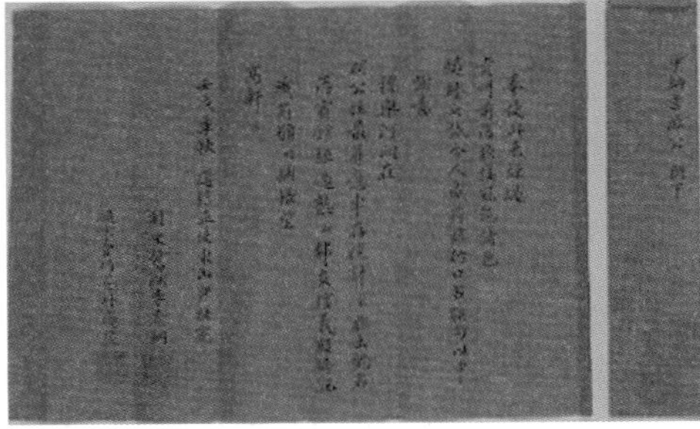

〈朝鮮國三使口占聯句〉(J.III-18)

〈토론문〉

# 조선통신사 유네스코 세계기록유산 등재신청서 소재 詩·書 연구

구지현 | 선문대 국어국문학과 교수

통신사 사행의 특징은 무엇보다도 문화교류가 활발하였다는 점에 있다고 생각됩니다. 중국사행에의 辨誣 등과 같은 민감한 외교 사안이 비교적 없는 편이었기 때문에 순수한 교류에 더욱 집중할 수 있었던 것 같습니다. 이번 유네스코 세계기록유산 등재 신청 목록 가운데 "문화교류의 기록"은 이러한 활발한 문화교류의 정수를 보여주는 유산이라고 할 수 있습니다. 한태문 선생님께서는 그 가운데 詩書에 포함되는 기록은 총 23건 122점에 대해 자세히 분석해 주셨습니다. 상당한 양이기 때문에 소개 자체만으로도 충분히 의미 있는 작업이었다고 생각되며, 누구나 쉽게 자료의 성격을 쉽게 이해할 수 있는 자세한 설명이었습니다. 그러나 토론자로서의 의무가 있기 때문에 뭔가 발언을 해야 할 것 같습니다. 그래서 자료의 성격을 좀더 설명할 수 있는 시간을 드릴 수 있도록 몇 가지 점에 대한 보충 설명을 부탁드리는 것으로 토론을 대신할까 합니다.

첫째, "3. 1)" 부분의 詩書에 관한 현황을 보여주는 표에 관한 것입니다. 신청서에 등재된 순서대로 재정리했다고 하셨는데, 한국 소재와 일본 소재로 나뉘어 있습니다. 한국 소재는 연대순으로 연번이 정리된 것 같습니다만 일본 소재는 그렇지 않은 것 같습니다. 별다른 언급이 없으셔서, 혹시 어떤 순서로 정리된 것인지 좀 더 설명해 주실 수 있을까 부탁드립니다.

둘째, 시서의 특성상 조선인이 일본에 남긴 것이 많기 때문에 어떻게 보면 일본 내에 소장되어 있어야 하는 것이 당연하리라 생각됩니다. 그런데 목록을 보니 한국 소재의 시서 양도 적지 않은 것 같습니다. 국립해양박물관 소장의 『朝鮮通信使奉別詩稿』와 『朝鮮通信使酬唱詩』나 국립중앙도서관의 『東槎唱酬集』은 일본인이 준 것이니 한국에 남은 것이 당연할 듯 합니다만 이를 제외하고는 모두 조선인이 일본인에게 증여한 것입니다. 일본인에게 증여한 것이 어떻게 한국에 남아있게 된 것인지 궁금합니다. 한태문 선생님께서는 국내외 자료를 폭넓게 조사하셨고 또 여러 차례 시서화의 도록을 내는 작업에도 참여하셨습니다. 전부 다 자세히 설명을 부탁드리기는 어려울 것 같고, 한두 가지 예를 들어서 일본인에게 증여한 시서가 한국에 소장되게 된 경로랄까 경위 같은 것을 소개해 주시면 좋을 것 같습니다.

셋째, 자료의 형태에 관한 것입니다. 시문은 詩箋, 詩軸, 簇子, 掛幅, 글씨는 額子, 書帖, 그리고 시문과 글씨가 혼재된 것으로 나누어져 있습니다. 시문의 경우는 하나하나 받은 낱장의 종이를 나중에 어떤 형태로 정리했느냐에 관련된 문제인 것 같습니다. 자료의 원래 의미를 살린다면, 시가 주된 형태인가, 글씨가 주된 형태인가로 나누는 편이 쉽게 이해할 수 있지 않을까 합니다. 예를 들어 〈兪瑒筆跡〉은 "孝悌忠信"이라는 글씨가 주가 되고 시가 부기된 형태로 보입니다. 〈金義信書帖〉은 글씨가 주가 된 형태이고, 〈東槎唱酬集〉은 시가 주가 된 형태로 볼 수 있을 것입니다. 또 시가 위주가 되었다면, 한 사람이 여러 조선인에게 특정한 시기에 받은 것을 모아놓은 것인지, 여러 조선인이 각자 다른 일본인에게 준 것을 제삼자가 모아 편집한 것인지로 나눌 수도 있을 것 같습니다. "3.2)자료의 내용"에서 지적하셨듯이 "조선통신사가 幕府將軍에서부터 大名·文士·승려에 이르기까지 다양한 신분계층과 활발한 교류를 펼쳤음을" 보여주는 것입니다. 사행록 등을 보면 사신이 쉽게 글씨나 시문을 써주지는 않았던 듯합니다. 신청목록의 시서는 사신 일행의 필적이 훨씬 많고 창작한 시가 대부분이며 글씨 역시 정식으로 그 역할을 담당한 사행원의 필적으로 보입니다. 그만큼 형식과 체재를 갖춘 수준 높은 작품이라 할 수 있습니다. 이런 점이 드러나도록 자료의 형태를 소개해 주는 편인 좋지 않을까 해서 제안을 드립니다.

이상 변변치 않은 질문으로 토론자의 의무를 마칠까 합니다.

# 조선통신사 기록물 세계기록유산의 보존과 활용

김귀배 | UNESCO 한국위원회 과학문화본부장

## I. 유네스코 세계기록유산사업의 개요

### 1. 사업의 배경과 목적

우리가 일반적으로 알고 있는 세계기록유산의 정식 영문 명칭은 'Memory of the World'이다. 즉 인류의 다양한 기억들을 대상으로 하는 사업이다. 이러한 까닭에 유네스코에서는 세계기록유산이란 전 세계인의 '기록된 총체적인 기억'이라고 기술하기도 한다. 기록유산은 인간사회의 사상과 가치, 그리고 문화적 성과들의 전개과정을 묘사한 유산으로 해석된다(Joie Springer, UNESCO, 2015).

그러나 많은 나라들에서 기념물과 건축물, 그리고 고고유적과 같은 건조물 형태의 문화유산에 대해서는 법적인 체계를 체계적으로 갖추고 이에 걸맞는 정책들을 꾸준히 개선함으로써 보호에 만전을 기하는 반면 기록유산은 우선순위에서 밀려나 보존에 있어서는 많은 문제점을 가지고 있다. 이러한 이유로 자연재해나 무력충돌과 같은 인위적인 파괴로 인해 많은 기록유산들이 훼손될 위기에 봉착하고 있다. 특히 기록유산은 그 속성상 대부분 화학적으로 불안정하고 쉽게 분해되는 천연재료, 합성재료 또는 유기물로 만들어져 홍수나 화재와 같은 자연 재해; 약탈, 사고 또는 전쟁과 같은 인간이 초래한 재난; 기초적 관리와 보존 작업의 소홀이나 무지로 인하여 점차적으로 손상될 위험이 크다.[1]) 아울러 시청각, 전자 관련 유산의 경우, 기술력의 한계로 자연 손실되는 경우도 있는데 이러한 문제는 주로 보존 기술에 신경을 쓰지 않고 오직 상업적 목적만을 추구하려는 가운데 발생한다.[2])

유네스코(UNESCO; United Nations Educational, Scientific and Cultural Organization)는 인류 문화의 주요 전승 수단인 기록물들이 훼손 및 소멸 위기에 처해있음에 주목하여 1992년부터 세계기록유산 사업(MOW: Memory of the World)을 추진해 왔다. 2017년 현재 전 세계 107개국 및 6개 단체의 348건의 기록유산이 유네스코에 등재되어 있다.

〈유네스코 세계기록유산 엠블렘〉

세계기록유산의 상징 도안은 하이코 휴너코프(Heiko Huennerkopf)의 작품인데, 이는 기억의 공백 및 기억의 손실을 형상화한 것으로 2009년 채택되었다. 과거 구전으로 전해져 내려오던 인류의 역사는 양피지와 파피루스 종이가 발명되며 기록되기 시작했으며, 이가 바로 도안의 기초가 된다. 두루마리 형태는 저작권을 뜻하는 동시에 지구, 축음기, 두루마리 필름, 그리고 원반을 형상화한 것이다.

※출처: 유네스코한위 홈페이지
(http://heritage.unesco.or.kr/mow/mow_intro/)

세계기록유산사업의 목적은 일반적으로 세 가지로 나뉜다. 1. 세계적으로 중요한 기록유산의 적절한 보존 2. 기록유산에 대한 일반대중의 보편적인 접근성 강화 3. 기록유산의 중요성에 대한 전지구적 의식 제고이다.

세계기록유산 일반지침에 따르면 기록유산이란 단독 기록일수도 있으며

1) 유네스코 세계기록유산 운영지침 서문, 2002
2) 문화재청, 세계유산 등재 신청서 작성 매뉴얼, 2005

기록의 모음이 될 수도 있다. 기록은 두 가지 측면으로 구분이 될 수 있는데 기록이 담고 있는 정보와 그 기록물을 전하는 매개물이다. 세계기록유산에서 정의하는 기록물은 우리나라에서 일반적으로 기록물로 인식하고 있는 고서, 서적, 회화 등 문서류보다는 확대된 개념으로 아래와 같이 다양한 형태로 나누어질 수 있다.

〈세계기록유산 등재 대상〉

- 필사본, 도서, 신문, 포스터 등 기록이 담긴 자료와 플라스틱, 파피루스, 양피지, 야자 잎, 나무껍질, 섬유, 돌 또는 기타자료로 기록이 남아있는 자료
- 그림, 프린트, 지도, 음악 등 비문자 자료(non-textual materials)
  - 전통적인 움직임과 현재의 영상 이미지
- 오디오, 비디오, 원문과 아날로그 또는 디지털 형태의 정지된 이미지 등을 포함한 모든 종류의 전자 데이터

※ 출처: 유네스코한국위원회 홈페이지(http://heritage.unesco.or.kr/mow/mow_intro/)

## 2. 세계기록유산의 운영근거

유네스코는 세계기록유산 사업의 구체적인 이행을 위해 기록유산보호를 위한 일반지침(Memory of the World - General Guidelines to Safeguard Documentary Heritage, 2002), 등재해설서, 국제자문위원회 정관 등 구체적인 가이드라인과 운영체계를 마련하였다.

세계기록유산사업의 규범적인 토대가 되는 일반지침을 살펴보면 총11장으로 구성되어 있으며 등재신청서, 용어집과 약어 등 7개의 별첨 자료로 구성되어 있다. 1997년과 1999년 국제자문위원회 회의에서 MOW 목록의 등재기준과 등재과정에 대한 논의를 거쳐 2000년 제2차 MOW 국제회의에서 최종의견을 수렴하여 2002년 개정판이 나왔다.[3)]

3) 운영지침의 개정은 호주출신의 전 국제자문위원인 Ray Edmonson이 결정적인 역할

세계기록유산사업의 운영근거는 기록유산보호를 위한 일반지침에 근거한다. MOW 사업 일반지침은 국제도서관협회연맹(IFLA: International Federation of Library Associations)의 후원 하에 Stephen Foster, Duncan Marshall과 Roslyn Russell의 도움을 받아 Jan Lyall이 초안을 작성하였는데 세계의 기억사업의 목적 및 배경부터, 기본 개념, 보존과 활용의 원칙, 목록의 등재기준과 준비, 세계기록유산사업의 구조와 관리방안, 재원조달과 마케팅에 대한 내용을 담고 있다.

## 3. 등재기준과 절차

일반적으로 세계기록유산사업의 등재목록은 세 가지 범주로 나뉜다. 기록유산의 영향력의 범위에 따라 세계기록유산(International Register), 지역기록유산(Regional Register) 그리고 국가기록유산(National Register)이다. 세 가지 모두 중요성에 있어 우위를 정할 수는 없다. 즉 각각의 목록에 위계가 없다는 의미이며 국가기록유산이 세계기록유산에 비해 덜 중요하다는 의미는 아니다. 따라서 세계기록유산 목록으로 등재한 이후에 지역기록유산목록으로도 등재가 가능하다. 또한 그 반대의 경우도 가능하다. 극단적으로는 한 유산이 3가지 유산에 모두 등재가 될 수도 있다. 세계기록유산으로 등재하기 위해서는 먼저 대상 기록물의 가치를 파악하는 것이 중요하다. 즉 기록유산의 세계사적 의미와 영향력이 3가지 범주중 국제, 지역, 국가의 어떤 곳에 해당하는가를 살펴보아야 한다.

### 1) 등재기준

일반적으로 세계기록유산의 등재를 위해서는 유산의 진정성, 독창성 및

---

을 담당했다.

대체불가성 그리고 세계적인 가치를 지니고 있는가가 매우 중요하다. 구체적인 등재 기준은 아래와 같다.

〈세계기록유산 등재기준〉

| 등재 기준 | | 세부 사항 |
|---|---|---|
| 주요 기준 | 진정성 | 유산의 본질과 유래가 정확히 밝혀진 진품일 것 |
| | 독창성/대체 불가성 | 특정 시대 및 지역에 지대한 영향력을 미치며, 손실 혹은 훼손될 경우 인류에 심각한 손실을 초래할 만큼 중요한 유산일 것 |
| | 세계적 가치 | 시 간: 유산의 오래됨이 아닌, 특정 시대의 중요한 사회문화적 변화를 보여주는지의 여부<br>장 소: 세계사 및 문화에서 중요한 장소에 대한 주요 정보를 담고 있을 경우<br>사 람: 인류의 발전에서 중요한 역할을 했던 사람(들)에 대한 정보를 담고 있을 경우<br>주제와 테마: 과학, 사회학, 예술 등의 발전상에 관한 주제를 구현하고 있는 경우<br>형식과 스타일: 탁월한 미적, 형식적, 언어적 가치를 지니거나 표현 형식에 있어 중요한 표본이 되는 경우 |
| 보조 요건 | | 희 귀 성: 내용이나 물리적 특성이 희귀한 경우<br>완 전 성: 온전히 하나로써 보존되어 있는 경우<br>위 험 성: 유산의 보존상태가 각종 위험요소에서 안전하거나 안전을 담보할 수 있는 조치가 이루어지는 경우<br>관리계획: 유산의 중요성을 보전 및 활용할 수 있도록 적절한 계획이 이루어지는 경우 |

※ 출처: 세계기록유산 보호를 위한 운영지침

주요기준을 살펴보면 우선 영향력에 있어서는 기록유산이 일국의 문화의 경계를 넘어 세계역사에 중요한 영향력을 끼쳤는가 하는 점이다. 예를 들어 세계 역사를 형성하는 데 크게 기여한 정치, 종교 서적들이 포함된다.

둘째, 기록유산이 국제적인 사건의 중요한 변화시기를 잘 반영하거나 인류 역사의 특정한 시점에서 세계를 이해할 수 있는데 크게 기여하였다면 세계적인 중요성이 있다고 할 수 있다. 이런 변화는 정치, 경제, 사회, 철학, 기술, 종교적인 것일 수도 있고 오랜기간일 수도 짧은 기간에 일어난 변화일수도 있다. 역사의 격변기 또는 다른 문화를 가진 사람들간의 접촉한 시기에 일어난 중요한 사건을 잘 기술하고 있다면 그 자체로도 세계사적인 가치를 지녔다고 할 수 있다.

다만 기록유산이 반드시 오래되었다고 해서 세계사적인 중요성을 가지는 것은 아니다. 오래되었다는 것은 보기에 따라서는 얼마든지 상대적인 개념이기 때문이다. 역사가 짧은 나라에서 가지고 있는 기록유산들도 그 가치에 따라 얼마든지 중요성을 인정받을 수 있다. 예를 들어, 시청각 유산의 경우는 상대적으로 최근이기는 하지만 그 중요성에 있어서는 여타 기록물과 다를 바 없다. 초창기 영화사업의 기록들은 필름이 가지고 있는 역사적인 중요성과 현재까지 인류의 문명에 끼친 영향력을 감안할 때 매우 중요한 유산으로 평가 받을 수 있는 것이다. 특히, 한 국가의 독립을 다루거나 세계전쟁의 시초가 되는 특정 사건을 기록하였다면 그 가치는 이미 세계적인 것이다.

셋째, 기록유산이 인류 역사와 문화의 발전에 크게 기여한 특정 장소나 지역에 관한 중요한 정보를 가지고 있는 경우, 세계적이라 평가할 수 있다. 예를 들어, 농업혁명과 산업혁명시기에 중요한 국가나 지역과 관련되거나 전 세계역사에서 반향을 일으킨 정치, 사회, 종교운동의 태동을 기록한 국가나 지역의 기록이 여기에 해당된다.

넷째, 인류역사에 크게 기여한 인물의 업적과 특별한 관련이 있는 기록은 세계적인 가치를 갖는다. 예를 들어 베토벤이나 모차르트와 같이 음악 역사에 탁월한 기여를 했던 인물의 친필기록이나 원고 등이 여기에 해당된다.

다섯째, 기록유산이 세계 역사나 문화에 있어서 중요한 주제를 다루었다면 세계적인 중요성을 갖는다. 예를 들어 러시아 과학 아카데미 도서관에 있는 Radziwill Chronicle (편년사)사업은 유럽인들의 기원과 그들의 중요한 역사적 사건을 보여주는 진귀한 자료로서 기록물에 포함된 그림과 600여개의 소형모형 등은 13세계 유럽 건축물의 특징을 잘 나타내는 중요한 기록물이다.

여섯째, 형태와 스타일도 매우 중요한 기준이다. 기록유산은 내용도 중요하지만 그 형태에 있어 독특한 표본이 될 수도 있다. 특히 급속한 기술 발전으로 사라진 야자수 나뭇잎 원고나 금박으로 쓰여진 원고 그리고 근대의 미디어 기록들이 여기에 해당된다.

일곱째, 기록유산이 하나의 문화를 초월하여 사회적, 정신적, 문화적으로 두드러진 사회적 가치를 지닌다면 세계적인 가치를 지닌다. 예를 들어 민주화, 독립, 인권, 평화 등 특별한 주제들을 다루고 있다면 이는 인류의 신념체계와 관련된 사회적 가치라는 점에서 높은 평가를 받을 수 있다.

이외에도 보조요건으로 희귀성, 완전성, 위험성 및 관리계획도 충족하여야 한다.

### 2) 등재절차

세계기록유산사업은 국가 당 최대 2건을 2년마다 신청할 수 있다. 세계기록유산의 등재는 먼저 국내 등재신청 대상으로 선정되는 것이 중요하다. 각 국가는 각 국이 가지고 있는 뛰어난 가치를 지닌 유산을 선정하여 영문 혹은 불문으로 작성된 신청서를 유네스코에 제출한다. 유네스코 사무국은 등재신청서가 형식면에 있어서 완벽한지를 검토한 후 국제자문위원회 산하 등재소위원회에 송부한다. 등재소위원회는 이를 상세히 검토하여 등재, 혹은 등재불가 등의 의견을 포함하여 국제자문위원회에 평가의견을 제출하게 된다. 국제자문위원회는 이를 바탕으로 등재여부를 심사하여 유네스코 사무총장에게 등재여부를 건의한다. 유네스코 사무총장은 국제자문위원회의 평가결과를 바탕으로 등재를 최종 결정한다.

〈세계기록유산 등재 절차〉

| 순 서 | 내 용 |
|---|---|
| 1 | 대상 유산으로 선정된 유산의 영어 또는 불어로 작성된 신청서를 사무국에 접수 (우리나라의 경우 문화재위원회 심의를 통해 문화재청장이 대상 유산 선정) |
| 2 | 2년마다 3월말까지 접수된 신청서와 부록은 등재소위원회의 의장에게 전달되어 각각의 신청서를 더욱 세세히 검토할 전문가 선정 |
| 3 | 사무국은 선정된 전문가와 개별적으로 계약을 체결한 후 신청서와 관련 문서를 전문가에게 전달 |
| 4 | 세계기록유산 등재에 대한 평가는 등재소위원회가 정한 일정에 맞추어 결정 |
| 5 | 전문가가 평가서를 사무국에 제출 |
| 6 | 등재소위원회는 적어도 2년에 한 번씩 회의를 열어 비정부기관들이 조사한 내용을 종합하여 국제자문위원회에 권고 의견을 제출 |
| 7 | 등재소위원회 의장과 보고관은 회의 결과보고서와 최종 권고 의견(승인 및 거부 판정에 대한 근거 포함)을 작성하여 국제자문위원회에 제출 |
| 8 | 신청서 제출 이듬해 국제자문위원회는 등재소위원회가 작성한 최종 권고의견을 회의에서 검토, 사무총장에게 보고하여 승인 요청 |
| 9 | 사무국은 최종 등재목록을 발표(유네스코 사무총장 최종 승인) |

※ 출처: 문화재청 홈페이지
http://www.cha.go.kr/html/HtmlPage.do?pg=/heritage/world_heritage/world_record_03.jsp&mn=NS_04_04

## 4. 세계기록유산사업의 현황

세계기록유산 등재현황을 살펴보면, 2017년 현재 전 세계 107개국 및 6개 단체의 348개 기록유산이 유네스코에 등재되어 있다. 지역별 등재현황을 보면 다음과 같다.

〈세계기록유산 지역별 등재현황〉

| 지역 | 기록유산 수* | 국가* | %(유산비중) |
|---|---|---|---|
| 아시아·태평양 | 80 | 24 | 22.4 |
| 유럽·북미 | 181 | 39 | 50.5 |
| 라틴·카리브해 | 68 | 26 | 19 |
| 아랍 | 9 | 5 | 2.5 |
| 아프리카 | 15 | 10 | 4.2 |
| 기타 단체 | 5 | 5 | 1.4 |
| 합 계 | 358[4] | 109 | 100 |

※ 출처: 유네스코 본부 홈페이지

'구텐베르그 성경'이나 '영국령 카리브해 지역의 노예명부', 1215년에 선포한 '마그나카르타' 등이 세계기록유산으로 등재되어 있으며 한국은 2015년 〈KBS 이산가족찾기 기록물〉과 〈유교책판〉이 등재되면서 훈민정음, 조선왕조실록 등과 함께 모두 13건의 세계기록유산을 보유하고 있다.

한국은 세계기록유산사업에 비교적 초창기인 1997년부터 지속적으로 등재를 해온 결과, 현재 아시아에서는 가장 많은 13건의 세계기록유산을 보유하고 있으며 2016년 베트남 후에(Hue)에서 개최된 세계기록유산 아태지역위원회 총회에서 아태지역목록에 '한국의 편액'이 등재됨으로써 아태지역 유산도 한 건 보유하게 되었다. 초기에는 『조선왕조실록』, 『훈민정음 혜례본』과 같은 고문서가 등재되었으며 2011년 『5·18 민주화기록물』의 등재를 계기로 비교적 근대 기록물의 등재가 늘어나고 있다.

4) 공동등재 유산을 중복 산정하였다.

〈한국의 세계기록유산 현황〉

| 순서 | 유산명 | 등재연도 |
|---|---|---|
| 1 | 조선왕조실록(서울대 규장각) | 1997 |
| 2 | 훈민정음(간송 미술관 소장) | 1997 |
| 3 | 『불조직지심체요절』 하권(프랑스국립도서관) | 2001 |
| 4 | 승정원일기(서울대 규장각) | 2001 |
| 5 | 고려대장경판 및 제경판(해인사 소장) | 2007 |
| 6 | 조선왕조 『의궤(儀軌)』(서울대 규장각) | 2007 |
| 7 | 동의보감(국립중앙도서관 및 장서각 소장) | 2009 |
| 8 | 1980년 인권기록유산 5·18 광주 민주화운동 기록물<br>(한국 국가기록원 외 여러 정부기관 부처 및 관련 단체) | 2011 |
| 9 | 일성록(서울대 규장각) | 2011 |
| 10 | 난중일기(문화재청 현충사관리소) | 2013 |
| 11 | 새마을운동 기록물(새마을운동중앙회) | 2013 |
| 12 | 한국의 유교책판(한국국학진흥원) | 2015 |
| 13 | KBS특별생방송 '이산가족을 찾습니다' 기록물<br>(한국방송공사, 국가기록원, 한국갤럽조사연구소) | 2015 |

※ 출처: 유네스코한국위원회 홈페이지(www.unesco.or.kr)

# II. 세계기록유산의 보존

## 1. 기록유산의 보존원칙

기록유산사업의 맥락에서 보면, 보존(Preservation)이란 영구적인 접근성을 보장하기 위해 필요한 총체적인 절차라고 정의될 수 있다. 세계기록유산사업은 원칙적인 지원, 대중인식제고, 교육, 훈련, 기술적인 협력 및 직접적인 지원을 장려하고 있다. 세계기록유산보호를 위한 일반지침은 바람직한 보존사례를 위해 아래와 같은 아홉 가지 중요한 원칙을 제시하고 있다.

### 1) 세심한 기록화와 수집품의 관리 (Careful documentation and collection control)

기록물을 잘 관리하는 것은 보존의 선제조건이다. 기록물의 재료에 따라 카탈로그, 목록화 등 재료에 맞는 작업이 필요한데 아날로그 형태일수도 있고 디지털로 기록할 수도 있다. 개별 기록물의 특징과 보존상황에 따라 라벨링하는 작업을 거쳐 적절히 보존될 수 있는 것이다. 보존처리를 했을 경우, 어떤 작업이 언제 어떻게 이루어졌는지 철저히 기록해야 한다. 잘 정리하고 기록화하는 작업은 시간과 훈련이 필요하지만 손실과 중복 작업하는 실수를 줄일 수 있다.

### 2) 저장 환경(Storage environments)

기온, 습도, 조명, 공기, 동물이나, 곤충, 물리적인 보완을 포함한 저장환경이야 말로 기록물의 수명을 최대한 늘릴 수 있는 중요한 조건이다. 최상의 환경이란 종이, 필름, 비디오 기록물 등 관련 기록물의 형태에 따라 매우 다르며 기온이나 습도도 다르게 요구된다. 또한 보관시설의 상태, 화재감지 시스템, 재난 대비방안, 모니터링 등이 모두 환경에 해당되는데 이에 대한 개선작업이 필요하다.

### 3) 사전예방이 사후처방보다 낫다(Prevention is better than cure)

문화유산에 있어 보존의 중요성은 아무리 강조해도 지나치지 않는다. 지속적인 보존 노력과 기술의 적용을 통해 기록물을 보존하는 것은 기록물의 수명을 연장할 뿐만 아니라 어떤 복원보다도 가치가 있는 것이다. 좋은 환경을 잘 유지하고 보관 절차를 준수하고 철저한 보안시설을 강구하는 것이야 말로 기록물의 보존에 있어 필수적인 사항이다.

#### 4) 원기록물의 보존(Conserving an original document)

원기록물의 보존과 그 완전성을 지키는 것은 소중한 정보를 궁극적으로 잃지 않는 방법이며 향후에 있을 모든 보존방법과 대중들이 해당 기록유산에 접근할 수 있는 가능성을 열어 놓는 작업이라 할 수 있다.

#### 5) 내용의 이관과 재구성(Content migration or reformatting)

기록물을 다른 형태로 복사해 놓는 것은 접근성이라는 측면에서 매우 유용하고 필요한 작업이다. 실제로 유네스코 세계기록유산사업은 보편적인 접근성을 강화하고 원 기록물의 보존에 유용하다는 측면에서 디지털화나 마이크로필름작업을 적극 장려하고 있다. 그러나 이러한 다른 형태로의 이전 작업은 때로 보존 전략과 마찬가지로 매우 신중할 필요가 있다. 예를 들어 원기록물의 복사와 같은 이전 작업 과정에서 있을 수 있는 원본의 훼손은 심각한 결과를 초래할 수 있다. 또한 아날로그 방식의 복제본을 만드는 것과 동시에 미래세대를 위해 디지털화하는 방식도 동시에 고려해야 한다.

#### 6) 위기에 대비한 장기적인 보존(Putting long-term preservation at risk)

기록물의 보존에 있어서 대부분의 경우, 예산과 인력이 적게 드는 단기 보존전략을 채택하기 쉽다. 그러나 이러한 단기적인 보존 처방은 추후에 더 많은 예산과 인력을 투입해야하는 결과를 초래할 수 있기 때문에 가급적 피해야 한다. 아울러 보존에 해가 될 경우에는 어떠한 경우에도 훼손될 위험이 있는 원본을 외부에 노출하지 않는 원칙이 필요하다.

#### 7) 한 가지 방안이 다 맞지는 않는다(On size doesn't fit all)

여러 형태의 기록 매체는 각기 다른 형태의 보존환경과 처리기법, 관리 및 보존방안이 필요하다. 인쇄물이나 종이와 같은 전통적인 형태의 기록물이 점차 기계가 읽을 수 있는 형태의 기록물 즉 컴퓨터 디스크나 비디오형태로 바뀌고 있는데 각각의 기록물은 보존에 있어 매우 다른 취약점을 지니고 있기 때문에 기록물에 맞는 보존방식이 필요하다.

#### 8) 협력이 필수이다(Cooperation is essential)

기록유산의 보존은 다양한 분야의 협력이 필요하다. 각각의 보존관련 전문기관들의 특징을 잘 살려서 보다 효율적이고 예산이 절약되는 방법을 공유하면서 협력하는 것이 바람직하다. 즉 보존 작업에 있어서 누구도 섬처럼 혼자 모든 작업을 진행하는 것은 바람직하지 않다.

#### 9) 전통지식(Traditional knowledge)

다양한 문화는 그 나름대로의 기록유산 보존에 대한 각각의 노하우를 가지고 있다. 최근의 기록유산 보존방법은 과학적 사실에 기초한 서구적인 보존방안이 대세를 이루고 있으나 어떤 경우에 있어서는 전통적인 보존 방안이 그 유산의 특징과 성격에 잘 맞기 때문에 오히려 더 효과적일 수 있다. 기록유산이 적절히 보존될 수 있다면 과학적인 지식과 전통지식을 잘 접목하는 것도 매우 효과적인 보존방안이다.

이상에서 살펴본 바와 같이, 유네스코는 기록화와 수집품의 관리를 적절히 하고, 보존에 맞는 환경을 제시하며, 사후 처방보다는 사전 예방에 더 힘쓸 것을 강조하고 있다. 아울러 원본을 잘 보존하고 대중의 접근성을 강화하기 위하여 기록물의 정보는 다양한 형태로 보관하고, 위험에 빠진 기록물에 대해서는 단기 처방보다는 장기적인 관점에서 보존에 힘써야 한다는 것을 강조하고 있다.

또한 개별 기록물마다의 특성을 살려서 기록물에 맞는 보존기법을 사용하고 기록물 보존의 다양한 경험들을 공유하기 위해 관련기관간의 협력의 중요성도 지적하고 있다. 끝으로 어떤 기록물의 경우는 첨단 기술보다는 그 기록물이 탄생하게 된 환경에 맞는 전통기법들이 보존에 있어 더 용이함을 다시금 상기시키고 있다.

## 2. 기록유산 보존을 위한 한국의 기여

문화유산을 보호하는데 있어서 여러 가지 위협 요소가 상존하고 있다. 유형유산과 무형유산 그리고 무형유산 사이의 서열화 문제가 있으며 전세계적인 산업화와 근대화의 영향으로 전통문화들이 소멸될 위기에 처해 있다. 또한 정보통신의 발달로 인한 서구문화의 유입으로 문화의 획일화가 우려될 뿐만 아니라 문화유산에 대한 젊은층들의 무관심이 고조됨에 따라 전통문화의 계승에 어려움을 겪고 있다.

특히 기록유산의 경우는 여전히 아태지역의 많은 국가들이 기본적인 예산과 보존기술에 대한 역량 부족으로 인해 기록유산보호에 어려움을 겪고 있는 것 또한 사실이다. 아태지역의 열대성 기후는 기록유산의 보존하는데 어려움 조건임에 틀림없다. 이러한 상황을 극복하기 위해서 기록유산의 보호를 위한 국제적인 협력이 필요한 시점이다.

우리나라는 기록유산의 강국으로서 국제사회에서 기록유산 보존을 위해 다양한 활동을 전개해 오고 있다. 우선 지난 2015년 아태지역 세계기록유산사업의 증진을 위해 국립아시아문화전당과 세계기록유산 아태지역위원회(MOWCAP)간 "아시아태평양 세계기록유산 협력에 관한 양해각서"를 체결하여 국립아시아문화전당 내 MOWCAP 사무소 설치를 합의하고 지난 9월에 국립아시아문화전당에서 센터 개소식을 가진바 있다. MOWCAP 사무소의 설치는 아태지역 기록유산의 다양성 확보와 역량강화에 크게 기여할 것으로 보인다.

둘째, 한국은 2009년부터 유네스코 세계기록유산 등재훈련 워크숍을 개최해오고 있다. 유네스코 세계기록유산 워크숍은 저개발국의 유네스코 세계기록유산 등재신청서 작성을 지원하여 가치 있는 기록유산의 발굴과 보존에 기여하고 기록유산의 중요성에 대한 지역 내 인식을 높이는데 그 목적이 있다. 2009년 아태지역을 대상으로 시작한 이 워크숍은 이후 아태지역에서 3차례 더 개최되었으며 2012년에는 아프리카 국가들을 대상으로 2015년에는 라틴·캐러비안 지역에서 개최되어 세계기록유산 등재가 저조한 국가들의 등재 신청을 적극 지원해왔다. 워크숍의 전문가(유네스코국제자문위원단) 자문을 통해 등재신청서가 대폭 개선되어 2015년까지 세계기록유산 세계목록에 7개국 7건 등재, 아시아태평양지역목록에 9개국 10건 등재되는 등 총 17건 등재에 실질적으로 기여한 바 있다.

셋째, 한국정부는 기록유산분야에서는 최초로 유네스코 국제기록유산센터(Category II center) 설립을 유네스코에 제안하였다. 이 센터 설립안은 10월에 개최된 유네스코 제202차 집행이사회에서 통과되어 11월 총회에서 최종 승인이 되면 2019년 본격적인 활동을 전개할 예정이다. 이 센터는 이미 등재된 기록유산 DB를 체계적으로 구축하고 디지털화하는데 기여하고, 세계기록유산의 관리 정책 및 콘텐츠 개발 등 연구, 자료집 발간, 국제 심포지움 개최 등을 통해 회원국들과 연구성과물을 공유할 예정이다. 아울러 국내외 전문가들로 구성된 교수진을 확보하여 다양한 커리큘럼을 준비하는 한편, 개발도상국을 대상으로한 세계기록유산 관련 교육사업도 전개할 예정이다. 국제기록유산센터가 설립된다면 아태지역의 기록유산 보존에도 크게 기여할 것으로 예상된다.

## III. '직지심체요절' 세계기록유산의 활용 사례

『불조직지심체요절(佛祖直指心體要節)』(이하 『직지』)은 일반적으로 '직지'라고도 잘 알려져 있는데 1377년 청주 흥덕사에서 간행된 현존하는 세계 최고의 금속활자본으로 인류문명사의 큰 획을 그은 금속활자 발명의 유일한 증거로 그 가치를 인정받아 2001년 6월 유네스코 국제자문위원회에서 세계기록유산으로 등재되었다. 이 책은 『직지심체요절』, 『직지심체』, 『직지심경(直指心經)』, 또는 『직지』 등의 다른 이름으로도 불리는데, 원래는 상, 하권으로 인쇄되었으나 상권은 아직까지 발견되지 않았고 하권만 프랑스 국립도서관에 소장되어 있다.5)

청주시는 직지의 세계적인 가치를 국제사회에 알리고 세계기록유산을 통한 지역의 정체성을 확립하고자 그동안 세계화 사업에 주력해 왔다. 2003년부터 8회에 거쳐 '직지축제'와 다섯 번의 '직지상' 시상식을 개최하였고, 그 외에 비교연구 및 학술심포지엄 개최, 유네스코 MOW 제4차 국제자문위원회 유치(2001), 프랑스 국가위원회와의 협력, '직지'와 '구텐베르크 성서' 공동전시회(2003), 유네스코 세계기록유산 훈련워크숍, 유네스코 국제기록유산 센터 유치(2017) 등 다양한 노력을 기울여 왔다.

### 1. 청주시의 '직지심체요절' 세계기록유산 등재 노력

청주시의 '직지' 세계기록유산 등재는 처음부터 순탄치는 않았다. 직지가 비록 청주 흥덕사에서 발간되었지만, 합법적인 매입과정을 거쳐 현재 프랑스 국립도서관에서 소장하고 있기 때문이었다. 당시만 해도 기록유산을 소장하고 있지 않은 원소유주가 세계기록유산으로 등재신청을 한 사례는 없었기 때문에 유네스코내에서도 이에 대한 논란이 있었다. 특히 소장처인 프

5) 네이버 지식백과 / 유네스코와 유산 / 직지심체요절

랑스 국립도서관과의 공동등재가 유일한 해결책이었으나 문화재반환에 대해 민감한 프랑스로서는 등재에 매우 부정적이었던 것이 사실이다. 청주시민을 중심으로 직지 반환운동, 직지 찾기운동을 전국적으로 추진하는 한편, 유네스코한국위원회와 협력하에 유네스코 프랑스위원회, 프랑스국립도서관에 유네스코 세계기록유산 등재가 반환을 목적으로 하지 않는다는 것을 분명히 밝히는 한편, 유네스코 사무국의 적극적인 협력을 도모하였다.

여러 노력 끝에 프랑스국립도서관의 동의를 받아 직지는 2001년 청주에서 개최된 제4차 유네스코 세계기록유산 국제자문위원회에서 '구텐베르크 42성경' 등과 함께 세계기록유산으로 등재되었다. 특히 당시 직지를 평가하는 국제자문위원회를 청주에서 유치함으로써 국제자문위원들에게 등재의 당위성을 적극적으로 어필할 수 있었던 것도 주효했다.

### 2. '유네스코-직지 세계기록유산상[6]'의 제정과 세계화 사업

청주시는 직지의 세계기록유산 등재를 계기로 기록유산분야의 유일한 유네스코 국제상인 '유네스코-직지 세계기록유산상'을 2004년 제정하여 격년으로 기록유산보존에 기여한 단체에 3만불의 상금을 시상해 오고 있다. 직지상은 유네스코라는 국제기구를 통해 공신력과 신뢰성을 향상시킴으로써 지역적 수준에 머물고 있는 청주, 직지라는 인지도를 국제적 수준으로 올리는데 크게 기여하였다. 뿐만 아니라 교육분야의 문맹퇴치를 위한 '세종대왕문해상'과 함께 국제사회에서 한국문화와 역사를 홍보할 뿐만 아니라 한국의 국제적 위상을 제고하는데도 효과를 얻고 있다.

또한 청주시는 직지의 유네스코 세계기록유산 등재에 이어 유네스코한국위원회와 협력하여 기록유산의 보호 및 이의 디지털화, 데이터베이스 구축 등 관련분야의 전문인력을 양성하는 유네스코 기록유산 워크숍을 2002년부

6) 영문명칭은 'UNESCO/Jikji Memory of the World Prize'이다.

터 꾸준히 개최해 오고 있다. 아태지역 도서관, 아카이브, 정부기록보관소의 기록유산 전문가들이 참여한 가운데 기록유산 보존을 위한 다양한 프로그램을 운영하였다. 뿐만 아니라 개도국 기록유산보존 역량을 강화하기 위해 몽골, 스리랑카 등 아태지역 개도국을 대상으로 기록유산 역량강화 워크숍을 개최하고 국가기록원의 지원을 받아 기록유산 보존에 필요한 장비와 기기들을 기부하는 행사들도 개최한 바 있다.

직지의 가치를 국제적으로 알리기 위한 노력의 일환으로 청주시는 2003년 9월 독일 구텐베르크 박물관과 공동으로 '직지-구텐베르크 성경' 공동전시회를 괴팅겐 대학교에서 개최하는 한편, 동서양 인쇄문화를 비교해 보는 국제비교심포지엄도 개최하였다. 비록 프랑스 국립도서관에서 원본대여를 거부하여 원본전시는 무산되었지만, 고인쇄 문화를 주제로 한 해외전이 직지를 국제사회에 알리는데 효과적인 홍보방안으로 추진되었다. 아울러 프랑스국립도서관의 협조를 받아 직지를 고해상도로 촬영하여 직지원본을 인터넷상에서 볼수 있는 직지 디지털화사업도 동시에 진행하였다.

### 3. '유네스코 국제기록유산센터'7)의 유치

직지의 세계화를 위해서는 기록유산을 담당하는 전문인력의 확보와 기구의 설립이 필수적이다. 이에 따라 청주시는 유네스코한국위원회, 국가기록원과 협력하여 유네스코가 인증하는 '유네스코 국제기록유산센터'를 추진하고 있다. 이 센터는 유네스코의 로고를 사용할 수 있는 카테고리 2센터로서 세계기록유산사업을 담당하는 최초의 유네스코 카2센터로서 활동이 기대된다.

현재 세계기록유산사업은 유네스코가 인증하는 세계유산사업이나 무형유산사업과는 달리 국제협약에 근거하고 있지 않기 때문에 재정적 인력적

7) 영문명칭은 'UNESCO International Center for Documentary Heritage'이다.

으로 많은 문제점을 가지고 있다. 이에 따라 유네스코 사무국은 이 센터가 이미 등재된 세계기록유산과 관련된 DB들을 체계적으로 구축하고 세계기록유산의 보존 상태를 점검하고 관련 연구자들간의 협력을 도모하는 한편, 개도국 기록유산 보존 역량 향상에 크게 기여할 것으로 기대하고 있다. 이 센터는 2017년 10월 개최된 집행이사회에서 승인되어 11월 개최되는 총회의 형식적인 의결만을 남겨두고 있다. 국제기록유산센터가 출범하게 되면 기록유산의 메카로서 청주의 국제적인 위상이 확고해 질 것이다.

## 4. '직지코리아 페스티벌' 개최

국제적인 노력이외에도 지역민들이 '직지'를 포함한 기록유산의 가치를 재인식하고 지역의 정체성을 확립하기 위해 2003년부터 8회에 걸쳐 '청주직지축제'를 지역행사로 추진하였고 2015년부터는 '청주직지축제'와 '직지상 시상식'을 통합하여 '직지코리아 페스티벌'로 추진하여 정부승인행사로 승격시켰다. 8일간 연인원 302,504명(국외 16,208명)의 관람객을 동원하였으며, 387억원의 경제적 파급효과와 185명의 취업을 유발하는 효과를 얻은 것으로 나타났다.[8)] 청주시의 기록유산을 활용한 지역발전전략은 지역민의 자긍심을 고취시킬 뿐만 아니라 경제적으로 지역발전에 많은 기여를 할 수 있는 좋은 사례로 평가된다.

8) 충북일보, "직지코리아, 경제적 파급효과 387억원, 2016.12.29

# Ⅳ. 조선통신사 세계기록유산의 세계적 가치와 향후 과제

## 1. 조선통신사 기록물의 세계적 가치

조선통신사는 1607년(선조 40년)에서 1811년(순조 11년)까지 조선에서 일본 막부 장관에게 파견한 공식외교사절단으로서 17세기부터 19세기까지 약 200여년에 걸쳐 총 12차례 일본을 방문해 문화교류를 펼쳤는데 이에 대한 기록물이 조선통신사 기록물이다. 등재 신청 목록은 총 11건 333건(한국 63건 124점, 일본 48건 209점)에 이르며 각 기록물은 부산박물관과 국립해양박물관을 포함해 한국과 일본 전지역에 걸쳐 보관되고 있는 것으로 알려져 있다.

조선통신사 기록물은 단순히 전쟁의 재발방지를 넘어 신뢰를 기반으로 한 조선과 일본의 평화와 우호를 상징하는 기록물이다. 시대적으로 유럽에서 끊임없이 전쟁이 일어나던 시기에 외교사절단을 통한 평화와 상호 이해를 도모한 성공적인 사례이다. 조선과 일본인들의 오해에 의한 편견을 줄여주었고 각기 다른 문화를 이해하는 중요한 기회가 되었다. 기록물 자체로도 훌륭하지만 관련 미술품도 뛰어나다는 점에서 가치를 더한다. 이 기록물은 유네스코가 추구하고 있는 평화와 상호이해의 가치를 잘 표현하고 있다는 점에서 높은 평가를 받고 있다.

세계기록유산으로 등재된다는 것은 대상 기록물의 가치가 한나라의 문화적 경계를 넘어서 인류의 공동 자산이 된다는 것을 의미한다. 따라서 세계기록유산으로 등재된다면 등재신청서에 명시한 사항에 대한 철저한 이행이 필요하다. 한국에서는 향후 조선통신사 세계기록유산 박물관을 운영하여 각 시설에서 보관중인 문건들을 복제하여 전시하고 보관중인 기록물들을 디지털화하여 온라인으로 접근할 수 있도록 DB 구축하겠다고 신청서에 명시하였다. 일본에서는 각 지역에서 보관중인 기록물들을 잘 보관하고 전시하도록 노력하는 한편, 1) 기록유산 보존관리를 위해 소장처, 전문가들로 구성된 연합회 설립 2) 디지털 박물관의 구축 3) 관련 지자체와 연계하여 조선통신사 루트를 탐방하는 관광프로그램 조직 4) 한국 파트너와 네트워크를 강화하고 연구프로그램, 전시 및 관련 이벤트를 공동으로 조직할 수 있는 시스템을 구축하겠다고 하였다. 세계기록유산의 등재는 출발점에 불과하다. 기록유산 등재이후에 각 소장처는 등재당시의 명시했던 사항을 완수할 의무가 있다.

## 2. 향후 과제

### 1) 종합적이고 장기적인 보존 계획의 수립

세계기록유산의 보호를 위해서는 종합적이고 장기적인 보존계획의 수립이 전제되어야 한다. 유네스코 세계기록유산 운영지침의 보존 원칙 9가지에 입각하여 기록화와 수집품의 관리에 힘쓰고 적절한 보존환경을 조성하며, 일반대중들의 기록물에 대한 접근성을 강화하며 다양한 형태로 보관함으로써 세계기록유산의 취지를 잘 살리려는 노력이 필요하다.

이러한 과정에서 국가나 지방자치단체는 기록유산이 적절히 잘 보존될 수 있도록 재정적 행정적 지원을 제공하고 특별히 별도의 기관을 설립할 필요가 있다. 부산문화재단에서 제시한 조선통신사 기록물의 별도 박물관은 좋은 사례가 될 것이며 적극적인 추진이 필요하다. 이를 통해 기록물에 대한 과학적 연구기반을 제공하고 일반인들이 조선통신사 기록물의 세계적 가치를 쉽게 제공할 수 있는 웹기반을 마련하여야 한다.

아울러 중요 기록물들을 보존하는 것도 매우 중요하지만 그 자체로만은 불충분하다. 원본기록물 뿐만 아니라 그 기록유산이 만들어지게 된 공간, 관련된 전통 문화를 되살리려는 노력이 곁들여 질 때 진정한 의미의 종합적인 보존정책이 수립되는 것이다.

기록유산의 보존 상태를 지속적으로 모니터링하는 방법의 연구 및 지원 전략도 또한 마찬가지로 중요하다. 세계유산의 경우, 지정 당시의 중요한 가치를 유지하기 위하여 지속적이고 정기적인 모니터링 기법을 사용하고 있다는 점을 상기할 필요가 있다.

### 2) 교육프로그램 개발 및 인식제고

기록유산의 보존은 원본 그대로의 보존만이 중요한 것이 아니다. 기록유산을 통해 과거 조상들의 전통과 사상을 현대적으로 계승하고 기록유산의 정보에 대한 대중적인 접근이 가능해야 한다. 이를 위해서는 대중들을 위한 기록유산에 대한 교육 활용 프로그램이 개발되어야 한다. 특히 미래세대는 우리가 보호해 온 문화유산을 물려받는 동시에 우리의 보호노력을 계속 이어가야 할 막중한 책임을 맡고 있다. 기록유산을 통해 전통문화에 대해 이해하고 이를 다음세대에 물려줄 수 있도록 체계적인 교육프로그램이 개발되어야 한다.

### 3) 기록유산 전문인력의 양성

기록유산의 보존을 위해서는 전문인력의 양성이 매우 필수적이다. 기록유산의 보존, 디지털화, 목록화, 교육, 활용프로그램 등 다양한 분야에 있어 전문인력이 양성될 필요가 있다. 뿐만 아니라 전통기록물의 경우, 고어나 외래어로 작성되어 있어, 이를 현대적인 언어로 재해석할 전문인력이 필요하다. 이를 위해서는 지역의 대학이나 전문 교육기관과의 협력을 통해 관련 인력의 육성이 매우 중요하다.

### 4) 국제적인 파트너쉽의 강화

세계기록유산은 인류의 공동 자산으로 모두 함께 지켜야할 의무가 있다. 세계기록유산 등재를 통해 국제적인 파트너와의 협력을 강화하는 계기로 삼을 필요가 있다. 기존 유네스코 관련기구, 예를 들어 유네스코국가위원회, 유네스코 연계 국제NGO, 세계기록유산 아태지역위원회, 한국에 설립될 유네스코 국제기록유산센터 등 국제기구와 기록유산분야의 국제전문가들과의 파트너쉽은 매우 중요하다. 이를 통해 국가 및 전문기관들간 경험을 공유하고, 기록유산의 가치를 국제적으로 홍보하는데 협력하여야 한다. 또한 무엇보다도 한.일 양국간 공동 등재노력을 함께 해온 부산문화재단과 조선통신사연지연락협의회의 협력이 매우 중요하다. 아울러 홍보사업, 공동연구사업, 국제심포지엄 개최 등 다각적인 노력이 필요하며 이를 위한 양국 정부의 지원과 협조가 있어야 하겠다.

유네스코 세계기록유산의 등재는 자국의 기록문화에 대한 자부심과 역사인식을 고양시킬 수 있는 계기가 되며, 등재를 통해 해당 기록물의 보존관리 필요성에 대한 국내외적 인식 제고, 보존관리를 위한 재정확충 및 관련 학술연구의 활성화를 이끌어낼 수 있다. 또한 교육 및 문화콘텐츠사업과의 연계를 통해 자국의 문화자원을 활용한 지속가능발전의 기반을 닦는 계기가 될 수 있다.

조선통신사 기록물의 세계적인 가치를 지키기 위해서는 관련 전문가들의 노력, 이를 위한 지원하기 위한 각국 정부의 적극적인 노력 그리고 통신사 기록물을 소장하고 있는 지역주민들의 적극적인 참여에서만 가능한 것이다. 세계기록유산이란 과거로부터 물려받았고, 오늘날 우리와 더불어 살아가고 있으며 미래세대에 반드시 물려주어야할 소중한 인류의 자산이라는 것을 잊어서는 안될 것이다.

# 참고문헌

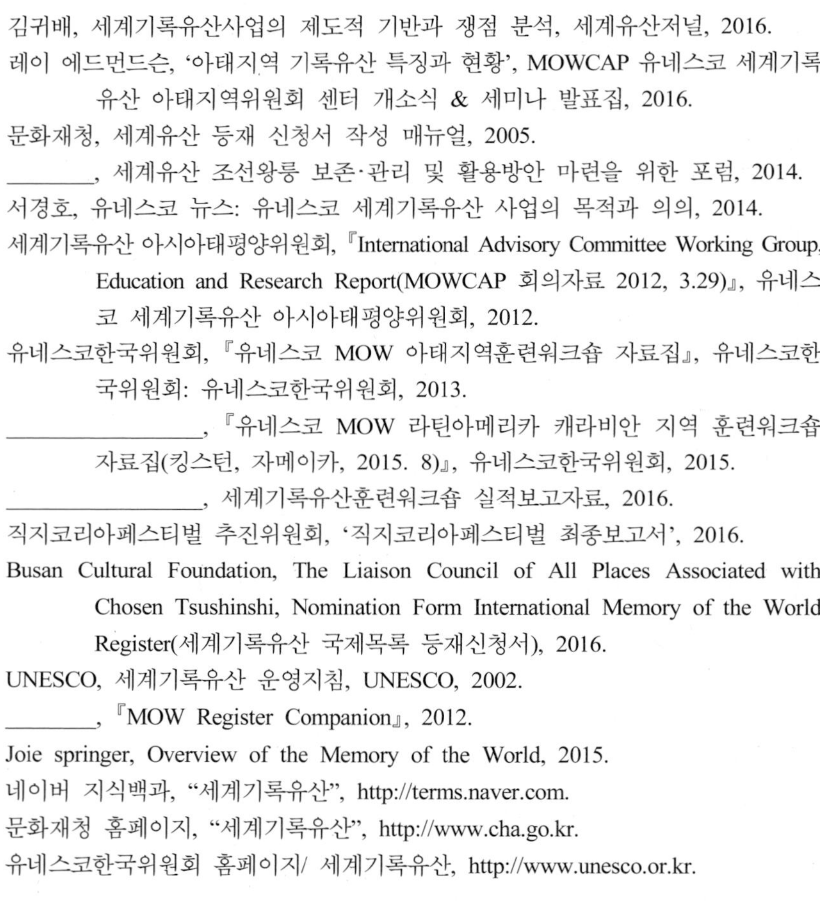

김귀배, 세계기록유산사업의 제도적 기반과 쟁점 분석, 세계유산저널, 2016.
레이 에드먼드슨, '아태지역 기록유산 특징과 현황', MOWCAP 유네스코 세계기록유산 아태지역위원회 센터 개소식 & 세미나 발표집, 2016.
문화재청, 세계유산 등재 신청서 작성 매뉴얼, 2005.
_______, 세계유산 조선왕릉 보존·관리 및 활용방안 마련을 위한 포럼, 2014.
서경호, 유네스코 뉴스: 유네스코 세계기록유산 사업의 목적과 의의, 2014.
세계기록유산 아시아태평양위원회, 『International Advisory Committee Working Group, Education and Research Report(MOWCAP 회의자료 2012, 3.29)』, 유네스코 세계기록유산 아시아태평양위원회, 2012.
유네스코한국위원회, 『유네스코 MOW 아태지역훈련워크숍 자료집』, 유네스코한국위원회: 유네스코한국위원회, 2013.
_______________, 『유네스코 MOW 라틴아메리카 캐라비안 지역 훈련워크숍 자료집(킹스턴, 자메이카, 2015. 8)』, 유네스코한국위원회, 2015.
_______________, 세계기록유산훈련워크숍 실적보고자료, 2016.
직지코리아페스티벌 추진위원회, '직지코리아페스티벌 최종보고서', 2016.
Busan Cultural Foundation, The Liaison Council of All Places Associated with Chosen Tsushinshi, Nomination Form International Memory of the World Register(세계기록유산 국제목록 등재신청서), 2016.
UNESCO, 세계기록유산 운영지침, UNESCO, 2002.
_______, 『MOW Register Companion』, 2012.
Joie springer, Overview of the Memory of the World, 2015.
네이버 지식백과, "세계기록유산", http://terms.naver.com.
문화재청 홈페이지, "세계기록유산", http://www.cha.go.kr.
유네스코한국위원회 홈페이지/ 세계기록유산, http://www.unesco.or.kr.

〈토론문〉

# 조선통신사 기록물 세계기록유산의 보존과 활용에 대한 토론문

김흥술 | 강릉오죽헌/시립박물관

유네스코한국위원회의 김귀배 과학문화본부장님께서 발표하신 "조선통신사 기록물, 세계기록유산의 보존과 활용"이라는 주제의 토론을 하게 되어 영광으로 생각합니다. 늘 유네스코와 관련한 국제적 과학문화 발전을 위해 동분서주하시고, 전심전력을 다하고 계신 본부장님께 감사하는 마음입니다.

김귀배 본부장님의 글은 현재 유네스코에서 국제협약에 의해 진행되는 세계문화유산, 무형유산사업과 달리 세계기록유산은 '세계기록사업일반운영지침'에 의해 추진되는 특별프로그램 사업이며, 세계기록유산 사업의 개요, 세계기록유산의 보존, 세계기록유산 직지심체요절의 활용 사례, 조선통신사 세계기록유산의 가치와 향후 과제의 순으로 정리해 주셨습니다. 본부장님의 글은 일반 대중에게 '세계기록유산'의 개요에 대하여 알려주는 글입니다. 본부장님의 글을 읽으면서 청주고인쇄박물관에 계시는 분이 오셨으면 좋았을 자리에 제가 왔다는 생각이 들기도 합니다.

김귀배 본부장님의 글은 특별히 반론을 펼칠 수 없는 세계기록유산에 관한 일반적 상황을 알려주는 글이라고 생각됩니다만, 본 학술회의에서 토론자의 소임을 다하기 위하여 직지심체요절의 활용사례와 조선통신사 세계기록유산의 향후 과제와 관련하여 간략하게 2가지 질문을 드립니다.

첫째, 현존 최고의 금속활자본으로 인류문명사에 금속활자 발명의 유일한 증거로써 2001년 6월 세계기록유산으로 등재된 직지심체요절과 관련하여 청주시의 세계화 노력을 설명해주셨습니다.

《- '직지'가 고려시대 청주시 흥덕사에서 발간되었지만 현재 프랑스 국립 도서관이 소장하고 있고, 소장하고 있지 않은 원소유자가 등재신청을 했던 드문 경우로 청주시민들의 반환운동, 직지 찾기 운동 등을 비롯한 등재를 위한 노력 등

- 등재이후 기록유산 보호 및 디지털화, DB구축 등 관련분야 전문인력 양성, 기록유산 워크숍 개최, 아태지역 기록유산 보존을 위한 다양한 프로그램 운영, 국제적 노력의 일환으로 '직지-구텐베르크 성경' 전시 사업 등
- 유네스코 카테고리 2급 국제기구 기관으로 '유네스코 국제기록유산센터'의 청주 유치
- 2003년부터 지역행사로 '청주직지축제'를 개최해오다가 2015년부터 '청주직지축제'와 '직지상 시상식'을 통합하여 '직지코리아 페스티벌'로 추진하여 정부승인행사로 진행하는 등》

'직지'를 통한 청주시의 노력 중 총회의 형식적 의결 과정을 남기고 있다는 유네스코 카테고리 2급 센터 설립과 관련한 질문입니다. 유네스코 산하 국내 기관으로 세계무형유산 분야의 전주 아태센터, 기록유산분야의 청주 기록유산센터가 있게 된 것이겠지요? 유네스코 국제기록유산센터가 청주에 유치되는 것은 참으로 경사스런 일이라 생각됩니다. 기록유산센터는 국제적으로 몇 곳이나 되고, 청주에 유치되는 센터의 관할 사업 범위는 어떻게 되는지요?

둘째, 조선통신사가 오고 갔던 조선후기 200여 년 동안의 문화교류와 성신(誠信)의 역사는 현재에도 미래에도 한·일관계의 긍정적 이정표라고 생각됩니다.

등재신청서에서 한·일 양국이 명시했던 약속,
《한국 : 조선통신사 세계기록유산 박물관 운영, 운라인 DB국축 등
일본 : 기록물 전시, 전문가 연합회 설립, 디지털박물관 구축, 한일네트워크 강화, 조선 통신사 루트 탐방 프로그램 조직 등》

등재 이후 한일관계사에 대하여 더욱 관심을 높이고, 조선통신사의 시문창화, 재예시연 등 종합적 문화교류를 이어왔던 차원 높은 문화교류의 역사적 전통을 부활하고 지속하게 될 계기로서도 등재의미가 깊다고 생각됩니다. 한일 양국이 각각 소장하고 있는 관련 기록을 모아 DB화하고, 박물관을 만들고 그런 노력들의 결과로 연구자들의 더 많은 연구 성과를 가져올 것으로 생각됩니다.

세계기록유산으로 등재된 유산들 중 '조선통신사 기록물'처럼 서로 다른 민족 간 교류의 역사를 증명하는 이런 종류의 기록유산이 있을까요? 본부장님께서 혹 알고 계신 예가 있다면 말씀해주시기 바랍니다.

〈토론문〉

# 조선통신사 기록물 세계기록유산의 보존과 활용

## 문화콘텐츠로서 조선통신사 기록물의 가치와 활용

최용수 | KBS부산방송총국 TV제작부장 /다큐멘터리 〈조선통신사〉 2부작 연출

1. 다큐멘터리 조선통신사의 제작 동기
   - "기록되지 못한 역사는 기억되지 않는다."
     '조선통신사 기록물' → 당대 기억의 재구성 → 현대적 의미
   - 한·일 간에 심각한 외교적 갈등 와중에 한·일의 두 민간단체가 조선통신사 관련 기록물을 유네스코 세계기록유산으로 공동 등재신청하게 된 계기는 무엇이었을까?

2. 조선통신사 기록물이 던진 질문
   - 임진왜란 이후 불구대천의 원수지간이었던 조선과 일본은 어떻게 260년 동안 평화를 이어갈 수 있었을까?
   - 공식적인 외교기록과 문서에서부터 조선통신사들이 남긴 각종 글씨와 그림, 심지어 일본 민간에서 춤과 민화로도 전승되고 있는 조선통신사의 기억.
     누가 어떻게 이들을 기억하고 기록했을까?

3. 사라질 뻔한 기억, '이웃하는 두 적대국가간의 260년 평화'
- 고 신기수 선생의 다큐멘터리 영화 〈에도시대의 조선통신사〉
- 조선통신사의 여정을 따라 글과 그림, 무용 등 다양한 미디어로 생산된 문화콘텐츠(원형의 무수한 자가 복제 및 변용(variation))
- 한·일 관계의 불행한 과거를 푸는 열쇠, '성신교린(誠信交隣)'
"비열한 외교적 책략으로 이룬 평화라도 전쟁보다는 낫다"
- 조선통신사 기록발굴을 통해 한·일 두 나라 간 평화 교류의 시기가 있었음을 알려 온 일본인들과, 조선통신사들의 일본 여정 곳곳에 남겨진 조선통신사 자료관(NPO 조선통신사 연지 연락 협의회)

4. 조선통신사 기록물은 세계적 문화콘텐츠
- '문화콘텐츠' = 문화 + 미디어(언어, 문자, 그림, TV, 영화...)
- "기록되지 못한 역사는 기억되지 않는다."
  → "소비되지 않는 문화콘텐츠는 기억되지 않는다."
- 평화의 기억, 인류의 공존과 지속가능한 발전을 위한 유네스코의 이상

5. 조선통신사 기록물의 보존 및 활용을 위한 제언
가. 조선통신사 기록물 종합전시관 건립
  - 복제본을 활용한 상설 종합전시
  - 체험형 관람시설
나. 조선통신사 기록물을 활용한 2차 창작물 제작 지원
  - 조선통신사 한지 인형 행렬 등 원 기록물을 저작권 활용 제고
  - 스토리 텔링과 캐릭터 산업의 결합
다. 연관 도시의 공동사업 추진
  - 부산-행렬재현, 해신제/ 영천-행렬재현, 마상제/ 원주-고구마 축제 등 조선통신사 관련 행사 공동기획 진행

라. 한일 민간 교류 사업 활성화

- 관광과 연계한 교류 사업 확대

# 종합토론

〈부록 1〉

# 녹 취 록

**손승철** 저희가 오전 9시 30분에 시작을 해서 이사장님의 개회말씀, 일본과 한국 대사님들의 축하말씀을 듣고, 이어서 강남주 한국측 위원장님께서 조선통신사 기록물이 유네스코에 등재되기까지의 경위라던지, 또는 내용, 의미 등에 대해서 기조강연을 해 주셨습니다. 이어서 주제발표는 조선통신사 기록물이 구분된 대로 외교기록, 여정기록, 문화교류기록으로 나눠서 각론해서 다루었습니다. 그리고 특히 오사카박물관에 소장된 신기수 컬렉션을 하나의 사례로서 구체적으로 소개해 주셨다고 생각됩니다.

오늘 발표를 들어보니까 조선통신사 기록물의 현재 상태에서 유네스코 등재되는 상황까지 모든 것을 점검하지 않았나 그런 생각이 듭니다. 지금부터는 발표된 주제들에 관해서 각기 약정 토론에 들어가도록 하겠습니다. 토론에 앞서서 마침 오늘 신기수 선생님의 따님인 신이화씨가 이 자리에 참석하셨습니다. 그래서 간단하게 소개시간을 갖고 토론 시간을 갖도록 하겠습니다. 신이화씨 앞으로 나와주시지요. 나카오 선생님 하실 말씀 있으세요?

**나카오 히로시** 네. 지금 앉으신 분이 신이화씨입니다. 신기수 선생님하고 저는 영화를 만드시기 전부터 아는 사이였습니다. 그 영화를 만드신 계기가 된 행렬도가 고려미술관에 있다는 것을 알고 거기를 찾아갔었습니다. 그때가 제가 통신사 연구를 하던 초기 시절이었습니다. 그 이후에는 신기수 선생님하고 사모님, 그리고 두 분 따님하고도 친한 사이로 지냈고, 돌아기시기 전까지 친분 관계를 쌓을 수 있는 기회가 많아서 이 자리를 빌어서 감사의 마음을 전하고 싶습니다.

특히 신기수 선생님께서는 술을 많이 좋아하셔서 의기투합할 수 있는 기회가 많았습니다. 그런데 안타깝게도 일찍 돌아가셨습니다. 그 후에 따님이신 신이화 선생님께서 영화 상영이라던지 전시회 개최라던지 등등에 있어서 여러 가지 일을 많이 하시고, 어머니를 많이 도왔습니다. 신기수 선생님 돌아가신 후에도 신기수 컬렉션을 중심으로 하여 선생님의 업적이 한국에서도 이렇게 연구되는 큰 계기가 되었다고 생각합니다. 오늘 따님이 이렇게 오셨습니다. 감회를 한번 말씀해주시면 감사하겠습니다.

**손승철** 네 감사합니다. 말씀해 주시지요.

**신이화** 조금 전에 손승철 교수님께서 저한테 오셔서 앞에 나와서 10분이나 이야기를 했으면 좋겠다고 하셔서 제가 긴장을 너무 많이 했습니다. 어떻게 말씀을 드릴 수 있을지 모르겠지만 양해해 주시기 바랍니다. 이번에 이렇게 여러 선생님들의 노력에 의해서 조선통신사 기록품이 유네스코 기록유산으로 등재된 점 정말 감사드립니다. 특히 강남주 총장님께서 1991년 이었나요? 연구자들도 많지 않던 시절에 총장님께서 정말 늘상 같이 응원해주시고, 유네스코 등재까지 이끌어 주셨다는 점에서 저희 아버님이 대단히 기뻐하실 거라고 생각합니다.

그리고 '에도시대의 조선통신사'라는 영화가 1979년에 만들어졌고요. 제가 2015년에 한국어 자막을 4년에 걸쳐서 넣었습니다. 처음 극장에서 상영한 것이 부산 영화의 전당이었습니다. 그때 강남주 총장님께서 힘써주셔서 실현되었습니다. 10월 28일 'NHK오하이오 일본'에서 뒤에 앉아계신 야마모토 프로듀서께서 제작하신 신기수 뉴스 영상이 7분 동안 뉴스로 나갔습니다. 그때 옛날 신기수 영상을 보니까 아까 오사마선생님께서 말씀해주신 통신사 기록물이 신문지를 말아서 뭉쳐 놓은 것 같이 너덜너덜해 보여 가지고, 그때 그것이 발견되지 않았으면 역사가 눈 앞에서 사라지지 않았을까 하고 생각해보게 되었습니다. 정말 지금은 전시장에서 아무렇지 않게 기록물을 볼 수 있지만 1970년대는 누구나 다 살기 어려웠고, 일본과 한국의 역사를 되돌아 볼 수는 없는 시절이었다고 생각합니다. 그때 당시 부끄러운 일이지만 신문에 나왔던 이야기니까 해보겠습니다. 이런 컬렉션을 저희 아버지가 한 번에 사실 수는 없었죠. 저희 집은 몇 번이고 저당잡히고, 30년 정도 흘러서 지금 되돌아 보니까 뭐라고 해야할까요. 이 정도의 작품이 역사를 구하기 위해서 모은다라는 사명감을 가지고 저희 아버님이 모았다고 생각합니다.

저희 가족은 4명입니다. 그런데 이불이 10채가 있었습니다. 아버지가 밤에 집으로 오시면 학자분, 일본 매체 관련된 분들이 줄줄이 따라 들어오시는 겁니다. 그 분들은 저희 집에 있던 실물을 실제로 보시러 오는 거거든요. 모여서 술도 드시고, 여기 계신 선생님들이 들으시면 기절하실 것 같은데요. 정말 콜렉션에 들어간 그림과 사료들이 그냥 집에 있었던 거지요. 제가 기억하는 것은 저희 집에 액자가 있는데, 그 아래에서 한국과 일본분들이 두루마리를 펼치고 들여다 보고, 그 광경을 보는 게 저희 아버지에게 있어서는 더 할 수 없는 행복이었다고 생각합니다. 이렇게 저희 집에는 손님이 많이 오셨기 때문에 10채의 이불이 있었던 게 지금도 생각납니다.

이번에 통신사 기록물이 유네스코 세계기록유산으로 등재가 되었습니다. 그때 당시 너덜너덜한 상태로 찾았던 실물, 그런 것들을 제가 직접 보고 자랄 수 있었던 행복한 아이가 아니었나 생각합니다. 실물이 저에게 무언가 말을 걸어오는 힘이 있다고 저는 생각하거든요. 이번 유네스코 등록을 계기로 해서 한국과 일본이 공동으로 조선통신사 전시회를 열 수 있었으면 하고 생각합니다. 그리고 실물 그림이 무엇인가 나에게 전해오는가 하는 점에서 그 배그림에서 일본 사람과 한국 사람, 조선통신사가 사이좋게 이야기하는 장면을 직접 봄으로써 정말 감동이라는 것이 시대와 국경을 초월해서 전달되는 것이로구나 하고 생각할 수 있을 것 같습니다. 유네스코 세계기록유산으로 등재되는 것이 한국과 일본의 옛날 동아시아에서 있었던 먼 곳의 이야기가 아니라 지금도 분쟁이 계속되고 있는 전 세계 안에서 뭔가 힌트가 될 수 있는 세계에 자랑할 수 있는 전시회도 열 수 있지 않을까 생각합니다. 이 정도로 제가 드리고 싶은 말씀을 마치겠습니다.

**손승철** 네 감사합니다. 아버님의 대를 이어서 조선통신사와 관련된 사업을 열심히 하는 것으로 알고 있습니다. 저도 신기수 선생님 돌아가시기 전에 3~4번 정도 만난 기억이 나는데 같이 술마신 기억밖에 없습니다.(웃음) 약주를 엄청 좋아하셨습니다. 좀 다른 이야기지만 교토통신에 우에노 도시히코라는 피디가 신선생님 돌아가시기 전에 여러 가지 일을 같이 하셔서 신기수 선생님 돌아가신 후에 회고록을 썼습니다. 최근에 논형이라는 출판사에서 한국어로 번역되어 출간되었습니다. 제목은 신기수와 조선통시사의 시대입니다. 저도 쭉 봤습니다만 재미가 있습니다. 기회가 되시면 봐 주시기 바랍니다.

그러면 본격적으로 종합토론에 들어가도록 하겠습니다. 첫 번째 주제는 외교기록입니다. 외교기록에 대해서는 광주여대의 정성일 교수님께서 발표해주셨는데 그 발표에 대해서 동북아역사재단에 계신 윤유숙 선생님께서 토론해 주시겠습니다. 윤선생님은 고려대를 졸업하고 와세다대학에서 에도시대의 한일관계를 가지고 박사학위를 하셨습니다. 자 부탁드리겠습니다.

**윤유숙** 안녕하세요. 소개받은 윤유숙입니다. 정성일 선생님께서 발표를 통해서 유네스코에 등재된 외교기록에 관해서는 굉장히 자세하게 소개해 주셨기 때문에 등재자체에 관한 부분은 토론문에서 제외를 하도록 하겠습니다. 선생님의 발표문에 대한 저의 생각과 간단한 의문점을 말씀드리는 것으로 토론을 대신하도록 하겠습니다. 우선 선생님의 발표는 이들 외교 기록이 이들 기록이 조선후기의 통교체제 속에서 지니는 성격, 작성된 취지와 배경, 원본 소장처, 영인본 상태의의 내역 등을 상세하게 소개하고 있습니다. 따라서 기록 자체가 지니는 사료적인 가치와 의의를 재확인하는 기회가 된 것 같습니다. 그리고 또하나 제가 인상깊었던 것은 이들 기록 중에는 조선국서와 같이 유네스코 등재 신청 목록 18점에 들어가지 않은 조선국서 7점이 현존하고 있다는 사실이 지적되어 있어, 향후 현존하는 조선국서에 관한 종합적이고 심층적인 연구의 필요성을 환기하고 있습니다. 그런 의미에서 발표자께서 소개한 조선국서 자료라던가, 도쿄국립박물관이 홈페이지를 통해서 공개되고 있는 소장자료 15점의 조선국서(별폭포함) 이미지는 이쪽 부분을 연구하는 전문 연구자들에게 매우 소중한 정보가 아닐까 생각됩니다.

그리고 제가 몇가지 의문점을 쓰기는 했는데요. 통신사 기록물

중에서 일본에서 생산된 대표적인 통신사 기록물이라고 하면 쓰시마번이 작성한 '신사기록'(종가기록)이 대표적이자 핵심으로 여겨지는데 신청에 포함되지 않은 이유는 무엇인가하고 제 나름대로 생각해 보았는데, 나카오 선생님께서 발표를 통해서 이유를 상세히 설명해주셨기 때문에 제 의문이 상당부분 해소가 되었습니다. 그래서 이 부분은 생략을 합니다.

그리고 굉장히 원론적인 질문이지 않을까 싶은데요. 통신사 기록물이 유네스코 「세계기록유산」으로 등재됨으로써 미등재 시와 비교하여 현실적으로 지니는 의미는 무엇인가. 「세계기록유산」으로 등재됨으로써 그것이 학계에 미치는 영향, 즉 학문적으로 어떤 의미를 지니는가에 대해서 선생님께서 생각하시는 바를 말씀해 주시면 감사하겠습니다. 제 토론은 여기까지입니다.

**손승철** 네 바로 답변해주시지요.

**정성일** 네 감사합니다. 통신사 기록물이 유네스코 세계기록유산으로 등재되었을 때 그 이후에 나타나는 변화, 기대효과에 대한 내용입니다. 앞서 유네스코 한국위원회에서 오신 김귀배 선생님께서 지역에 미치는 경제효과, 관광효과에 대해서는 언급을 해 주셨습니다. 저는 연구자들에게 어떤 변화를 주는가에 대한 제 생각을 말씀드리겠습니다.

제 생각에는 통신사에 대한 기존의 관심, 관점에서 상당한 변화가 있지 않을까 생각해 봅니다. 저도 개인적으로 한일관계를 전공하는 한 연구자로서 이번 학술위원회 활동을 하면서 한 가지 느낀게 있습니다. 보통 통신사하면 조선에서 일본으로 건너간 통신사들이 조선의 높은 유교문화를 일본에 전수해줬다는 인식이 강합니다. 조선의 통신사 일행으로 참가했던 화원이나, 학자, 문사들이 그림을 그려주거나 글을 써주는 부분만 주로 부각이 되었다고 생각합니다. 저도 그런 부분만 주로 기억을 했습니다.

그런데 이번에 한국과 일본 공동학술위원회 활동을 하면서 그것만 있었던 것이 아니라 일본화가들의 영향도 받았고, 또 일본 문사들의 글과 시도 받았다고 하는 것을 새롭고 폭넓게 알게 되었습니다. 부끄럽지만 그동안 몰랐던 내용을 새롭게 알게 되었습니다. 이런 것처럼 기존에 통신사에 대해서 일본도 여전히 조선에서 온 통신사를 조공사절로 보려고 한 인식이 있었습니다. 이렇게 한국과 일본의 과거에 있었던 문화우월적인 인식들이 이번 유네스코 등재를 통해서 그것이 편협한 생각이고, 그것만이 아니고 본질을 이해하고, 양 방향의 역사적 사실이나 정보를 공유할 수 있게 되었다는 점에서 굉장히 의미가 크다고 생각이 됩니다. 이번 유네스코 등재를 계기로 해서 한국과 일본의 연구에서도 지금보다 높은 수준의 연구성과가 나오지 않을까 기대하면서 제 답변을 마치고자 합니다.

**손승철** 네 감사합니다. 지금 진행방식은 한 주제당 한 10분정도 질의응답을 하고요, 그리고 전체적으로 여러분들의 질의응답을 받도록 하겠습니다. 저는 아까 정선생님의 발표 중에서 조선국왕의 국서는 남아있는데, 일본 장군의 국서가 하나도 없다. 그러면서 어디 박물관 수장고에 있는거 아니냐 그랬고, 실제로 얼마전에 국립중앙박물관 수장고에서 정말 일본장군이 보낸 금병풍이 나왔다고 보도된 적이 있습니다. 박물관 관계는 우리 권혜은 선생님께서 전문이시니까 말씀해주시길 부탁드립니다.

**권혜은** 토론하면서 말씀드리려고 했는데 저희 박물관도 이제 100년이 다 되어갑니다. 유물은 등록되면서 명칭이 붙습니다. 등록번호와 함께 명칭이 붙을 때 그때 당시 등록자가 어떤 관점으로 등록했느냐에 따라서 명칭이 지금과 다르게 적혀 있는 경우가 있습니다. 저희도 내부적으로 조사를 꾸준히 해나가고 있고, DB사업을 통해서 계속 공개를 하고 있습니다. 그런 공개를 통해서 내부뿐 아니라 외부에서 검색을 하실 때 많은 키워드를 쳐보시는게 좋을 것 같습니다. 많은 경우의 수로 조사를 해보시면 자료에 대한 접근이 쉬워지지 않을까 싶습니다. 아직까지 저는 그런 문서를 본 적은 없습니다.

**손승철** 아직까지 조사가 안된 문서가 많이 있습니까?

**권혜은** 문서 같은 경우는 사실 내부적으로도 인력이 많이 부족한 상태지만 웬만한 외교문서는 많이 조사가 된 것으로 알고 있습니다. 그리고 통신사 관련 전시나 대외교류 관련 전시를 통해서도 많이 공개를 계속하고 있기 때문에 조사가 상당수 된 것으로 알고 있는데, 제가 완벽히 됐다고 단언하기는 어렵습니다.

**손승철** 지금 두 가지 가능성을 말씀하시는거 아네요? 기왕에 조사가 됐는데 목록 명칭만을 가지고 유물에 대한 정확한 판단이 서지 않는 거지요? 이게 통신사 관련된 건지? 아닌지.

**권혜은** 그렇습니다. 그런데 막부의 문서였다면 그때 당시 연구자들에 의해서 쉽게 발견이 되지 않았을까 싶습니다. 워낙 많은 문서와 유물들이 남아있기 때문에 100퍼센트 확신은 어렵긴 합니다.

**손승철** 금병풍 같은 경우가 그런거지요?

**권혜은** 금병풍 같은 경우는 존재를 알고 있었는데, 그냥 공개를 할 수 있는 입장은 아니니까요. 수리를 하고 분석을 하고 조사를 마쳐야 공개가 가능하니까요. 시간이 좀 걸린거지요.

**손승철** 그런데 국립중앙박물관에서 유네스코 등재 준비하는 거 알고 있었을 거 아니예요.

**권혜은** 네 박물관에서 알고 있는 분들이 있었겠지만, 저도 정확하게 알고 있지는 못했습니다. 앞으로 더 노력하겠습니다.(웃음)

**손승철** (웃음)그럼 앞으로 더 기대를 해보겠습니다. 감사합니다. 그럼 두 번째 주제로 넘어가겠습니다. 두 번째 주제는 여정의 기록입니다. 주로 일본쪽에 남아있는 향응접대라는지, 통신사 행렬도에 대해서 나카오 히로시 선생님께서 발표해 주셨습니다. 여기에 대해서 이훈 선생님께서 토론해 주시겠습니다. 이훈 선생님께서는 국사편찬위원회에 오래 계시면서 대마도 종가문서 목록을 완성하신 분입니다. 그리고 동북아재단에 자리를 옮기셔서 오랫동안 한일관계의 여러 가지 업무를 담당하셨습니다. 부탁드립니다.

**이훈** 네 이훈입니다. 저도 유네스코 기록문화유산 등재와 관련해서는 2년 동안 학술위원으로 활동을 했습니다. 그렇지만 사실은 일본측의 자료를 모두 보지는 못했습니다. 오늘 나카오 선생님 발표를 통해서 일본측 대상자료를 많이 소개해 주셔서 많은 공부가 되었습니다. 토론과 관련해서 제가 발표문에는 여러 가지 질문을 썼지만 사실은 저도 대마번 문서가 향응기록에 4건 정도가 있어서 앞으로 대마번 문서를 어떻게 할 것인지가 궁금했는데 아까 나카오 선생님께서 설명을 잘 해주셔서 상당부분 해소가 되었습니다.
저는 토론문 중에서 세 가지만 질문을 드리겠습니다. 우선 여정기록 중에 통신사들이 에도까지 가는 도중에 일본으로부터 받은 향응기록, 응접, 접대에 대한 기록들이 일본에서 신청한 자료 중에 들어있습니다. 쥬슈번, 후쿠오카번, 오와리번의 자료에 주로 이런 기록이 들어가 있습니다. 사실 나카오 선생님께서 이런 번의 통신사 접대는 중앙정권이 도쿠가와 막부의 지시에 의해서 이루어진 것이라고 하셨어요. 그렇다면 그럼 각 번에서 도쿠가와 막부로부터 통신사 접대와 관련해서 직접 받은 문서(老中奉書)나 서장(書狀) 같은 것은 이 번들에서 없었는지하는 것입니다.

두 번째는 선생님이 여정에 관한 그림인 행렬도를 설명해 주셨어요. 그런데 행렬도에도 기록으로 작성한 그림, 기록화로서 여러 가지를 소개해 주셨고, 제가 궁금한 것은 일본의 시모노세키박물관에서 소장하고 있는 일반 민중이 통신사 행렬을 보고 그린 그림에 대해서 질문을 하려고 합니다. 저도 여름에 시모노세키박물관에서 그 행렬도를 재밌게 봤습니다. 일반 민중이 보면서 행렬 하나 하나에 대한 감상을 메모해 두었더라구요. 메모 중에는 조선의 상관 행렬부분에는 일본사람들에게 받은 담배를 조선에 가져가서 선물로 줄려고 했다는 것이 있었습니다.
제가 질문드리고 싶은 것은 이런 그림의 용도가 궁금합니다. 개인이 소장하려고 그린 건지, 이런 것을 소장하려고 하는 수요가 있었는지요. 통신사행렬도의 일본에서의 유통상황이 궁금합니다. 또 혹시 거기에 적힌 담배 중에 '新田'·'服部'는 당시 일본의 담배 상품명(브랜드명)인지 궁금합니다. 그럼 이 상품명이 당시 조선에도 이미 알려져 있던 것으로 볼 수 있을런지요? 답변부탁드립니다.

**나카오 히로시** 대단히 구체적이고 흥미로운 질문을 해주셔서 감사합니다. 우선 첫번째 향응도 안에 막부와 주고 받은 문서가 있느냐 하는 것인데요. 막부로부터 지시가 내려오고 몇 월 몇 일에 통신사가 어디 어디를 출발해서 다음에 너희가 있는 지역으로 가니까 잘 접대를 해라 이런 식의 지시 문구는 있습니다. 제가 본 중에는 히로시마 번, 효고 같은 곳은 막부의 직할지였기 때문에 아마자키 번에서 출장을 나와서 아마자키 번이 담당하도록 해야한다는 내용도 있습니다. 그러므로 일률적으로 막부의 지시서가 각 번에 내려왔는지는 확실하지 않지만 분명히 막부로부터 직접적으로, 간접적으로는 교코, 오사카, 죠다이로부터의 지시서가 도착했을 것이고, 각 번이 이러한 향응에 대한 준비를 했었던 것은 사실입니다. 그런데 그것이 형식으로 노중봉서 형태였을지, 아니면 단순한 지시서였을지, 제 기억으로는 노중봉서와 같은 그런 형식적인 것은 아니었던 것으로 생각됩니다. 이것이 첫 번째 질문에 대한 답변입니다.

그리고 기록화에 대해서 시모노세키박물관 소장된 그림은 사실 좀 서투릅니다. 그런데 어디까지가 정확한 것인가 생각해 보면 그렇게 정확할 것 같지 않습니다. 그래서 시모노세키박물관에서는 일반민중이 그린 것이 아닌가 그런 생각을 하게 되는 것입니다. 막부의 지시에 따라서 그린 것은 아니라는 것입니다. 예를 들어서 교토의 상륙지점인 요도라는 곳에 요도번이 있었습니다. 요도번의 번주 와타나베는 조선통신사를 요도에 맞이했을 때 기록한 고문서를 남겼습니다. 그리고 조선통신사 행렬도도 남겨서 정사는 어떤 직책이고, 어떤 옷을 입고 어떤 일을 하는지 등 자세한 설명을 기입하고 그림도 잘 그리고 글씨도 잘 쓰는 특별한 사람이었던 것 같습니다. 그런데 이 그림은 명령을 받고 그린 그림은 아닌 것 같습니다. 와타나베 가문에 이러한 자료가 지금도 남아있고, 현재는 교토시의 역사박물관에 기탁이 되면서 지금은 박물관에 전시가 되어 있습니다. 그래서 번주의 일부가 자신들의 취향에 따라서 이러한 기록들을 남겨놓았던 것이고 문서화하기도 한 것 같습니다.

그리고 오사카에 신보쿠라고 하는 작가가 있었습니다. 오늘 발표내용에도 나왔는데요. 이 사람도 조선통신사 행렬도를 그렸습니다. 거기에는 역시 인물들의 직책에 대한 이름, 설명 등도 있었습니다. 그리고 마지막에 자신의 감상도 쓰고 또, 구경하고 있는 민중들 10여 명도 그렸습니다. 신보쿠가 자신의 생각에 따라서 행렬도를 그리고, 자신의 생각에 따라서 중요한 부분이라고 생각되는 것을 적어 놓았다는 것입니다. 행렬도는 막부가 노중으로부터 이 화사에게 그리도록 해서 어떤 목적을 가지고 기록한 것도 있고, 그렇지 않은 사람, 마을에 있는 사람, 번에 있는 화사들이 그린 그림도 있었다는 것입니다. 이러한 것들은 역시 가문에서 소장을 한다던지, 제자들에게 전하기 위한 것이라던지 그런 것이 있는 것 같고, 이런 그림들은 앞으로도 나올 가능성이 있다고 봅니다.

그리고 국서의 존재가 한국에서는 전혀 없다고 말씀했는데요, 저는 이번에 조사를 하면서 그 사실을 알게 되었고 매우 속상했습니다. 일본 같은 경우에는 받은 국서에 대해서 복사본이 있습니다. 그 사본이 각 박물관에 소장되어 있습니다. 한국에서는 받은 국서에 대한 실물이 없다는 것인데, 어떤 학술위원분께 문의를 해보니 한국에서는 왕조실록이라던지, 통신사등록에 내용을 다 기입했으니 부본을 뜰 필요가 없다는 대답을 들었던 것 같습니다.

그리고 또 한가지 이건 제 상상인데요. 제가 유교를 잘 모지만 유교의식에서 제사를 지낼 때 제문이 읽혀지지요. 그런데 나중에 이걸 다 태운다고 하더라고요. 그런식으로 조선에서는 통신사와 관련된 국서는 신성한 것이므로 가벼운 것으로 남겨두지 않았던 것은 아닐까하고 생각해 보기도 했습니다. 이에 대해서는 그런 얘기는 상상일 뿐이다라는 지적을 해주셔도 좋을 것 같습니다. 네 이상입니다.

손승철 말씀을 듣고 보니 상상 맞는 것 같습니다. 조선 조정에서 태워버렸을 리는 없습니다. 이제 국서찾기 운동을 해야겠네요. 그런데 아까 가짜 국서는 기록물로 등재를 하고, 모사품은 진본하고 똑같은 것이 있다면 그것을 배제를 시킨다는건 그건 모순이 아닌가 하는 생각이 드네요.

나카오 히로시 사실 그것은 큰 문제입니다. 그런데 어디까지가 진짜고, 어디까지가 모사인지 하는 문제는 지금 판단하기 굉장히 어렵습니다. 그래서 여러 가지 조건들이 있겠지만 원본인가, 진짜에 가까운 것인가 하는 것을 일본 박물관 측에서는 그런 것을 판별할 수 있는 장치를 취하고 있는 것입니다.

손승철 알겠습니다. 네 감사합니다. 다음은 세 번째 주제입니다. 세 번째는 문화교류로, 이번 학술대회에서는 회화, 시서, 유묵을 구분했습니다. 그림 부분에 관한 발표는 홍선표 교수님께서 해주셨습니다. 제 기억으로는 조선통신사와 관련된 그림에 관해서는 한국에서 가장 먼저 논문을 쓰시지 않았나 합니다. 그리고 그 분야의 최고 권위자라고 생각합니다. 이 발표에 대해서는 이정은 선생님이 토론해 주시겠습니다. 이정은 선생님은 통신사 그림을 가지고 경성대에서 박사학위를 하시고, 지금은 부산의 범어사박물관 학예연구실장으로 계십니다.

**이정은** 네 방금 소개받은 이정은입니다. 홍선표 교수님께서는 방금 소개받으신 대로 조선통신사 회회의 선행 연구자이시면서, 대표적인 미술사가이시기도 합니다. 조선통신사 회화 전공자로서 선생님의 발표에 대한 토론을 맡게 되어 영광입니다.

선생님께서 오늘 발표에서 언급하신 내용 중에 등재대상 목록에서 누락된 부분을 말씀해 주셨습니다. 한시각, 김명국 작품이 이의양 작품에 비해서 비중이 낮았던 부분에 대해서 말씀해 주셨는데 거기서 대해서는 저 또한 회화 전공자로서 아쉬운 부분이 있습니다. 하지만 오늘은 굉장히 기쁜 날인 만큼 어떤 질문을 드릴까 고민하다가 제가 질문을 드릴 만한 사항의 내용은 아닌 것 같아서 제가 이 자리를 빌어서 말씀을 부탁드리고 싶어서 토론문 중에서 첫 번째 내용을 질문드립니다.

발표문에서 '여정기록물 목록인 〈인조14년 통신사입강호성도〉는 '17세기 전반의 1638년 행렬 반차도에 비해 시각 이미지 재현에서 한층 진화된 18세기 후반의 사경 양식으로 이룩된 것……. 통신사행에 양의를 대동하기 시작한 것은 1682년의 임술사행 부터이고, 서기가 3인으로 증원된 것은 1711년 신묘사행부터이며, 수역이 3인으로 고정된 것은 1719년의 기해사행 부터였다. 따라서 행렬도는 기해(1719)와 무진(1748), 갑신(1764)사행 중의 왕래 행차를 그린 것으로 짐작되는데, 양식적으로 보면 갑신사행의 행렬도일 가능성이 높다.' 하셨습니다.

이 내용 중 1719년과 1748년의 회화양식은 이해가 됩니다. 미술사 전반에 밝으신 선생님께서 생각하시는 1748년과 다른 1764년의 회화 양식은 어떠한지 구체적으로 여쭙고 싶습니다.

**홍선표** 감사합니다. 저는 통신사 관계로 1979년에 석사논문을 썼습니다. 사실 저희 선친께서 한일 고대 관계사를 처음 개척하셨던 영남대 홍순창 교수입니다. 아마 그런 영향 때문에 그런 것 같습니다. 대개 한일관계사하면 고대사를 생각했지. 근세사는 생각도 못했습니다. 저는 일본의 남화가 우리하고 관계가 있지 않을까 생각했습니다. 또 마침 저희 선친께서 도쿄대학에 교환교수로 가 계셨습니다. 그래서 상당히 많은 자료들을 받았습니다. 당시 연세대 앞에 있던 국제 우편 받는 곳을 일주일에 한 번씩 갔습니다. 자료를 계속 복사해서 받아서 논문을 쓴 지가 벌써 40년이 지났습니다. 대개 그림자료를 하나의 텍스트로 생각하지 하나의 예술 작품, 양식을 가진 작품으로서의 연구가 별로 없습니다.

한국에서는 몇몇 연구자들이 있습니다만, 일본에서는 심각한 오류가 보이고 있습니다. 연대문제, 명칭문제라든가, 여기 목록에 오른 회화도 작품성이 떨어지는 것이 여러 점 있습니다. 그게 일본측에서 미술사하는 사람들이 미술사하는 사람들의 영역이 거기까지 미치지 않는 것 같습니다. 아까 하담의 사인이 있는 작품만 봐도 딱 보면 19세기 말 작품이거든요. 미술사를 조금만 공부해도 알거든요. 지금도 거기에 찍힌 도장도 해독을 못하는 거죠. 아무튼 그것이 제가 논문에도 몇 번 언급을 했는데 전혀 반영이 안되고 있습니다. 이게 미술사 쪽에서 회화관계자료들이 통신사 자료에서 언급되지 않기 때문에 생긴 문제 같습니다. 일본에서도 마찬가지고요.

양식사적인 측면에서 봤을 때 '인조몇년' 이렇게 행렬도 이름을 붙여놓은게 100년이 가까워 오는데도 지금까지 버젓이 제목으로 등록이 되어 있지요. 아까 1638년 작품과 비교를 했잖아요. 그건 전혀 차원이 다르죠. 저는 그걸 사경양식이라고 부르는데 18세기 후반 특히 1760년대부터 그런 양식이 심사정, 강세황에서 김홍도로 이어지죠. 김홍도를 통해서 화원양식이라든가 이런 걸로 일반화되는 것은 1770년대 전후가 되죠. 김유성이 김홍도의 선배화가이고, 이성린이 (사행에 참가한) 1740년대만해도 아직 거기까지는 본격적으로 사경양식(서양화풍)을 반영하는 시각이미지를 재현하는 테크닉이 부족하지요. 이성린의 사로승구도의 화중 인물들을 보면 역시 이목구비가 없어요. 제가 조심스럽게 했지만 확실히 1763년에 그렸을 것이고 반드시 김유성이 관계되어 있을 것이고, 회화사를 공부하신 분이라면 이것이 김홍도로 가는 과정속에서의 행렬도, 행차도의 구도와 인물표현 방법으로 볼 수 있는 거지요. 그래서 저는 1763년으로 보는 겁니다.

**손승철** 위원장님 어떻습니까? 지금 외교기록 부분에서도 누락된 것 같은 미등재 이야기가 나왔고, 회화에서도 그렇죠. 처음에 등재목록을 작성할 때도 이 문제를 충분히 예상하였겠지요? 혹시 유네스코에 나중에 보완할 수 있는 길이 있나요?

**강남주** 이것은 우리가 회의를 할 때도 논의됐던 겁니다. 특히 위서를 등재할 것이냐, 말 것이냐 하는 문제는 상당히 심도 깊게 논의됐었습니다. 결론은 위서라도 그것은 당시의 역사적 증거가 되는 중요한 서류다. 그것은 그 자체가 불가역적인 진실한 서류일 것이다. 거짓이지만 진실이다 그래서 등재하는 것이 옳겠다라는 결론이 났었습니다. 그리고 그 다음에 빠진 것에 대하서는 첨가적 등재가 가능하느냐 하는 것에서, 불가능하다면 가능하도록 방법을 강구하자. 논의는 그때 그렇게 됐습니다.

현창회에서도 재실같은 곳에 아직 남아있는 자료가 있다면 그것을 찾는 노력을 하겠다는게 현창회의 업무보고서에, 그리고 회장님의 인사말 중에 그런 내용이 나왔습니다. 그래서 아 이것은 우리가 등재하는 것으로 또 하나의 귀중한 자료를 발견할 수 있는 기폭제가 될 수 있겠다. 지금 재실에 있는 것들은 보존에서도 우려되는 점도 있고, 어떻게 앞으로 발굴해내느냐 하는 점도 어려움이 있습니다. 조선통신사 후손들께서 그런 것을 협조를 해 주신다면 이것은 어쩌면 등재된 것 보다 더 귀중한 것이 될수도 있으니까 이것이 등재외에 또 하나의 보완적인 것으로 될 수 있겠다라는 긍정의 결과도 될 수 있다고 생각합니다.

**손승철** 그렇지 않아도 현창회 분들께서 여러분이 오셨는데 제가 마무리 시간에 한 말씀 청해서 들으려고 생각하고 있습니다. 그러면 네 번째 오사카박물관에 소장된 신기수 콜렉션에 관해서 오사카박물관 오사와 겐이치 선생님의 발표에 대해서 국립중앙박물관의 권혜은 선생님께서 토론해 주시겠습니다.

**권혜은** 네 국립중앙박물관의 권혜은입니다. 오사카역사박물관의 신기수 컬렉션은 통신사를 연구하는 사람들이라면 누구나 잘 알고 있을 중요한 자료인 것으로 평가를 받고 있고, 최근에도 꾸준히 연구를 통해서 연구자들의 흥미를 끌고 있습니다. 이번 기회를 통해서 입수경위와 내용을 소상히 파악할 수 있었던 것도 의미가 있었고, 박물관의 입장에서 박물관사에서도 의미있는 자료라고 할 수 있습니다. 신기수 컬렉션이 가지는 의의에 대해서는 오사와 선생님이 잘 정리해 주셔서 거기에 대해서는 넘어가도록 하고요. 간단하게 제가 개인적으로 궁금한 사항들에 대해서 몇 가지 말씀을 드리고 저희 박물관의 소장품에서 대해서도 간단히 설명을 드리면서 토론을 대신하고자 합니다.

우선 발표문에서도 언급한 바와 같이 요도가와(淀川)로 향하는 가와고자부네(川御座船)를 주제로 한 회화들은 신기수 컬렉션의 〈조선통신사어누선도병풍〉이나 〈향보도조선통신사상판사제일선도〉을 비롯하여 국립중앙박물관 소장 〈국서누선도〉 등과 같이 횡권이나 병풍의 형태로 다수 전해지고 있음에도, 다른 통신사 연구분야에 비해 그 면모가 아직 명확히 밝혀지지 않았다. 최근 조사와 연구를 진행하신 오사와 겐이치 선생님께서 보는 〈국서누선도〉는 다수의 가와고자부네도 중에서 어떠한 의미를 지니는지 견해를 밝혀주시면 감사하겠습니다.

행렬도와 누선도를 비교하면 규모나 필치가 더 뛰어난 것을 알 수 있습니다. 이런 작품들을 수장한 사람들이 누구이고, 제작목적은 무엇인지 궁금합니다. 원래는 횡권으로 제작되었다가 병풍으로 형태가 변한 것 등 전승 과정에서 수리를 통해 형태가 변형되거나 작품 자체를 재구성한 경우가 있는데 그렇게 전해져온 이유가 무엇인지 궁금합니다.

그렇다면 어누선도라는 작품이 한세트로 이루어진다면 등장하는 배들의 규모가 발표를 들으면서 문득 궁금해졌습니다.

홍선표 선생님의 발표에서도 언급이 되었지만 1764년 통신사행의 서기로 참여한 성대중(1732~1809)이 가져온 〈蒹葭堂雅集圖〉는 18세기 후반 한일 문인들의 교류와 문화 의식을 잘 보여주는 대표적인 詩會圖입니다. 그동안 조선과 일본 문사들의 기록으로만 전해지다, 최근 들어 국립중앙박물관 소장본임이 알려졌고,

2016년 국립중앙박물관 특별전에서 최초 공개된 바 있습니다. 저도 2016년에 「일본에서 온 그림 〈겸가당아집도〉」라는 논문에서 소개한 바 있습니다. 문집에서 나온 제시들이 모두 참여했던 문인들의 작품이었다는 것도 밝혀지게 되었습니다.

최근에 에도막부가 통신사를 통해 조선 국왕에게 증정한 금박병풍이 새롭게 소개되었는데, 이미 잘 알려진 국립고궁박물관 소장 〈부용안도병풍〉과 〈모단도병풍〉과 같은 예로, 국립중앙박물관에 소장된 금병풍 3점이 소개되었습니다. 이 병풍은 화제자체가 일본 충신의 일화, 신사에서 행해진 제례의식 행사 등이 그려져 있어 국립고궁박물관 소장 병풍과는 다른 화제를 다루고 있어 시사하는 바가 클 것이라고 생각합니다.

저는 박물관에 종사하면서 최근에 국내 옥션 같은 경매를 자주 보게됩니다. 근래에 들어 통신사, 한일관계 관련한 서화작품이 굉장히 많이 나오고 있습니다. 그것에 대해서는 진위부분에 대한 검토도 필요하다고 생각합니다. 특히 부산 중심으로 연구가 활성화되어 있는데, 왜관에서 제작해서 일본으로 수출했던 대일 수출용 회화들, 그리고 일본에서 유행한 한국 화가의 작품들, 이것을 우리는 수행화원의 작품이다, 대일사행시 가져간 작품이다라고 보는 견해가 많이 있었습니다. 최근에 저희가 보는 견해로는 경매에 굉장히 많은 수의 작품이 나오고 있기 때문에 그런 서화작품들에 대한 접근은 굉장히 신중해야한다고 생각합니다. 선생님 발표에 대한 질의와 함께 저의 의견을 말씀드렸습니다.

**오사와 겐이치** 감사합니다. 우선 첫 번째 〈어누선도〉, 〈어좌선도〉작성 목적, 어떤 곳에서 소장하고 있었는지 등등을 질문해 주셨는데요, 〈어좌선도〉의 작성의 목적이 저는 기록화라고 저는 생각합니다.

그렇기 때문에 좌선도를 제공받는 다이묘 같은 곳에서 만들하였다고 생각합니다. 그래서 처음 소장자도 다이묘 관계자라고 생각합니다. 한국 중앙박물관에 소장하고 있는 〈국서누선도〉를 저도 2년 전에 본 적이 있습니다. 매우 많은 배를 그리고 있더라구요. 많다고 하는 것은 정사선은 없는데 국서선, 부사선, 종사관선 이런 중심이 될 만한 배에 많은 배들이 포함되어 있다는 점에서 기존의 좌선도와는 다른 중요성 가지고 있다고 생각합니다. 지금까지도 많은 이야기가 있어 왔지만 중앙박물관의 어좌선도 병풍과 일본에서 개인이 가지고 있는 정사선이 그려진 어좌선도 병풍은 원래 같이 붙어 있는 것었다고 추측이 되고 있습니다. 사이즈 등등이 일치해서 가능성이 매우 높다고 생각합니다.

아까 선생님이 해 주신 세 번째 질문에 해당되겠는데요. 어좌선도의 원래 세트가 복원이 될 수 있는 가능성이 있다고 생각합니다.

그렇긴 한데 두 번째 질문과 관련해서 대답을 드리자면 지금 병풍으로 된 것이 많다고 하셨습니다. 그런데 원래는 이것이 두루마리로 되어 있었을 거라고 생각됩니다. 국립중앙박물관 소장본도 그렇고요. 두루마리 형태의 기록물로 제작된 것이 제 생각에는 기록물의 성격에서 배의 그림이라는 감상목적으로 중간에 바뀌지 않았을까하고 생각됩니다. 그렇기 때문에 긴 두리마리 형태를 잘라서 배 부분을 즐기기 위해 병풍을 만들기 위해 적당한 크기로 잘랐다고 생각합니다. 선생님의 토론문에 있었던 것 같은데요. 잘라진 어좌선도가 병풍으로 바뀌면서 배의 순서가 바뀌어 버리는 사례도 있습니다. 원래 어좌선도에는 순서가 정해져 있는데 이것이 잘리다 보니까 순서가 바뀌어버린 상태로 남아있습니다.

신기수 컬렉션의 어좌선도와 국서누선도도 그렇습니다. 순서를 기록하는 중요성이 중간에 상실되고, 이것을 그림으로 보았을 때 배의 발란스를 중요시하게 되므로써 이것을 자르고, 다시 순서가 다르게 배치하면서 현재에 이르게 되지 않았을까 생각합니다. 앞으로도 많은 사례를 검토해서 원래 형태를 복원해 가면서 연구를 할 필요가 있습니다. 다행스러운 것은 최근 들어서 새로운 어좌선도가 영국에서 발견되고, 국내에서도 새롭게 발견된 것이 있습니다. 또 이번 등재를 계기로 해서 새로운 정보가 나올 것 같기도 합니다. 이런 것들을 포함해서 앞으로 연구를 더욱 활발히 했으면 좋겠습니다.

**손승철** 네 감사합니다. 통신사 기록물 중에서 문화교류의 한 축을 맡고 있는 시서에 관한 부분은 부산의 한태문 교수께서 발표해 주셨습니다. 여기에 대해서는 시서를 오랫동안 연구해 주신 구지현 선생님께서 토론해 주시겠습니다.

**구지현** 안녕하세요. 선문대 구지현입니다. 우선 나중에 기회가 없을 것 같아서 오사와 선생님께 드릴 말씀이 있습니다. 선생님 발표중에 10번 송하호도에 보니까 작가를 변박이라고 하고, 호를 荊齋 또는 述齋 이렇게 되어 있더라고요. 이게 초기 연구자의 오류가 계속되고 있는 것 같아요. 제가 2005년에 논문을 썼습니다. 변박이라는 이름은 호가 술재이고, 같은 시기의 인물로 변탁이라는 인물이 있습니다. 아마 변박의 자가 탁지라서 착각을 한게 아닌가 싶습니다.

변탁의 호가 형지예요. 조엄의 『해사일기』를 보면, 조엄이 원래 동래부사 출신이잖아요? 그래서 그 쪽에 있는 장교를 잘 알았기 때문에 변박이라는 인물을 데려가면서 원래는 선장으로 데려

갔지만 그림을 잘 그려서 도훈도와 교체시켜서 에도까지 다녀갔다. 그리고 다니면서 그림을 그리게 했다는 기록을 찾아볼 수가 있어요. 아마도 도훈도가 소통사죠. 동래쪽에 속해 있던 통사들을 훈도라고 했고, 통사들의 우두머리가 도훈도니까 아마 상상관은 통역의 우두머리라는 의미에서 수역하고 착각한 것이 아닌가 합니다. 변탁의 호가 형재라는 기록은 일본측 기록에도 나옵니다. 아마도 오사카의 배에서 같이 머물렀던 것 같아요. 그때 오사카 관상감인 미이야마가 찾아와서 관상을 보고 그림을 그리고 그 평을 써서 낸 책이 『한객인상필화』입니다. 거기에도 변탁이라고 이름이 나와 있고, 호가 형재라고 나와 있습니다. 이 두 사람이 다른 사람이라는 것은 제가 동래부에 있는 장군청 선생안의 기록을 확인해서 조사한 내용입니다. 형재하고 술재하고 다른데, 같은 사람이라면 이 그림도 다시 확인할 필요가 있습니다. 호를 확인해 봐야지요. 에도까지 다녀온 사람은 변박이 맞습니다. 아마 논문이 나왔는데도 소통이 안되서 이런 일이 생긴 것 같습니다.

**손승철** 오사와 선생이 한국 논문 잘 봐요. 선생님께서 논문을 보내주시면 좋을 것 같습니다.

**오사와 겐이치** 아 감사합니다. 나중에 제가 명함을 드릴테니 논문을 보내주시면 감사하겠습니다. 죄송합니다. 역시 아까 홍선표 선생님께서도 지적해 주셨는데요, 일본측에서는 아직 최신의 한국 연구가 충분히 전달되지 않은 부분이 있는 것 같습니다. 논문을 보내주시면 제가 그것을 수정해 나가겠습니다.

**구지현** 제 본분으로 돌아가서 토론에 임하겠습니다. 제가 한태문 선생님의 연락을 받았을 때 사실 제가 오늘 다른 학회에서 발표가 예정되어 있었습니다. 제가 인문학자이다 보니 새로 활로를 개척하려고 디지털 인문학을 공부하고 있어서 그쪽에 발표가 정해져 있었습니다. 수락하고 나서 얼마뒤에 한태문 선생님과 손승철 교수님께 연락을 받았는데 제가 발표를 하고 오후에 토론을 하러 오려고 했더니, 아침부터 같이 듣고 참여하고 토론했으면 좋겠다고 하시고, 저도 제 본분이 여기에 더 맞는 것 같아서 그쪽에 미안하긴 하지만 취소하고 이쪽으로 왔습니다. 다행히 기록문화유산으로 등재가 돼서 저도 토론하러 온 것을 자랑하며 이야기 할 수 있을 것 같습니다.

한태문 선생님께서 발표문을 준비하시면서 너무 어려우셨을 것 같아요. 종류도 다양하고 상당한 양이기 때문에 정리해서 소개하는 것만으로도 힘드셨을 것 같은데 나름대로 정리가 잘 하신 것 같습니다. 여기에 제가 어떤 말을 하는 것은 어려운 것 같지만 토론자로서의 의무가 있기 때문에 뭔가 발언을 해야 할 것 같습니다. 등재목록에 대한 보충설명을 하실 수 있는 기회를 드릴 겸 몇 가지 질문을 드리고자 합니다.

첫 번째는 부분의 詩書에 관한 현황을 보여주는 표를 신청서에 등재된 순서대로 재정리했다고 하셨는데, 한국 소재와 일본 소재로 나뉘어 있습니다. 한국 소재는 연대순으로 연번이 정리된 것 같습니다만 일본 소재는 그렇지 않은 것 같습니다. 별다른 언급이 없으셔서, 혹시 어떤 순서로 정리된 것인지 좀 더 설명해 주실 수 있을까 부탁드립니다.

두 번째는 구체적으로 사례를 들어서 설명해 주시면 어떨까 해서 드린 질문입니다. 시서의 특성상 조선인이 일본에 남긴 것이 많기 때문에 어떻게 보면 일본 내에 소장되어 있어야 하는 것이 당연하리라 생각됩니다. 그런데 목록을 보니까 한국 소재의 시서양도 적지 않은 것 같습니다. 일본인에게 증여한 것이 어떻게 한국에 남아있게 된 것인지 궁금합니다. 전부 다 자세히 설명을 부탁드리기는 어려울 것 같고, 한두 가지 예를 들어서 일본인에게 증여한 시서가 한국에 소장되게 된 것인지, 경로랄까 경위 같은 것을 소개해 주시면 좋을 것 같습니다.

세 번째는 자료의 형태를 보니까 시서를 구할려고 많이 했던 것은 잘 알려진 사실입니다. 그런데 시를 써 달라고 했을 때 창작한 경우도 있고, 남의 시를 써 준 경우도 있는데, 글씨를 줄려고 한 것인지, 시를 주려고 한 것인지 궁금합니다. '孝悌忠信'의 경우는 글씨가 주가 되고 시가 부기된 형태로 보입니다. 형태도 족자, 두루마리 등 여러 개가 있지만 그것은 어떤 사람은 한 장을 표구해서 걸어두기도 하고, 어떤 사람은 본래 낱장으로 받았던 것을 이어붙인 경우도 있는 것 같습니다. 그런 면이 드러나게 원자료의 형태가 드러나게 설명을 해주시는 것이 이해하기 쉽지 않을까하고 제안을 해 봅니다. 이상입니다.

**한태문** 발표자가 발표를 두고 토론하러 오는게 쉽지 않은데, 이 부족한 논문을 위해서 와 주셔서 정말 감사합니다. 우선 말씀하신대로 분류기준이 있습니다. 우선 본 설명에 들어가기 전에 양해의 말씀을 드릴게 있습니다. 홍선표 교수님께서 지적하신 대로 인조14년, 1636년 그 그림이 그 시대에 많들어진게 아니라는 것을 저희들은 잘 알고 있습니다. 그럼에도 불구하고 그 용어를 그대로 쓸 수 밖에 없었던 이유는 유네스코에서 혹시 실사를 올지도 모른다고 했기 때문입니다. 그래서 이미 국사편찬위원회, 국립중앙박물관에서 사용하는 제목과 조선통신사 기록물의 제목이 다를 경우 상당히 곤란하겠다는 생각을 했습니다. 그래서 방금 말씀하신 1636년 그림 같은 경우, 우리 같이 국문학하는 사람은 제술관을 아주 중시합니다. 그런데 기본적으로 제술관이 등장하는게 1682년인데 1636년 그림에 제술관이 등장하기 때문에 이 그림이 기본적으로 1682년 이후라는 것은 알고 있습니다.

한국 목록의 경우 일본인에게 준 정려의 형태를 취한 것을 가장 앞에 두고 앞에 시를, 뒤에 서를 언급했습니다. 그 안에서는 사행연도에 따라 연대순으로 배치했습니다.

두 번째는 반대로 일본인이 조선문사에게 준 것을 배치해서 상호관계 교류가 드러나도록 했습니다. 세 번째는 두 사람이 서로 주고 받은 경우로 주고 받은 게 짧게 드러나는 것 단 두 수만 등장하는 것을 배치했습니다. 그 다음에는 많은 사람이 모여서 한꺼번에 시가 주어지는 경우를 맨 뒤에 배치했습니다. 이 안에서도 연도순으로 배열했습니다.

일본 같은 경우는 아메노모리 호슈를 가장 먼저 드러내려고 했습니다. 성신교류의 상징을 제일 앞에 두고, 최고 통치자간의 교류관계를 그 다음에 둬서 우리나라 효종이 관백에서 보낸 글자를 배치했습니다. 그 다음에 조선통신사하고 관백, 그 다음에 조선통신사와 다이묘, 조선통신사와 일반문사와의 관계 순으로 배치했습니다.

물론 서로가 관계해서 목록을 작성하면 좋겠지만 서로가 남아 있는 자료를 중심으로 정리를 하다 보니까 이런 맥락으로 정리되었습니다.

그 다음에 모든 사람들이 그렇게 생각하고 있는 부분이지만 일본사람들이 조선사람들에게 준 시가 우리한테 남아 있는 건 당연한 문제인데, 어째서 조선사람이 일본사람에게 준 것이라던이 합작한 작품이 한국에 남아있을 수 있느냐 하는 겁니다. 사실은 현재 박물관에서 소장하고 있는 자료들에 관해서 소장처에 물어보면 전부다 말해 주기를 꺼려합니다. 권선생님 어떻습니까?

**권혜은** 저희는 다 공개하고 있습니다.

**한태문** 그럼 우리한테만 공개 안하나요? 그 경위라는게 공개구입을 했을 때 그 경로를 말하는 것이지요?

**권혜은** 공개구입이건, 기증이건, 입수경위와 시기는 다 공개를 하고 있습니다.

**한태문** 저는 부산이 접근이 쉬우니까 부산박물관과 국립해양박물관 자료는 14건이 있는데 모두 공개구입된 것으로 이야기 했습니다. 공개구입은 일정한 절차에 따라서 이루어지는 모양입니다. 목록에 포함되지 않았지만 조선통신사를 연구하는 학자님이 자료를 직접 기증한 것이 있습니다. 이원식 선생님이 조선통신사 자료를 통신사와 관련된 지역인 부산에 기증하고 싶다는 견해를 밝혀서 부산박물관에서 소장하게 되었습니다. 이런 경우가 일본에 남아 있어야 하는 자료가 한국에 소장하게 된 거지요.

세 번째 분류부분에 관해서는 전적으로 동의합니다. 시와 서를 구분해서 형태에 따라 나눴는데, 자료의 내용을 중심으로 분류를 하면 보다 더 효과적일 거라 생각해서 다음에는 수정해서 정리를 해보도록 하겠습니다. 고맙습니다.

**손승철** 네 감사합니다. 조선통신사 기록물이 유네스코에 등재가 되었습니다. 지금부터가 문제입니다. 어떻게 잘 보존할 것인가? 그리고 어떻게 잘 활용해서 새로운 창조의 단계로 접어들까 하는 부분은 매우 중요한 문제입니다. 이 문제를 유네스코에서 오랫동안 업무를 담당하신 김귀배 선생님의 발표를 들었습니다. 그래서 이 부분은 약정토론자를 두 분으로 정했습니다. 한 분은 지금 현재 오죽헌시립박물관에서 학예실장으로 계신 김흥술 선생님이십니다. 오죽헌은 아시다시피 신사임당으로 유명하죠. 그리고 강릉의 단오제가 있습니다. 지금 유네스코 무형문화유산으로 지정이 되었지요. 오랫동안 그 업무를 담당해 왔습니다. 먼저 김흥술 선생님의 토론을 듣겠습니다. 그리고 최용수 KBS부산 제작부장입니다. 지난 4월에 조선통신사 2부작을 직접 제작했습니다. 그래서 그야말로 발로 뛰면서 여러 가지 경험을 많이 했습니다. 거기에 대해서 소감도 듣고, 언론에 계신 분의 입장에서 어떻게 활용할 것인가 하는 두가지를 들어보도록 하겠습니다. 부탁드립니다.

**김흥술** 네 반갑습니다. 저는 이 분야 전문가도 아닌데 여러 선생님들을 통해서 많이 공부하게되어 감사드립니다. 저는 학술적이거나 전문적인 이야기가 아니라 가벼운 이야기를 하도록 하겠습니다. 사실 김귀배 본부장님은 제가 15년전에 처음 만났습니다. 2003년 정도인 것 같은데 그때는 제가 시청에서 무형문화재 관련 업무를 하고 있었고, 강릉단오제를 세계무형문화유산으로 등재하기 준비 과정에서 만났습니다. 그 뒤로 제가 단오제 업무를 하는 동안에는 만나다가 최근 7~8년동안은 교류가 없었습니다. 그런데 본부장님의 원고를 받으니 참 반가웠습니다. 김귀배 본부장님은 세계유산과 관련된 현장에 많은 경험을 가지고 계시기 때문에 그런 내용을 가지고 오늘 발표를 해주셨습니다. 저는 간단히 두 가지를 질문드리도록 하겠습니다.

먼저 현존 최고의 금속활자본으로 인류문명사에 금속활자 발명의 유일한 증거로써 2001년 6월 세계기록유산으로 등재된 직지심체요절과 관련하여 청주시의 세계화 노력을 설명해 주셨습니다.

직지를 통한 청주시의 노력 그 중에서 총회에서 형식적 의결만을 남겨두고 있다는 유네스코 카테고리 2급 국제기구 기관으로 '유네스코 국제기록유산센터'의 청주 유치와 관련한 질문입니다.

유네스코 산하 국내 기관으로 세계무형유산 분야의 전주 아태센터, 기록유산분야의 청주 기록유산센터가 있게 된 것이겠지요? 유네스코 국제기록유산센터가 청주에 유치되는 것은 참으로 경사스런 일이라 생각됩니다. 기록유산센터는 아까 한 곳이 있다고 했는데, 국제적으로 몇 곳이나 되고, 청주에 유치되는 센터의 관할 사업 범위는 어떻게 되는지 말씀해주시기 바랍니다.

두 번째 질문입니다. 조선통신사가 오고 갔던 조선후기 200여년 동안의 문화교류와 성신(誠信)의 역사는 현재에도 미래에도 한·일관계의 긍정적 이정표라고 생각됩니다. 등재 이후 한일관계사에 대하여 더욱 관심을 높이고, 조선통신사의 시문창화, 재예시연 등 종합적 문화교류를 이어왔던 차원 높은 문화교류의 역사적 전통을 부활하고 지속하게 될 계기로서도 등재의미가 깊다고 생각됩니다. 한일 양국이 각각 소장하고 있는 관련 기록을 모아 DB화하고, 박물관을 만들고 그런 노력들의 결과로 연구자들의 더 많은 연구 성과를 가져올 것으로 생각됩니다.

세계기록유산으로 등재된 유산들 중 '조선통신사 기록물'처럼 서로 다른 민족 간 교류의 역사를 증명하는 이런 종류의 기록유산이 또 있는지요? 본부장님께서 혹 알고 계신 예가 있다면 말씀해주시기 바랍니다.

**김귀배** 먼저 김홍술 박사님 오랜만에 뵙게 되어 굉장히 반갑습니다. 지금 질문해 주신 부분은 제가 발표를 하면서 언급한 부분도 있는데요. 일단 기록유산분야의 기록유산센터는 세계최초입니다. 기록유산과 관련된 센터는 여러곳이 있지만 유네스코의 인증을 받아 유네스코의 로고를 쓸수 있는 기관은 유네스코 국제기록유산센터가 최초이고 유일합니다.

우리나라는 유네스코 관련 기관이 안동의 한국국학진흥원의 세계기록유산지식센터, 광주 아시아문화원에 세계기록유산의 아태지역위원회사무국이 있습니다. 안동의 한국국학진흥원은 업무 영역이 국내에서 기록유산의 연구, DB화 구축을 위한 활동을 하게 되어 있습니다. 그리고 세계기록유산 아태지역위원회는 아태지역내의 활동을 할 수 있습니다. 청주에 세워지는 유네스코 국제기록유산센터는 전세계의 어떤 기록유산의 활동이라도 가능합니다. 특히 요새 저희가 관심을 가지고 있는 곳은 기록유산 현황에서 가장 등재가 안 된 곳이 아프리카와 아랍지역입니다. 아프리카 같은 경우는 유네스코에서 우선 순위 사업지역으로 선정해 둔 곳입니다.

안동의 한국국학진흥원의 세계기록유산지식센터, 광주 아시아문화원에 세계기록유산의 아태지역위원회사무국은 유네스코 로고를 사용하지 못하고 사업을 할 때마다 유네스코의 승인을 받아야 합니다.

두 번째 조선통신사 기록물과 같이 서로 다른 민족간에 교류를 역사를 증명하는 사례는 일본과 스페인이 공동등재한 게이조 시대 일본 유럽사절단 관련 자료가 있습니다. 1613년에 일본의 센다이 방주가 스페인에 파견한 일본사절단입니다. 그 방문한 기록들이 2013년에 등재되었습니다. 17세기 초에 외교·무역·종교·순수예술분야에 이루어진 동서양 교류의 증거이다. 특히 대서양시대가 도래했을 때 그 증거로 인정받아 등재되었습니다.

전체적으로 공동등재한 것은 30~40여건으로 상당히 많이 있습니다. 특히 여러 국가들이 공동 등재한 케이스를 보면 예를 들어서 15세기 중반부터 18세기 말까지 폴란드왕국과 오스만제국이 300여년 간 평화협정을 했습니다. 아마 평화협정문 중에는 제일 긴 문서라고 생각이 되는데요, 세계사적으로 의미가 있다고 해서 등재가 된 것이 있습니다. 올해 같은 경우에도 8건이 공동등재되었습니다. 제가 정확히 카운트해 보지는 않았지만 30~40건 이상으로 기억됩니다. 재미있는 것은 과거에는 한 국가에서 단일 등재한 기록물이 많이 등재가 되었다고 하면 최근에는 여러 국가가 공동으로 등재한 기록물이 상당히 많아졌습니다. 그 이유 중에 하나는 비교적 여러 국가들이 공동 등재했을때 등재 전략에 있어서 굉장히 유리합니다. 각 국가의 외교적인 노력도 있겠지만 비교적 서로 화합과 문화간 대화라는 취지에서 상당히 중요한 전략이었다라고 생각이 되고, 조선통신사 기록물도 공동 등재라고하는 훌륭한 전략을 쓰셔서 등재가 잘 되지 않았나 생각됩니다.

**손승철** 네 감사합니다. 그럼 마지막으로 부산KBS 제작부장으로 계시는 최용수 PD님께서 토론해 주시기 바랍니다.

**최용수** 네 반갑습니다. 사실 제가 이 자리에 제일 어색하기도 한데, 불러주신 이유가 다큐멘터리를 만들어서 대중들과 만나는 작업을 하고 있기 때문에 좀 의미가 있을 것 같아서 부르신 것 같은데 사실 다큐멘터리를 만드는 게 제일 재미가 없습니다. 기억이나 기록이 어떤 프로그램을 만드는 데 가장 좋은 소재가 되고 도움은 되지만 대중들이 이걸 소비하는 데는 아주 부담스러워 하는 장르거든요. 기록이나 기억은 만들기는 쉬울지는 모르겠지만 그것을 대중들이 보기 편하게 만드는 것은 참 쉽지 않은 문제가 있습니다. 그래서 사실은 다큐멘터리를 제작할 때 드라마 요소를 쓰고, 컴퓨터 그래픽도 최대한 많이 써서 쉽게 볼 수 있도록 만들기는 했지만 그럼에도 불구하고 이런것들이 우리 사회에 어떻게 소통되고 그 의미를 남겨 놓을지는 여전히 같은 숙제를 가지고 있다고 생각합니다.

제가 기억이라는 의미와 관련해서 재미있는 이야기를 짧게 드리고자 합니다. 사람의 기억은 두 가지 방식이 존재합니다. 단기 기억과 장기 기억. 우리가 통상적으로 지식으로 쌓이는 것들은 장기 기억이 되고, 일상적으로 이야기를 주고 받는 것들은 단기 기억으로 갑니다. 단기 기억과 장기 기억은 머릿속에 저장되는 방식이 다릅니다. 장기 기억은 일정한 회로를 만들어서 어느 때고 연관작용을 하면 끄집어 내게 됩니다. 다큐멘터리에서 기억을 만들어내는 방식이 사람들에게 회로를 만들어서 평화라는 이미지가 있으면 조선통신사가 떠오르게 되는 이런 것들을 만들어야만 그 많은 기록물들 중에서 뭔가 사람들에게 도움을 줄 만한 것으로 남지 않겠는가라고 생각합니다. 저희가 다큐멘터리를 만들 때 중요한 관점이 뭐냐하면

우선 정말 이게 오랫동안 사람들에게 남을 만한 것인가를 판단들을 해야됩니다. 세계기록유산이니까 당연히 조선통신사 기록물은 그러한 부분에 해당이 됩니다.

문제는 뭐냐하면 지금도 학계에서 여러 전문가들이 새롭게 연구를 하다보니까 자꾸 새로운 분야들이 발굴이 되지 않습니까? 그런 것들이 나오게 할려고 하면 사람들에게 계속해서 이야기될

수 있는 것들이 남아야합니다. 그런데 제가 다큐멘터리를 만들면서 가장 힘들었던 것이 뭐냐하면 관련 기록들을 방송용으로 공유를 안해 주십니다. 이게 저작권 문제도 있고, 그리고 도전의 문제도 있고 그렇죠. 그런데 사실은 대중들이 오랜 장기 기억이라는 틀로 만들려면 이야기되는 뭔가가 있어야 되거든요. 제가 일본의 마쓰리에서 조선통신사의 흔적을 발견하면서 좋았던 거는 뭐냐하면 이게 민간에서 이야기거리 내지는 소개되는 거리로 문화의 양식으로 존재한 다는 것들이 있더라구요. 이것이 인류사에 남아있는 기억중에는 가장 좋은 형태가 아닌가 생각합니다.

그렇다면 저는 조선통신사 관련 기록물이 캐릭터가 되고, 스토리텔링이 붙어서 어느 지역에 계속적으로 전승될 수 있는 형태로 남게 해줘야 한다. 그렇다면 일본 같은 경우 행선지별로 기록들이 남았는데 우리나라 같은 경우 통신사 관련 기록들이 지역별로 안 남아 있어요. 그래서 제가 다큐멘터리 2부에서 그걸 담아볼려고 했습니다. 예를 들어서 조엄 선생님의 원주, 영주 고구마 이야기, 영천 마상재 이런 것들을 사례로서 소개하고 그게 우리가 활용할 수 있는 방법이기도 하겠다. 요렇게 생각을 했었습니다.

짧게 정리를 해보면 첫 번째는 기록에 대한 접근성을 조금 더 쉽게 해주자. 누구라도 조선통신사 기록물들을 가지고 뭔가를 써 볼 수 있게 하자. 사실은 이번 다큐멘터리에서 볼거리라고 하면 행렬도를 사진형으로 만든게 볼 거리가 됐거든요. 이분들이 처음에 만들기가 쉽지 않았을 텐데 만들고 나기까 활용도가 엄청 좋았거든요. 그림같은 경우가 쓰기가 좋으니까 접근하기 좋게, 활용하기 좋게 공개를 하자. 그리고 모아놓자. 그리고 복제본들을 좀 쓸 수 있게 하자.

두 번째는 지역별로 남아있는 것들을 지역에서 쓸 수 있게 사업과 연관되게 하자. 일본은 마쓰리가 봄부터 가을까지 지역별로 연결이 되다 보니까 자연스럽게 통신사와 관련된 기억들이 연결이 되더라구요. 우리나라는 그런 것들이 없으니까 (자체적으로)한 번 해 보고, 그리고 일본하고도 적극적으로 해 보면 좋겠습니다. (조선통시사 기록물의 키워드는) 평화잖아요. 한일간의 가슴아픈 기억들이 정말 많은데 평화라는 이야기를 계속적으로 오래하고 장기 기억들을 남겨두면 두 나라 사이뿐만아니라 세계적으로 도움이 될만한 이야기들이 될 것 같다. 그런 생각을 했습니다. 감사합니다.

**손승철** 네 감사합니다. 네 아주 재미있는 말씀이시네요. 보존하고 활용하는데 지금 이 말씀이 아주 중요할 것 같은데요. 유네스코에서도 바로 이것을 활용해야 한다는 생각이 드네요. 일단 저희가 주제에 관한 약정토론을 다 끝냈습니다. 오늘 현창회에서도 나와 계시고 다른 선생님들도 계신데요. 먼저 현창회 회장님께 한 말씀 부탁드리겠습니다.

**홍우식** 안녕하십니까. 저는 현창회 회장을 맡고 있는 홍우식입니다. 오늘 통신사 후손 자격으로 여기에 참석해서 각 교수님과 발표자께서 말씀하신 내용을 듣고 후손들이 할 도리에 대한 방향을 새삼느끼게 되었습니다. 아무쪼록 이런 기회를 만들어주신 주최측에 거듭 감사의 인사를 드립니다. 앞으로도 이런 기회가 또 있으면 조심스럽게 참석해서 방향설정을 잘 하도록 노력하겠습니다. 그리고 또 한가지는 우리 조선통신사 현창회가 발족된 지가 한 10여년 됩니다만 아직까지 모든 기반이 여의치 못합니다. 말과 마음만 급하지 방향설정을 못하고 있습니다. 앞으로 여러 선생님들께서 저희가 도움을 요청할 때 귀찮으시더라도 응해주시면 고맙겠습니다. 이 정도로 간단하게나마 인사드리겠습니다. 감사합니다.

**손승철** : 회장님은 선대에 어느 분이 통신사로 다녀오셨습니까?

**홍우식** 네 9차 1719년 통신사 정사 홍치중 후손입니다.

**손승철** 혹시 또 말씀하실 분 계신가요?

**황은영** 네 안녕하세요. 강원대학교에서 강의를 하고 있는 황은영이라고 합니다. 이 주제로 학위논문을 준비하고 있기 때문에 오늘 여러 선생님들의 발표와 토론을 들으면서 제가 참 좋은 시점에 공부를 하고 있구나하고 감사하게 느꼈습니다. 한태문 교수님께 질문을 드리고자 합니다. 한태문 교수님께서 발표하신 내용 중에서 주제는 다르지만 한국측 목록 33번에 있는 〈인조2년통신사행렬도〉가 국립중앙도서관에 소장이 되어 있다고 하더라고요. 요즘은 도서관과 박물관 소장자료 DB가 잘 되어 있어서 기대를 하면서 자료를 검색했습니다. 그런데 검색이 되지 않아서 찾다가 결국은 도서관에 전화를 걸었습니다. 그랬더니 도서관에서는 〈관영조선인래조도〉라는 제목으로 관리가 되고 있었습니다. 그런데 아까 교수님께서 토론하시면서 기존 소장처의 제목이 틀려도 유네스코 실사를 대비해서 제목을 수정하지 않고 그대로 두었다고 했는데 〈인조2년통신사행렬도〉는 다른 경우여서 뭔가 착오가 있지 않았나 하는 생각이 들어 말씀드립니다. 아울러 연구자와 대중 모두 등재목록과 문화재의 명칭이 통일되는 것이 좋겠다는 생각이 듭니다.

또 하나는 오늘 발표와 토론을 들으면서 느낀 점입니다. 발표요지문 가장 뒤에 실린 등재 목록 가운데 일본측 목록의 비고란을 보시면 문화재로 지정된 것이 많습니다. 우리나라 목록에는 비고란에 기재가 되지 않았지만 실제 지정된 문화재는 2~3건 밖에 되지 않습니다. 물론 오늘 발표내용에도 있었듯이 일본에서는 목록을 선정할 당시 문화재로 지정된 것을 우선적으로 했기 때문에 그렇구나하고 알게 되었습니다. 그런데 우리나라는 왜 이렇게 되었을까 하는 생각을 하면서 다시 가만히 생각을 해보니까 우리나라는 조선통신사에 대해서 관심이 없었구나라는 결론이 났습니다. 그래서 문화재 지정이 많이 안됐구나. 분명히 오늘 학술회의에서는 이게 중요하고 저게 중요하다는 많은 이야기가 있었지만 실제로 문화재로 지정된 것은 소수이죠. 오늘 그러면서 아리랑 생각을 했습니다. 아리랑도 국가지정문화재가 아니었기 때문에 유네스코에 무형문화유산으로 등재되는 데 애를 많이 먹었지요. 조선통신사 기록물도 유네스코 기록문화유산에 등재가 되어서 세계의 관심을 가지게 된 것도 중요하지만 국내 문화재로도 지정이 되어서 활용이 되고 많은 국민들의 관심을 받게 되기를 기원해봅니다.

**한태문** 말씀 정말 고맙습니다. 아까 말씀 그대롭니다. 저희들도 처음 시작할 때 제일 부끄러웠던 것 중에 하나가 일본은 저렇게 문화재로 많이 지정되어 있는데 왜 우리는 정작 그런게 없는가. 결국 관심의 문제입니다. 관심이 너무 지나쳐서 잘못 되어 있는 것도 있습니다. 밀양의 표충사에는 사명당 등성행렬도가 있습니다. 그게 경상남도 유형문화재 274호로 지정되어 있습니다. 저도 그림은 진짜 모릅니다. 마침 그때 국사편찬위원회의 협조를 받아서 도록을 하나 만들었습니다. 그때 제가 도록 뒤에 통신사 전반에 관한 글을 썼기 때문에 잘 압니다. 표충사에 있는 사명당 등성행렬도는 1604년에 그려졌다는데 제술관도 등장하고, 모든게 다 갖추어졌습니다. 그래서 제가 이 그림은 1711년 통신사행렬도를 모사한 것이다라는 내용으로 논문을 썼습니다. 그런데 논문을 쓰고 나니까 또 다른 모본이 2개 정도 더 나오더라구요. 잘못된 것은 문화재로 지정되어 있기도 합니다. 그렇다고 해도 그 당시 경상남도 유형문화재 지정한 선생님들을 비판하려고 하는 것은 아닙니다. 그때만 해도 선생님 자신들도 몰랐기 때문에 그런 일이 있었던 겁니다.

앞으로 선생님 말씀처럼 우리들 묶은 유네스코 등재가 됨으로써 어떻게 달라지겠는가. 첫째는 관심이 생기는 겁니다. 관심의 영역이 결국은 모든 분들에게 통신사에 대해 알고자 하는 노력이 됩니다. 하다 못해 집안에 있는 자료가 통신사 관련이냐고 묻는 문의가 벌써 들어오고 있습니다. 그런 것들이 앞으로 조선통신사에 대한 내용을 정립시키는데 많은 도움이 되리라 생각합니다.

**손승철** 감사합니다. 혹시 홍선표 선생님 하실 말씀있으신가요?

**홍선표** 오늘 일본에서 여러 전문가 선생님들께서 오셨기 때문에 한번쯤 여쭤 보고 싶습니다. 저는 에도시대때 조선통신사관련 그림들이 상당히 많이 제작이 되고 일본내에서도 우리 화원들에 대한 구청이 많았고 그래서 이런 것에 대한 여러 가지 유형을 생각해 봤습니다. 우선 막부차원에서 여러 가지 행사 같은 것을 여러 가지 측면에서 기록으로 남기기 위한 기록화들, 또 하나는 대관들이 조선 그림들을 가지고 있으면서 위세물로 쓰는 측면, 그 다음 문인화가들이라든가 가노파화가들처럼 대륙문화와 그림에 관심이 있는 그런 쪽에서도 우리 그림에 대한 요청이 있었습니다. 사실 유파들은 부정적이었습니다. 그것보다 중요한 것은 일반 서민들과 관련된 측면으로 저변화되는 점의 측면에서 이야기 했을 때 저는 그게 그 사람들이 조선과 관련된 기록화라는가 조선의 화적, 사적이런 것을 하나의 지식, 문화라는 측면보다는 일종의 객신신앙이라고 해서 외국에서 온 손님과 관련된 주술적인 측면, 예를 들어서 노처녀는 결혼할 수 있고, 아이 못 나은 사람은 아이낳고 이런 측면에서 이런 주술적인 측면이 조선에 대한 열기를 높이는데 기여했다고 생각한니다. 일본쪽에서 이런 것과 관련된 자료같은 것이 있는지 궁금합니다.

**손승철** 나카오 선생님 답변 부탁드립니다.

**나카오 히로시** 지금 질문에 답하기 전에 아까 한태문 선생님께서 말씀하신 밀양 표충사에 있는 사명당 행렬도에 대해서 저도 그걸 보자마자 아 이건 안 되겠다 싶었습니다. 사명당이 행렬단이 조직해서 갔다는 것은 사실과 전혀 다릅니다. 그런데 그게 왜 문제가 안되고 문화재로 지정이 되었을까하고 생각했던 기억이 납니다. 일본 같은 경우에는 150년 전 즉 명치유신 직후부터 문화재에 대한 관심이 조금씩 생겨나기 시작했습니다. 특히 그 시대에는 여러 가지 수수께끼 같은 문화재가 서양국가에 유출이 되어서 그런 위기감 때문에 그 외에 문화재가 유출되는 것을 막기 위한 작업들이 있었습니다. 특히 세계 제2차대전 이후에는 앞으로 일본은 이제 전쟁을 하지 않고 문화국가가 되겠다라는 그런 생각들이 있었던 것입니다. 그래서 문화재에 대한 관심이 높았던 것입니다.

또 하나는 기존의 국보중심의 문화재 정책을 재검토하여 중요문화재를 지정하고, 그 안에 특히 훌륭한 것을 신국보로 재지정을 했습니다. 그걸 국가차원에서 진행했었구요. 또 지자체 차원에서도 각 기초 자지단체 차원에서도 문화재 보호행정을 하면서 기초자지단체에서도 지정문화재하는 것이 생겨난 것입니다. 그 문화재를 관리하기 위해서는 당연히 전문지식을 가지고 있는 전문 학예원을 양성을 필요가 있었습니다. 그렇기 때문에 문화재 행정은 계속해서 발전을 해 왔습니다.

그런데 조선통신사와 관련해서는 예를 들어서 한태문선생님께서 말씀하신 상국사 지쇼인에 대해서는 저도 알고 있었는데 교토시 문화재관리국은 몰랐다라고 말하는 겁니다. 그렇게 알려지지 않은 측면들이 굉장히 많았다는 것을 저도 새삼 느꼈습니다. 그래서 유네스코 지정을 계기로 해서 지금까지 우리가 리스트업 한 것과 하지 않은 것을 다 포함을 해서 어떤 수준에서 지정을 도울 수 있을까. 또 보존 등의 문제, 공개하는 문제 등 문화재 행정을 재검토하는 것이 굉장히 중요하다는 것을 느끼게 되었습니다.

그리고 또 한 가지 지금 질문해 주신 내용에 대해서 말씀드리면 저는 어떻게 말씀드려야 할지 모르겠는데요. 혹시 오사와 선생님 대답해 주실 수 있을까요?

**오사와 겐이치** 네 주술적인 의미가 있느냐라는 질문을 주셨는데요. 솔직하게 말씀드려서 제가 단서가 될 만한 것을 가지고 있지는 못합니다. 예로부터 얘기가 되어오고 있는 문화적인 동경이라는 의미는 분명히 있었을 것 같은데요. 그것을 가지고 있음으로써 그것과는 다른 의미를 가진 것이 있었는지에 대해서는 구체적인 단서에 대해서는 제가 아는 바가 없습니다. 가능성이 없다는 얘기는 아닙니다. 실제로 그것을 쓴 게 있는가 라는 것은 제가 아직은 본 것이 없습니다.

**한태문** 일본의 자료는 잘 모르겠습니다만 통신사 사행록 안에는 그런 기록이 있습니다. 일본인들이 시나 글씨를 받아가면 마치 부적과 같이 효과가 있다고 해서 찾아 온다라고 하는 기록은 있습니다.

**홍선표** 네 저도 그 사실을 알고 있기 때문에 질문을 드렸습니다. 그런데 혹시 일본쪽 기록에도 그런 기록이 있나 해서 질문했습니다.

**손승철** 네 이제 어느정도 말씀이 진행이 된 것 같습니다. 시간도 어느정도 흘렀구요. 제가 봄에 한일문화교류기금에서 이 테마를 가지고 가을 국제심포지엄을 계획할 때 왜 지금 조선통신사에 대해서 주목을 해야하는가 이런 고민을 했습니다. 한일관계가 지금도 여러가지 불편한 상황이 많습니다. 그런데 그렇게 잘 풀려갈 것 같은 희망이 잘 보이지 않습니다. 그래서 결국 역사를 귀하게 생각하는 입장에서 돌이켜서 조선시대 한일관계를 생각해보면 조선통신사가 하나의 교훈, 메시지를 전해주지 않을까 생각했습니다.

조선시대 500년간의 조선통신사의 역할이라고 하는 것은 조선초기 왜구, 침략과 약탈의 상징을 통신사가 왕래하면서 삼포를 개항해서 공존의 시대로 만들어가고, 1592년 임진왜란의 7년간의 전쟁의 시대를 다시 조선통신사가 부활해서 평화의 시대로 260년간을 이끌어 간게 아닌가 그런 생각을 했습니다. 통신사야말로 우리에게 역사적인 메시지를 주는게 아닌가 생각을 했습니다. 그런 차원에서 본다면 통신사는 기본적으로 외교적인 역할을 한 것이죠. 그래서 아침에 양국의 대사님들께서 축사를 해주셨습니다. 그런데 통신사가 문화교류를 하면서 역사적인 문화유산을 남겼습니다. 그런데 우리가 문화유산에 주목하다 보니까 이 문화유산이 통신사의 성과물인 동시에, 어쩌면 이 성과물을 통해서 외교가 가능해 졌던게 아닌가 하고 반대로 생각해보기도 했습니다. 바로 통신사가 남긴 문화유산이야말로 우리가 한일관계를 어떻게 풀어가야 할까를 보여주는 하나의 증거물이 아닐까 그런 생각을 했습니다. 그래서 양국의 민간단체가 주도가 되어 5년간의 노력 끝에 유네스코에 등재를 했습니다.

그런데 현 시점에서 보면 나름대로 보완할 점이 많은 것 같습니다. 어떻게 보완을 할 것이냐. 하나는 누락된 것, 더 들어간 것, 새로 발굴할 것에 대한 문제를 심층있게 보완해나가야 할 것 같습니다. 또 다른 하나는 무엇보다 중요한 보존과 활용의 문제입니다. 보존과 활용의 문제를 생각해 보니까 기본적으로 민간단체가 주도가 돼서 한 것은 잘 한 것이지만 그 형태가 좀 달랐습니다. 일본의 경우 통신사가 지나간 지방 13개의 자치단체가 중심이 되어서 상당한 합의를 도출해서 진행을 한 것 같습니다. 그런데 한국에서는 부산을 중심으로 진행을 했습니다. 그래서 한국쪽에서는 보다 공론화해가면서 국민적 합의를 도출해서 활용됐으면 좋겠다. 한쪽에서는 통신사기록물이 등재되서 신이 나는데 한쪽에서는 위안부 기록물이 빠져서 불만이 아닙니까. 그런게 좀 상쇄됐으면 좋겠다고 생각이 들고요. 그래서 상호교류의 상징물로서 통신사에 대해서 다시금 생각해 봐야겠다는 생각을 했습니다.

그리고 오늘 발표를 해 주셨는데, 제가 부탁드릴 말씀은 다시 메일을 보내드리겠습니다. 한달 정도 원고 수정기간을 드릴테니까 수정 보완하셔서 11월 말까지 내주시면 내년 2월까지 단행본으로 출간을 해서 일반과 학계에 보급하도록 하겠습니다.

그리고 마지막으로 학술심포지엄을 기획하시고, 총괄해주신 한일문화교류기금의 이상우이사장님의 말씀을 듣는 것으로 마무리를 짓도록 하겠습니다.

이상우 감사합니다. 우선 개인적으로 오늘 많은 걸 배웠습니다. 저는 전공이 국제정치입니다. 국제정치 중에서도 안보정책, 외교 이게 제 주전공입니다. 일본에는 제가 100번정도 드나들었습니다만 전부 군사협력 어떻게 할 것인가 이제 주제였습니다. 제가 아는 분들은 거의 다 이 분야 사람입니다. 통신사는 제가 교과서에서 배울때는 아주 간단히 배웠고, 하나의 외교의 형태로 배웠습니다. 한일간의 외교수단의 하나로 통신사라는 걸 가볍게 생각했지 이렇게 폭넓은 분야인지 몰랐습니다.

제가 이사장으로 한일문화교류기금 일을 맡은지 30년 됩니다. 이걸 30년하면서 제가 거꾸로 많이 배웠습니다. 국가와 국가의 관계라는 것은 결국은 사람과 사람의 관계입니다. 일본과 한국 사람 간의 관계, 우리가 문화라는 것은 삶의 양식의 총화라고 합니다. 여러 가지 모습으로 나타나는 삶의 양식 여기에서 상대방에 대한 이해가 높아지고 그리고 거기에서 우의가 발달하면 그것을 바탕으로 외교가 되는 것이지, 외교관이 하루 이틀 회담해서 되는 게 아닙니다. 그래서 제가 눈을 좀 뜬 겁니다.

저희가 한일문화교류기금에서 우리나라의 각계에 계신 분들에게 일본의 이해를 돕는 일본방문을 해마다 했습니다. 그래서 옛날 일본과 현재 일본 그리고 일본에 대한 것을 이해시키려고 했는데 그걸 한 30년 인솔하다보니까 저도 일본에 대해서 많이 배웠습니다. 그런 것이 바탕이 되었기 때문에 지난 봄에 우리 손승철이사가 이번 가을 심포지엄은 통신사로 하자 해서 우선 드는 생각이 그거 가지고 가능하겠느냐 하다가 가만히 생각해보니까 이게 제가 생각하는 것처럼 소위 퍼블릭 폴리스 중 가장 중요한 것 중 하나겠구나 이걸 확대하면 이야기가 되겠다 이런 생각은 했습니다. 그래도 과연 의미있는 국제학술회의로 가능할까 그랬는데 오늘 와서 많이 놀랐습니다.

제가 국제회의 많이 주관해서 기획해 왔습니다. 오늘처럼 통신사라고 하는 하나의 주제를 가지고 국문학 하시는 분, 미술사를 하시는 분, 박물관 직접 관계하시는 분 모든 분이 다 모여서 입체적으로 이렇게 다루는 것은 쉽지 않은 일입니다. 그래서 오늘 이 학술회의는 그동안 우리가 기획한 중에 가장 성공한 것이 아니었나하고 저는 자부하고 있습니다. 오늘 이 회의를 위해서 논문발표도 포기하고 토론하러 오신 분도 계시고, 저도 학자이기 때문에 어떤 결심으로 오신 건지 압니다. 멀리 부산에서 일본에서 오셔서 참여해 주신데 대해 깊이 감사드립니다. 특히 이런 회의를 기획을 하고 이 많은 분들을 섭외해서 모셔온 우리 손승철 이사님께 각별히 감사의 뜻을 표합니다. 오늘 감사합니다.

**손승철** 오늘 하루 종일 감사합니다. 이것으로 학술심포지엄을 끝내겠습니다.

〈부록 2〉

# 조선통신사 유네스코 세계기록유산 목록

## Ⅰ. 한국측 등재대상(총 63건 124점)

### 1. 외교기록(2건 32점)

| 번호 | 명칭 | 사행년 | 제작자 | 제작연대 | 수량 | 소장 | 비고 |
|---|---|---|---|---|---|---|---|
| 1 | 통신사등록<br>(通信使謄錄) | | 예조 | 1641-1811 | 14 | 서울대학교<br>규장각 | |
| 2 | 변례집요<br>(變例輯要) | | 예조<br>전객사 | 1841년<br>이후 | 18 | 서울대학교<br>규장각 | |

### 2. 여정의 기록(38건 67점)

| 번호 | 명칭 | 사행년 | 제작자 | 제작연대 | 수량 | 소장 | 비고 |
|---|---|---|---|---|---|---|---|
| 1 | 해사록<br>(海槎錄) | 1607 | 경섬 | 1607 | 1 | 국립중앙도서관 | |
| 2 | 동사상일기<br>(東槎上日記) | 1617 | 오윤겸 | 1617 | 1 | 국립중앙도서관 | |
| 3 | 부상록<br>(扶桑錄) | 1617 | 이경직 | 1617 | 1 | 국립중앙도서관 | |
| 4 | 동사일기<br>(東槎日記) | 1617 | 박재 | 1617 | 1 | 서울대학교<br>규장각 | |
| 5 | 동사록<br>(東槎錄) | 1624 | 강홍중 | 1624 | 1 | 국립중앙도서관 | |
| 6 | 병자일본일기<br>(丙子日本日記) | 1636 | 임광 | 1636 | 1 | 국립중앙도서관 | |
| 7 | 해사록<br>(海槎錄) | 1636 | 김세렴 | 1636 | 2 | 국립중앙도서관 | |

| | | | | | | | |
|---|---|---|---|---|---|---|---|
| 8 | 사상록<br>(槎上錄) | 1636 | 김세렴 | 1636 | 1 | 국립중앙도서관 | |
| 9 | 동사록<br>(東槎錄) | 1636 | 황호 | 1636 | 1 | 국립중앙도서관 | |
| 10 | 동사록(東槎錄)<br>해사록(海槎錄,上) | 1643 | 조경<br>신유 | 1643 | 1 | 국립중앙도서관 | |
| 11 | 해사록(海槎錄)<br>계미동사일기<br>(癸未東槎日記) | 1643 | 신유<br>작자미상 | 1643 | 1 | 국립중앙도서관 | |
| 12 | 부상록<br>(扶桑錄) | 1655 | 남용익 | 1655 | 2 | 국립중앙도서관 | |
| 13 | 견문별록<br>(見聞別錄) | 1655 | 남용익 | 1655 | 1 | 국립중앙도서관 | |
| 14 | 동사록<br>(東槎錄) | 1682 | 홍우재 | 1682 | 1 | 국립중앙도서관 | |
| 15 | 동사일록<br>(東槎日錄) | 1682 | 김지남 | 1682 | 1 | 국립중앙도서관 | |
| 16 | 해유록<br>(海遊錄) | 1719-20 | 신유한 | 1719 | 1 | 국립중앙도서관 | |
| 17 | 부상록<br>(扶桑錄) | 1747-48 | 김 흡 | 1719 | 2 | 국립중앙도서관 | |
| 18 | 수사일록<br>(隨槎日錄) | 1747-48 | 홍경해 | 1747 | 2 | 서울대학교<br>규장각 | |
| 19 | 일본시문견록<br>(日本時聞見錄) | 1747-48 | 조명채 | 1748 | 2 | 서울대학교<br>규장각 | |
| 20 | 해사일기<br>(海槎日記) | 1763-64 | 조엄 | 1763 | 5 | 국립중앙도서관 | |
| 21 | 일관기<br>(日觀記) | 1763-64 | 남옥 | 1763 | 4 | 국사편찬위원회 | |
| 22 | 일관창수<br>(日觀唱酬) | 1763-64 | 남옥 | 1763 | 2 | 국립중앙도서관 | |
| 23 | 일관시초<br>(日觀詩草) | 1763-64 | 남옥 | 1763 | 2 | 국립중앙도서관 | |
| 24 | 일본록<br>(日本錄) | 1763-64 | 성대중 | 1763 | 2 | 고려대학교<br>도서관 | |
| 25 | 승사록<br>(乘槎錄) | 1763-64 | 원중거 | 1763 | 5 | 고려대학교<br>도서관 | |
| 26 | 사록<br>(槎錄) | 1763-64 | 민혜수 | 1763 | 1 | 고려대학교<br>도서관 | |

| | | | | | | | |
|---|---|---|---|---|---|---|---|
| 27 | 명사록<br>(溟槎錄) | 1763-64 | 오대령 | 1763 | 1 | 국립중앙도서관 | |
| 28 | 수사록<br>(隋槎錄) | 1763-64 | 변탁 | 1763 | 1 | 국립중앙도서관 | |
| 29 | 일동장유가<br>(日東壯遊歌) | 1763-64 | 김인겸 | 1763 | 4 | 서울대학교<br>규장각 | |
| 30 | 신미통신일록<br>(신미통신일록) | 1811 | 김이교 | 1811 | 3 | 충청남도<br>역사박물관 | |
| 31 | 도유록<br>(島遊錄) | 1811 | 김선신 | 1811 | 1 | 국립중앙도서관 | |
| 32 | 동사록<br>(東槎錄) | 1811 | 유상필 | 1811 | 1 | 고려대학교<br>도서관 | |
| 33 | 인조2년<br>통신사행렬도 | 1624 | 작자미상 | 1624 | 1 | 국립중앙도서관 | |
| 34 | 인조14년<br>통신사입강호성도<br>(通信使入江戶城圖) | 1636 | 작자미상 | 1636 | 1 | 국립중앙박물관 | |
| 35 | 숙종37년<br>통신사행렬도 | 1711 | 俵喜左<br>衛門 | 1711 | 4 | 국사편찬위원회 | |
| 36 | 사로승구도<br>(槎路勝區圖) | 1748 | 이성린 | 1748 | 1 | 국립중앙박물관 | |
| 37 | 왜관도<br>(倭館圖) | 1783 | 변박 | 1783 | 1 | 국립중앙박물관 | |
| 38 | 국서누선도<br>(國書樓船圖) | 미상 | 작자미상 | 미상 | 1 | 국립중앙박물관 | |

## 3. 문화교류의 기록(23건 25점)

| 번호 | 명칭 | 사행년 | 제작자 | 제작연대 | 수량 | 소장 | 비고 |
|---|---|---|---|---|---|---|---|
| 1 | 김세렴등필적(시)<br>金世濂等筆跡(詩) | 1636 | 김세렴등 | 1636 | 1 | 국사편찬<br>위원회 | |
| 2 | 유창필적(시)<br>兪瑒筆跡(詩) | 1655 | 유창 | 1655 | 1 | 국사편찬<br>위원회 | |
| 3 | 이명언필적(시)<br>李明彥筆跡(시) | 1719-20 | 이명언 | 1719 | 1 | 국사편찬<br>위원회 | |
| 4 | 조선통신사시고<br>朝鮮通信使詩稿 | 1811 | 성종정 | 1811 | 1 | 국립해양<br>박물관 | |

| 5 | 김의신서첩<br>金義信書帖 | 1655 | 김의신 | 17세기 | 1 | 부산박물관 | |
|---|---|---|---|---|---|---|---|
| 6 | 태동익필행서<br>泰東益筆行書 | 1811 | 태동익 | 19세기 | 1 | 부산박물관 | |
| 7 | 달마절노도강도<br>達磨折蘆渡江圖 | 1636 | 김명국 | 1640년대 | 1 | 국립중앙<br>박물관 | |
| 8 | 흑매도<br>黑梅圖 | 1763-64 | 변박 | 1764 | 1 | 부산박물관 | |
| 9 | 석란도<br>石蘭圖 | 1763-64 | 김유성 | 1764 | 1 | 부산박물관 | |
| 10 | 응도<br>鷹圖 | 1811 | 이의양 | 1811 | 1 | 부산박물관 | |
| 11 | 산수도<br>山水圖 | 1811 | 이의양 | 1811 | 1 | 부산박물관 | |
| 12 | 산수도<br>山水圖 | 1811 | 이의양 | 1811 | 1 | 부산박물관 | |
| 13 | 산수도<br>山水圖 | 1811 | 송암 | 1811 | 1 | 부산박물관 | |
| 14 | 화조도<br>花鳥圖 | 1811 | 이의양 | 1811 | 1 | 국립해양<br>박물관 | |
| 15 | 화조도<br>花鳥圖 | 1811 | 괴원 | 1811 | 1 | 부산박물관 | |
| 16 | 조선통신사봉별시고<br>朝鮮通信使<br>奉別詩稿 | 1811 | 松崎慊堂 等 | 1811 | 1 | 국립해양<br>박물관 | |
| 17 | 조태억상<br>趙泰億像 | 1711 | 狩野常信 | 1711 | 1 | 국립중앙<br>박물관 | |
| 18 | 부용안도병풍 1쌍<br>芙蓉雁圖屛風 1雙 | 1747-48 | 狩野宴信 | 1748 | 2 | 국립고궁<br>박물관 | |
| 19 | 원씨물어단선병풍<br>源氏物語團扇屛風 | 18세기 | 長谷川光信 | 18세기 | 1 | 국립고궁<br>박물관 | |
| 20 | 목단도병풍<br>牧丹圖屛風 | 1811 | 狩野師信 | 1762 | 1 | 국립고궁<br>박물관 | |
| 21 | 의헌·성몽양필행서<br>義軒·成夢良筆行書 | 1719-20 | 의헌<br>성몽양 | 18세기 | 1 | 부산박물관 | |
| 22 | 조선통신사 수창시<br>朝鮮通信使 酬唱詩 | 1682 | 山田復軒 等 | 1683 | 1 | 국립해양<br>박물관 | |
| 23 | 동사창수집<br>東槎唱酬集 | 1763 | 성대중 등 | 1764 | 2 | 국립중앙<br>박물관 | |

# Ⅱ. 일본측 등재대상 (총 48건 209점)

## 1. 외교기록(3건 19점)

| 번호 | 명칭 | 사행년 | 제작자 | 제작연대 | 수량 | 소장 | 비고 |
|---|---|---|---|---|---|---|---|
| 1 | 朝鮮國書 | 1607<br>1617 | 대마번작성 | 1607<br>1617 | 3 | 京都大學綜合博物館 | 중요문화재 |
| 2 | 正德元年朝鮮通信使進物目錄 毛利吉元宛 | 1711 | 통신사 | 1711 | 1 | 山口縣立山口博物館 | 중요문화재 |
| 3 | 朝鮮國書 | 1617<br>-1811 | 대마번작성,<br>조선왕조 | 1617<br>-1811 | 15 | 東京國立博物館 | 중요문화재 |

## 2. 여정의 기록(27건 69점)

| 번호 | 명칭 | 사행년 | 제작자 | 제작연대 | 수량 | 소장 | 비고 |
|---|---|---|---|---|---|---|---|
| 1 | 朝鮮信使御記錄 | 1711 | 長州藩 | 1711-12 | 13 | 山口縣文書館 | |
| 2 | 福岡藩朝鮮通信使記錄<br>(朝鮮人來聘記 外) | 1763-64 | 福岡藩 | 1763-64 | 15 | 福岡縣立<br>図書館 | |
| 3 | 甲申韓人來聘記事 | 1763-64 | 尾張藩<br>松平君山 | 1764 | 1 | 名古屋市蓬左<br>文庫 | |
| 4 | 小倉藩朝鮮通信使對馬易地聘禮記錄 | 1811 | 小倉藩 | 1811 | 6 | 福岡縣立<br>育成館高校 | 福岡縣指定<br>文化財 |
| 5 | 朝鮮通信使迎接所繪図<br>(土肥家文書) | | | 18세기 | 1 | 土肥純子<br>(개인) | 壹岐市<br>지정문화재 |
| 6 | 江洲蒲生郡八幡町惣繪図 | | | 1700년경 | 1 | 近江八幡市<br>図書館 | 近江幡市<br>지정문화재 |
| 7 | 正德度朝鮮通信使<br>行列図卷 | 1711 | 對馬藩<br>俵喜左衛門 外 | 1711 | 3 | 大阪歷史<br>博物館 | |
| 8 | 朝鮮信使參着歸路<br>行列図 | 1711 | 對馬藩<br>俵喜左衛門 外 | 1711 | 4 | 고려미술관 | |
| 9 | 宗對馬守護行歸路<br>行列図 | 1711 | 對馬藩<br>俵喜左衛門 外 | 1711 | 4 | 고려미술관 | |
| 10 | 延享五年朝鮮通信使<br>登城行列図 | 1747-48 | 郡司某 | 1748 | 1 | 下關市立長府<br>博物館 | |
| 11 | 朝鮮國信使繪圈<br>(上下卷) | | 對馬藩 | 寬永<br>-宝曆度 | 2 | 對馬歷史民俗<br>資料館 | 長崎縣<br>지정문화재 |

| | | | | | | | |
|---|---|---|---|---|---|---|---|
| 12 | 朝鮮國信使繪圈<br>(文化度) | | 對馬藩 | 19세기 | 1 | 對馬歷史民俗<br>資料館 | 長崎縣<br>지정문화재 |
| 13 | 天和度朝鮮通信使<br>登城行列図屛風 | 1682 | | 17세기 | 1 | 大阪歷史<br>博物館 | |
| 14 | 朝鮮人來朝覺<br>備前御馳走船行列図 | 1748 | | 1748 | 1 | 吳市 송도원<br>관리 | 吳市<br>지정문화재 |
| 15 | 朝鮮通信使船團上<br>關來港図 | 1763-64 | | 18세기 | 1 | 超專寺 | 上關町<br>지정문화재 |
| 16 | 正德度朝鮮通信使國書<br>先導船図屛風 | 1711 | | 1711년경 | 1 | 大阪歷史<br>博物館 | |
| 17 | 正德度朝鮮通信使<br>上上官第三船図·同供船図 | 1711 | | 1712 | 2 | 大阪歷史<br>博物館 | |
| 18 | 朝鮮通信使御樓船図屛風 | | | 18세기 | | 大阪歷史<br>博物館 | |
| 19 | 朝鮮人物旗杖轎輿之図 | 1811 | 猪飼正轂 | 19세기 | 1 | 名古屋蓬左<br>文庫 | |
| 20 | 七五三盛付繰出順之繪図 | | 對馬藩 | 18세기 | 1 | 對馬歷史民俗<br>資料館 | |
| 21 | 朝鮮人御饗應七五三膳<br>部図 | 1811 | 猪飼正轂 | 19세기 | 1 | 名古屋蓬左<br>文庫 | |
| 22 | 馬上才図卷 | | 廣渡雪之進 | 18세기 | 1 | 對馬歷史民俗<br>資料館(松原<br>一征寄託) | 對馬市<br>지정문화재 |
| 23 | 馬上才図 | | 二代目<br>鳥居淸信 | 18세기 | 1 | 高麗美術館 | |
| 24 | 琵琶湖図 | | 円山応震 | 1824 | 1 | 滋賀縣立琵琶<br>湖文化館 | |
| 25 | 朝鮮通信使小童図 | 1711 | 英一蝶 | 18세기 | 1 | 大阪歷史<br>博物館 | |
| 26 | 釜山浦富士図 | | 狩野典信 | 18세기 | 1 | 大阪歷史<br>博物館 | |
| 27 | 朝鮮通信使歡待図屛風 | 1655 | 狩野益信 | 17세기 | 2 | 泉湧寺 | 京都市<br>지정문화재 |

## 3. 문화교류의 기록(18건 121점)

| 번호 | 명칭 | 사행년 | 제작자 | 제작연대 | 수량 | 소장 | 비고 |
|---|---|---|---|---|---|---|---|
| 1 | 雨森芳洲關係資料 | 1711<br>1719 | 雨森芳洲 外 | 18세기 | 36 | 방주회<br>高月町觀音の里歷史民俗資料館 | 중요문화재 |
| 2 | 通信副使任守幹壇浦懷古詩 | 1711 | 임수간 | 1711 | 1 | 赤間神宮 | 下關市<br>지정문화재 |
| 3 | 福禪寺對潮樓<br>朝鮮通信使關係史料 | 1711<br>1747-48 | 조태억<br>이방언<br>홍계희외 | 1711<br>1747-48 | 6 | 福禪寺<br>福山市鞆の浦歷史民俗資料館 | 福山市<br>지정문화재 |
| 4 | 本蓮寺<br>朝鮮通信使詩書 | 1643<br>1655<br>1711 | 신유<br>박안기<br>조연외 | 1643<br>1655<br>1711 | 9 | 本蓮寺<br>岡山縣立博物館 | 瀨戶內市<br>지정문화재 |
| 5 | 朝鮮通信使從事官李邦彥詩書 | 1711 | 이방언 | 1711 | 1 | 本願寺八幡別院 | 近江八幡市<br>지정문화재 |
| 6 | 淸見寺朝鮮通信使詩書 | 1643외 | 박안기외 | 1643외 | 48 | 淸見寺 | |
| 7 | 金明國筆 拾得図 | 1636, 43 | 김명국 | 1636, 43 | 1 | 下關市立長府博物館 | |
| 8 | 波田嵩山朝鮮通信使唱酬詩并筆語 | 1763,64 | 남옥<br>성대중<br>원중거 | 1743,64 | 6 | 波田兼昭<br>下關市立長府博物館 | |
| 9 | 韓客詞章 | 1711 | 조태억외 | 1711 | 4 | 相國寺慈照院 | |
| 10 | 瀟相八景図卷 | 1682 | 狩野淸眞畵<br>이붕명찬 | 1682 | 1 | 大阪歷史博物館 | |
| 11 | 壽老人図 | 1636 | 荷潭畵<br>古賀精里贊 | 1636 | 1 | 大阪歷史博物館 | |
| 12 | 松下虎図 | 1763,64 | 변박 | 1764 | 1 | 大阪歷史博物館 | |
| 13 | 朝鮮國王孝宗親筆額字 | 1655 | 효종 | 1655 | 1 | 日光山輪王寺 | 栃木縣<br>지정문화재 |
| 14 | 東照社緣起<br>5권 중 제4권 | 1636 | 狩野探幽 外 | 1640 | 1 | 日光東照宮 | 중요문화재 |
| 15 | 東照社緣起<br>3권 중 중권 | 1636 | 親王·公家 | 1640 | 1 | 日光東照宮 | 중요문화재 |
| 16 | 宝曆十四年通信正使趙曮書帖 | 1763,64 | 조엄 | 1764 | 1 | 下關市立長府博物館 | |
| 17 | 任絖詩書 | 1636 | 임광 | 1636 | 1 | 大阪歷史博物館 | |
| 18 | 朝鮮國三使口占聯句 | 1682 | 윤지완<br>이언강<br>박경후 | 1682 | 1 | 名古屋蓬左文庫 | |

조선통신사 기록물의 'UNESCO 세계기록 문화유산' 등재

2018년 3월 20일 초판 인쇄
2018년 3월 27일 초판 발행

지 은 이 한일문화교류기금
발 행 인 한정희
발 행 처 경인문화사
총괄이사 김환기
편 집 부 김지선 박수진 한명진 유지혜 장동주
마 케 팅 김선규 하재일 유인순
출판신고 제406-1973-000003호
주 소 (10881) 파주시 회동길 445-1 경인빌딩 B동 4층
대표전화 031-955-9300 팩 스 031-955-9310
홈페이지 http://www.kyunginp.co.kr
이 메 일 kyungin@kyunginp.co.kr

ISBN 978-89-499-4735-8 93910
값 22,000원

* 파본 및 훼손된 책은 교환해 드립니다.
ⓒ 2018, Kyung-in Publishing Co, Printed in Korea